除了野蛮国家，整个世界都被书统治着。

司母戊工作室
诚挚出品

北京外国语大学“双一流”建设经费资助成果

雅斯贝尔斯与中国

论哲学的世界史建构

李雪涛 著

人民东方出版传媒
東方出版社

图书在版编目（CIP）数据

雅斯贝尔斯与中国：论哲学的世界史建构 / 李雪涛 著 . — 北京：东方出版社，2021.6
ISBN 978-7-5207-1955-1

Ⅰ. ①雅…　Ⅱ . ①李…　Ⅲ . ①雅斯贝尔斯 (Jaspers, Karl 1883-1969) —哲学思想—研究　Ⅳ . ① B516.53

中国版本图书馆 CIP 数据核字（2021）第 039000 号

雅斯贝尔斯与中国：论哲学的世界史建构
（YASIBEIERSI YU ZHONGGUO : LUN ZHEXUE DE SHIJIESHI JIANGOU）

作　　者：李雪涛
策　　划：姚　恋
责任编辑：王若菡　杨　磊
营销编辑：曹毓峰
责任印制：田雅仙
封面设计：张　军
出　　版：东方出版社
发　　行：人民东方出版传媒有限公司
地　　址：北京市西城区北三环中路 6 号
邮　　编：100120
印　　刷：北京联兴盛业印刷股份有限公司
版　　次：2021 年 6 月第 1 版
印　　次：2021 年 6 月第 1 次印刷
开　　本：640 毫米 ×960 毫米　1/16
印　　张：21.75
字　　数：253 千字
书　　号：ISBN 978-7-5207-1955-1
定　　价：72.80 元
发行电话：（010）85924663　85924644　85924641

目　录

第七章 哲学的信仰

——雅斯贝尔斯对佛教思想的认识

第八章 雅斯贝尔斯在中国的接受史及出版其中文著作集的构想

引论：从莱布尼茨和黑格尔走向雅斯贝尔斯

——德国哲学家对中国认识的范式转换

莱布尼茨（Gottfried W. Leibniz, 1646–1716）、黑格尔（G. W. F. Hegel, 1770–1831）和雅斯贝尔斯（Karl Jaspers, 1883–1969）是在德国乃至欧洲历史上起着重要作用的哲学家，分属三个重要的时代：莱布尼茨属于 17 世纪兴起、18 世纪得以迅速发展的理性时代及其所推动的启蒙思想运动时期；黑格尔可以归于现代哲学已崭露头角的世纪和文化的转弯处，他开始全面质疑启蒙思想的基础；而雅斯贝尔斯则是 20 世纪经历两次世界大战的存在哲学家，他不再像以往的哲学家那样强调人类存在的理性基础，而是专注于人的自由问题的探索。

这三位哲学大师都不是汉学家，都没有到过中国，却又不约而同地将中国纳入了他们的哲学框架之中。显然中国在他们的研究体系之中并不占中心位置。重要的是他们都是当时欧洲主流思潮的推动者，他们对中国的认识充满着时代的气息和精神，从中可以捕摸到那个时代脉搏跳动的声响。我们今天研究他们对中国认识的范式转换，亦即从黑格尔辩证法的正、反、合三一式（Triade）的方式探讨他们各自对中国的认识，对理解中国形象在西方近代以来的变迁应当说是颇有价值的。在有关德国哲学家对中国认识的范式转换的研究中，我们认为重要的并不仅仅在于有多少德国的汉学家做过多少中国典籍的翻译和研究，还在于塑造时代精神（Zeitgeist）——在这一时代环境中文化、学术、精神、政治的总趋势，[1]同时也受到这一精神的影响的哲学家们是如何看待和接受来自中国的这些思想的，以及中国思想在多大程度上和多大范围内影响到了当时西方的主流社会。显然，这些德国哲学家对中国的研究并非出自严格意义上的汉学兴趣，而是将中国思想与西方思想进行比较时的提问视野以及在面对中国思想时的问题意识。

范式转换（Shift of paradigm）概念的提出唤起了人们关注时代思潮的更深层次的结构。按照科学哲学家哈金（Ian Hacking, 1936–）的说法，科学革命的结构的三段论是：起先，是具有一个范式和致力于解密的常规科学；随后是严重的反常，引发危机；最终，由于新范式的诞生，危机得以平息。[2]时代的进步势必形成与过去的典范不相符的新学说，从而使一种标准的形态发生动摇，最终造成典范的转变。对中国认识的范式转换，是时代的思想和社会处境变化的必然结果。一部时代的哲学家对中国的认识史，就是范式转换的历史。考察每一个范式转换的事例，都是了解西方对中国认识的基本前提。

一、理想化了的中国——莱布尼茨的中国观

翻开欧洲的历史，今天我们可以说，17 世纪欧洲文化方面最伟

大的发现是认识了中国。尽管在当时欧洲对中国的认识依然是东拼西凑的，但他们已充分意识到了这是一个与西方文明不分轩轾的文明。1697年4月，莱布尼茨的《中国近事》(*Novissima Sinica*)出版，[3]当时谁也没有料到这本小册子在今后几个世纪中会成为欧洲认识与了解中国的经典之作。莱布尼茨将中国纳入理性的范畴，以及从他的视域审视刚刚为欧洲人所了解的中国。正是由于莱布尼茨对中国的认识以及他在当时精神世界的地位，使得中国逐渐成为欧洲的日常话题。在莱布尼茨生命的最后时刻，他还应雷蒙(N. Rémond)的请求于1715年10月至1716年4月写下了《论中国人的自然神学》(*Discours sur la théologie naturelle des Chinois*)，[4]这是一篇系统论述中国人的宇宙观、哲学与宗教的论文。

莱布尼茨认为，所谓的世界文化实际上是由中国和欧洲相互补充而形成的。他孜孜不倦地研究中国，不但获得了当时尽可能多的关于中国的书本知识，而且借助于与在华传教士书信往来的机会，尽可能多地从第一手资料去了解中国的政治、宗教乃至自然科学。莱布尼茨所处的时代，正是以欧洲为中心的世界观发展到了"发现的时代"的转折时期。由于传教士的介绍而对中国文明的发现暗示着这样的一个理念，即非基督教教义同样可以成为一个文明国度的基石。[5]在《中国近事》出版之前的多年里，莱布尼茨一直保持对中国的极大兴趣。他阅读了几乎当时在欧洲出版的所有有关中国的书籍。1687年比利时的耶稣会来华传教士柏应理(Philippe Couplet, 1624–1692)在巴黎出版了由他编辑的《中国的哲学家孔子》(*Confucius Sinarum philosophus*)一书。此书汉文标题为《西文四书直解》，包括《大学》、《中庸》和《论语》的拉丁文译文。[6]同年年底，莱布尼茨在一封信中提到了这部著作。[7]特别值得一提的是，1689年夏莱布尼茨为了收集有关德国汉诺威威尔芬（Welfen）家族的历史资料来罗马时，认识了当时正在欧洲作短期逗留的在华耶稣会士闵明我（Philipp Grimaldi, 1639–1712）。闵氏自1671年始受康熙重用，任钦天监监正，他是耶稣会中企图调和中国与欧洲思想的代表性人物之一。正是这次的意大利之旅使莱布尼茨产生了中国是“东方欧洲”的设想。他认为欧洲和东方的交流不应再是从海外带回香料杂货，而是开展真正的科学交流。[8] 借这次机会莱布尼茨草拟了30个问题交给了闵明我。在问题中他提出的都是非常具体的科学技术问题，因为他依据当时已有的书籍和与传教士的交往认为，中国人的强项正是在这些实践领域、直接被认识的方面。[9]

通过与耶稣会士特别是跟法国传教士白晋（Joachim Bouvet, 1656–1730）的通信，莱布尼茨认识到了自己所创的二进制跟《易经》的吻合之处，因为在这部书中六爻卦的组合跟二进制一样，可以用来解释宇宙的形成和变化。曾教授过康熙皇帝学习过数学、几何学的白晋，一直致力于用索隐派（figurism）的思想来调和基督教与中国传统。这一思想是受在此之前文艺复兴学者对古埃及、古希腊文献研究的影响，希望在中国古代经典之中找到基督信仰的figurae（象数、暗示）。在白晋的眼中，中国古代的经典并非其本身所具有的语言、历史、思想方面的含义，而是富有象数或寓言的内涵。举例来说，那位演算八卦的伏羲氏并不是中国人，而是古代文明中的立法者，只是以不同的名字出现在各种文明之中而已。[10] 得知白晋的这个“发现”后，莱布尼茨写道：“这个艺术也许给我们提供一个工具，借此可以使中国人相信哲学及自然神学中最主要的真理，以便铺平他们以后走向天启神学的道路。”[11] 在此基础之上，莱布尼茨进一步把中国文字理解为非常理性的人工文字，正如数学、秩序以及事物之间的关系所代表的那样。[12]他认为数学表达了永恒的真理，它代表着通向基督教的理性之路。与白晋等索隐派一样，莱布尼茨也希望能从《易经》中发现上帝存在的证明，推出一种理性的神学："我发明的新的数学验算方法以非常漂亮的方式描述了上帝的创世过程。基督教中关于上帝创世的信条是非常伟大的，我的主要目的是，以我的方法证明这一信条的正确性。我甚至想，我的证明会引起中国哲学家的极大兴趣，也许皇帝本人也是如此，因为他对数的理论很感兴趣，亦很精通。"[13]由此我们可以明确地知道，莱布尼茨是以基督教神学为其出发点。而这一范式经由黑格尔继续发展，直至20世纪的雅斯贝尔斯的"轴心时代"观念的创立才予以彻底打破。

莱布尼茨将中国的儒家哲学——他并不去区分孔子的学说与宋明理学[14]——称作"自然神学"（theologia naturalis）的原因在于，他认为中国的哲学比古希腊的哲学更接近基督教神学。因为在中国的文化中人们更容易依赖自己的天性，在有相互关联的宇宙当中认识到上帝的存在。在莱布尼茨看来，尽管在中国文化中缺少天启的特征，但它依然代表着对上帝的认识。莱布尼茨对中国文化的宽容、开放的态度，实际上是以此作为出发点的。[15]

儒家伦理是否就是欧洲政治家和知识分子追求已久的建立在理性之上的伦理道德的典范呢？莱布尼茨认为，中国已接近了"理性化国家"这一理念。[16]在他看来，中国文化注重实用技术，经验总结，再配以被他称作"自然神学"的儒家哲学，可以说是跟有科学理论与天启真理见长的欧洲思想、文化形成了互补。因为几千年以来中国人所积累下来的大量观察和经验可以为莱布尼茨所想要建立的"通用科学"提供经验层面上的基础，并且能补充以理论为中心的欧洲科学。莱布尼茨一再强调指出，单方面毫无保留地向中国传授欧洲的科学知识并非最佳的方法，而是在向中国人秘密传授知识的同时，也学习中国的知识，因为中国人“在观察方面强于我们，我们在抽象思维方面略胜一筹。何不让我们互相交换，用一盏灯点亮另一盏”！[17]他认为，中国和欧洲在地球的两极，而相互间取长补短走向新的和谐才是天意。“人类最伟大的文明与最高雅的文化今天终于汇集在了我们大陆的两端，即欧洲和位于地球另一端的——如同东方欧洲的‘Tschina’（这是中国两字的读音）。”[18]莱布尼茨在1697年11月9日写给斯库利特夫人（Madeleine de Scudéry）的一首诗中，更显示出了他那宽阔的视野：

> 不管是欧洲人、中国人，还是世界公民，
> 善良宽容者处处看到的总是人。[19]

莱布尼茨曾就这样的一个文化多元互补思想的理论基础写道：“每个实体均是通过独特的创造而产生的。尽管如此，它们均是同一个宇宙、同一个普遍原因及上帝的不同表达。不同之处只在于表达的完美程度不同，如同从不同的角度观看同一座城市或者从不同的点观察一幅画那样。”[20]莱布尼茨的多元世界的看法，是与他哲学主张中的“单子论”（Monadologie）思想密不可分的。他认为，单子不仅是一个不可分的单位，更是一个动力的单位。单子与单子之间，是彼此独立的，不过单子所构成的事物却又是彼此相互作用、影响的，从而形成了一个和谐的整体。这一整体是表现在统一性中的多样性。[21]

与白晋、闵明我等耶稣会传教士不同，莱布尼茨所关心的并不

只是基督教在中国的传播，更重要的是如何促进文化层面上的人类的幸福与发展。莱布尼茨一再指出，中国的传统从未中断过，而欧洲由于民族的频繁迁徙，使得许多这些传统都已丧失殆尽。[22]而他给欧洲人开出的药方，盛赞中国的伦理道德，呼吁中国派传教士来欧洲挽救基督教世界道德的没落，则更显出了他对中国理想化的一面：

> 不管怎样，我觉得鉴于我们目前面对的空前的道德没落状况，似乎有必要请中国的传教士到欧洲给我们传授如何应用与实践自然神学，就像我们的传教士向他们教授启示神学一样。因此我相信，若不是我们借一个超人的伟大圣德，亦即基督宗教给我们的神圣馈赠而胜过他们，如果推举一位智者来评判哪个民族最杰出，而不是评判哪个女神最美貌的话，那么他将会把金苹果判给中国人。[23]

对于中国人之所以在道德方面有如此高的水准，莱布尼茨认为原因在于在上古的典籍中中国人对上帝认识几乎跟基督教并无二致，只是缺少天启的内容而已。

客观地讲，莱布尼茨强调理解一个不同文化的自身价值，在政治和日常行动中坚持以理性为准绳，抱着兼容并蓄的态度宽容地对待其他文化与传统。在他的眼里，中国皇帝（康熙）宽宏大度，允许耶稣会在中国自由传教，从而使基督教在一段时期内跟佛教、道教处于相同的地位。皇帝本人为国家的利益而努力学习西方的自然科学，成为知识分子的楷模，理应成为欧洲皇帝的一面镜子，这在政治上是非常高明的手段，也是莱布尼茨的理想。而与此形成鲜明对比的是，1685 年法国波旁王朝的国王路易十四（Louis XIV, 1638–1715）却取消了在法国南特（Nantes）签订的宗教赦令，从此新教在法国受到了禁止与镇压，一直到1789年法国大革命为止。[24]显然，具有慈悲之心的中国人比起路易十四来更适于做基督徒的榜样。

在今天看来，莱布尼茨对中国的看法也许并没有什么值得大书特书的，但历史地看，他那宽容的胸襟反映出欧洲已从中世纪步入了新时代的广阔天地，在同时代的人看来显然具有革命的性质。[25]他对中国的看法，实际上是由于知识分子对当时欧洲政治的失望而造成的。他认为中国人具有高尚的伦理道德，他们之间互相尊重，中国皇帝公正、仁爱、明智，这一切实际上源自他对欧洲前途的担忧。在他看来，一位在欧洲一直盼望的具有普遍慈爱之心的、公正的、有知识和智慧的政治家在中国已经出现。尽管这并不一定是事实，但从中我们可以读出莱布尼茨在政治和道德方面的理想。他的这一理想化了的中国图像一直到生活在黑格尔之前的赫尔德（Johann Gottfried Herder, 1744–1803）才有所改变。在莱布尼茨之前并没有谁像他一样高度赞扬过中国人的自然宗教，由于受传教士特别是耶稣会士对中国文明颂扬的影响，莱布尼茨对中国社会的认识的确有其理想化以及浪漫化的一面，但这同时却也表现出了他对异域文化兼容并蓄的态度。不过，在《中国近事》出版后不久，耶稣会士对待中国文化的立场就遭到了巴黎索尔邦大学（Sorbonne）神学系的谴责，[26]无论是在神学方面还是在文化方面，欧洲都不再有开放、宽容的心态来对待中国了。而彻底的改变则是欧洲近代经济的起飞，这之后现代哲学崭露头角时代的黑格尔则将此发挥到了极致。在接下来的两个世纪中，曾被耶稣会和莱布尼茨理想化了的中国开始慢慢被肢解掉了，中国被欧洲主流社会彻底遗忘了。

二、平庸化了的中国——黑格尔绝对精神体系中的中国

（一）范式转化的时代背景

尽管无论是利玛窦的《基督教远征中国史》（1615年在德国奥格斯堡出版的拉丁文版：*De christiana Expeditione apud Sinas*）、[27]李明的《中国近事报道》（*Nouveaux mémoires sur l'état present de la Chine 1687–1692*），[28]还是后来的《耶稣会士中国书简集》（*Lettres Édifiantes et Curieuses, Écrites des Missions Étrangères Mémoires de la Chine*），[29]为了有利于刚刚起步的传教事业，都是以颂扬中国文明、赞赏中国伦理为主基调，[30]但这并不意味着这些著作没有有关中国的负面报道。例如殷弘绪（François-Xavier d'Entrecolles, 1662–1741）神父在书信中所描写的在北京的弃婴以及在景德镇的“万民坑”都让人感到中国是一个灾难深重的社会。[31]这些描写当然也可能让欧洲的学者从负面来解读当时的中国。同时，耶稣会传教士在向欧洲知识界介绍中国历史时基本上以译介传达儒家正统道德学说的史籍为主，如法国耶稣会士冯秉正（Joseph Anne Maria de Moyriac de Mailla, 1669–1748）[32]13卷本的《中国通史》（*Histoire generale de la Chine*, Paris, 1777–1785）就是以朱熹（1139—1200）的《资治通鉴纲目》为基础补充以其他材料编译而成的。由于“这种用文学方法观察长时期中国史的作品脱离了欧洲公众对世界历史的一般认识”，在“先进”观念渐渐在欧洲成为人类历史决定性的标准之后，由耶稣会所介绍进来的“无时间限制的建立在有序而无变化的儒家伦理基础上的社会”，无疑被先进的欧洲人认为是停滞的、处于低级阶段的证据。[33]

从17世纪一直到1715年由于罗马教宗发布的“禁约教谕”，康熙下令在中国采取了禁教行动，从而中断了罗马和北京之间的文

化交流。在这之前，欧洲特别是法国知识界对中国的文化和社会制度是非常熟悉的。传教士们根据自己多年来在中国的经历所撰写的有关中国的书籍，当然是为了引起本国各界对他们工作的支持，但这样讲也不排除一些传教士纯粹为科学和学术献身的精神。这些人，特别是耶稣会士都受过严格的经院式的教育，有着良好的欧洲神学和人文基础，由于他们长期居住在中国也熟悉中国文献，并且有不少就在宫廷中任职，因此他们的书信或书籍，比起任何的旅行者或商人的记载都要深入得多。

自从 1715 年的"禁约"教谕——教皇克莱孟十一世（Clemens XI, 1700—1721 在位）又颁布《自登基之日》（*Ex Illa Die*）之后，再次肯定了他于 1704 年颁布的在华传教是不应该采纳儒教传统的礼仪（拜孔子和拜祖先），[34]亲华的耶稣会士的报告和书信就不复存在了，中国渐渐失去了在欧洲的吹捧者。与当年作为知识分子的耶稣会士不同，新一代来中国的欧洲人所写的有关中国的报告基本上是那些重商主义的代表所为。他们的兴趣是贸易、是赚钱。当他们的这些欲望受到中国官方的顽固抵制时，他们便极力地诋毁中国文化。此外，如果说像莱布尼茨那样的启蒙时代的学者所感兴趣的是中国的话，那么到了 19 世纪，由于英国对印度的殖民占领，欧洲知识界对东方的兴趣渐渐地转向了印度。法国学者布诺夫（Eugène Burnouf, 1801–1852）和德国学者穆勒（Max Müller, 1823–1900）首次对佛教和印度教进行了学术性的研究。布诺夫的印度文化研究引起了法国学者对《吠陀》进行科学研究的热潮。布诺夫曾在巴黎高等师范学校（L'École normale supérieure）教授普通语法课程，于 1832 年被选为法兰西文学院（Académie des inscriptions et belles-lettres）院士、法兰西公学院（Collège de France）教授，并在 1832 至 1852 年主持了梵文语言和文学讲席。[35] 穆勒主持编辑的 50 多册的《东方圣书》（*Sacred Books of the East*），其中有大量印度的典籍，这也为确立宗教学（Science of religion）的学科地位奠定了基础。[36]

历史地讲，法国大革命以后，欧洲对中国的崇拜几乎完全消失了。多数的历史学家没能公正地看待中国在 17—18 世纪对欧洲的影响。他们认为，当时对中国反常的崇拜只是假借中国之名的一种乌托邦式的空想而已，并非与真实的中国有关。这之后的中国形象在欧洲的骤变，除了由于欧洲的社会结构的变化使得中国的伦理、政治思想变得对他们来讲"一无用处"之外，跟中国当时自身在政治、经济上的衰落也不无关系。早在 1776 年英国哲学家亚当·斯密（Adam Smith, 1723–1790）就出版了他的名著《国民财富的性质和原因的研究》（被严复译作《国富论》）。[37] 他认为中国尽管一向被认为是世界上最为富裕的国家，但现在却是一个处于停滞状态下的帝国，他写道："今日旅行家关于中国耕作、勤劳及人口稠密状况的报告，与 500 年前视察该国的马可·波罗的记述比较，似乎没有什么区别。"[38] 在分析中国社会长期处于停滞状态的原因时，亚当·斯密运用近代经济学的观点提出了几条：停滞于农业和农业的停滞；对手工业、对外贸易和商业的轻视，并且中国的财富已经完全达到了该国法律制度所允许的发展程度，等等。[39]

18 世纪 60 年代以来欧洲文明的巨大进步，特别是以手工技术为基础的资本主义工场手工业，过渡到采用机器的资本主义工厂制度的过程，使欧洲人具有了空前的优越感，不仅在自然科学、贸易等方面，甚至在伏尔泰或莱布尼茨所认为的中国人已经达到完美程度的伦理等方面，这时的欧洲人也认为自己是最优秀的。的确，进入 19 世纪之后，清朝的人口过剩，劳动生产率低下，行政机构失灵，官员贪污成性，中国艺术也随之衰败。[40]

莱布尼茨等欧洲启蒙哲学家以自然理性与自然神学为出发点，借助于对欧洲以外的思想与文化，特别是对中国文化的赞扬以对欧洲社会的弊端提出针砭的方案。到了近代理性主义诞生之时，特别是康德（Immanuel Kant, 1724–1804）之后，理性开始认识到了自我意识，知道自己来源于自我意识。因此精神的发展被看作是从“自然”，经由“自然意识”到“意识”最终到达“精神”的过程。因此这个时期的哲学家认为，启蒙时代的哲学家对中国的认识，依然停留在“自然”层面上的初级阶段，黑格尔认为：“自然状态是一种不合理的、暴力的、无法控制的、原始冲动的、无人性行为的以及感受的状态。”[41] 随着人们对理性以及精神认识的不断深入，早期启蒙哲学家们对中国文化的一味颂扬必然会遭到以赫尔德和黑格尔为代表的哲学家的反对。

在黑格尔之前，法国启蒙哲学家孟德斯鸠（Charles-Louis de Secondat Montesquieu, 1689–1755）在1748年出版的《论法的精神》一书中就已经将理性看作是社会历史发展过程的决定性的动力，并且特别强调气候、土壤、人类居住的区域等地理因素在人类社会发展中的作用。黑格尔曾称赞孟德斯鸠的这部书是“一部美妙的著作”，“认为法治、宗教以及一个国家里面的一切构成了一个整体”。[42] 德国哲学家赫尔德更是将中国纳入了其历史哲学和人类文化史的研究和理论体系之中，他认为跟不断向前发展的欧洲文明不同，东方文化处于时间和空间的静态之中。中华帝国的完全静态的“可怕的专制主义”一旦建立，它就以对人们政治和思想的禁锢来确保自己的长存。赫尔德形象地指出：“这个帝国是一具木乃伊，它周身涂有防腐香料、描绘有象形文字，并且以丝绸包裹起来；他体内血液循环已经停止，犹如冬眠的动物一般。所以，它对一切外来事物都采取隔绝、窥测、阻挠的态度。它对外部世界既不了解，更不喜爱，终日沉浸在自我比较的自负之中。”[43] 从赫尔德对中国人的人种、伦理、文化、语言各个方面所做的分析来看，基本上没有正面的。这除了他有可能接受了耶稣会士的出版物中的负面影响之外，更是跟他的人类文化史的观念密不可分的。他认为孔子实际上是套在中国人和社会制度上的一副枷锁，“在这副枷锁的束缚之下，中国人以及世界上受孔子思想教育的其他民族仿佛一直停留在幼儿期，因为这种道德学说呆板机械，永远禁锢着人们的思想，使其不能自由地发展，使得专制帝国中产生不出第二个孔子”。[44]而后来黑格尔将自东向西的世界精神的历史比作人的幼年、少年、青年、老年，可以说是与赫尔德的说法一脉相承的。

（二）平庸化了的中国负面形象

黑格尔对中国认识的范式转换便是在这样一个背景下产生的。黑格尔是一个善于创造学说体系、建构理论系统的哲学家，他用理性主义和严密的思辨哲学将中国文化严格地纳入他的理论框架之中，建立在其学术系统的基础之上，使之成为他那既严密又深奥的哲学体系中的一部分，从而以一种完全的哲学立场对中国文化的主要方面做出全面的综合考察。[45] 我们知道，黑格尔所创立的包罗万象的庞大思想体系包括逻辑学（正题）、自然哲学（反题）和精神哲学（合题）三个组成部分，而系统阐述人类社会历史见解的“历史哲学”正包含在其精神哲学之中。中国历史、宗教和哲学就在黑格尔依据其精神概念的逻辑而建立的哲学体系中具有相应的位置。黑格尔依精神概念在其中得以实现的程度，在其精神哲学体系中安排了一个从低到高的发展等级。在1807年出版的《精神现象学》一书中，黑格尔从内容上将人类意识发展分为5个阶段：1. 意识；2. 自我意识；3. 理性（以上属于主观精神）；4. 精神（客观精神）；5. 绝对精神。也就是说，在黑格尔那里，精神自我显现的本质是一种进化论式的。而作为东方代表的中国，其精神只作为自然的精神存在，他们的宗教也是自然宗教，中国当然处在起点。黑格尔借用了作为自然界物质的太阳从东方升起，在西方沉没的象征意义表明他所谓的世界精神也是走了这样一条路径。处在亚洲的中国当然是处于世界历史的开端，就如同刚从失明到重获光明的人一样，对主体和客观世界还尚未分辨清楚，对人类的精神更缺乏内省和自觉。

黑格尔是用哲学的方法来研究历史的，这是因为历史哲学是以揭示隐藏在历史现象背后的理性为其目的的。在黑格尔看来，在世界历史中他所要探讨的是人类意识中自由概念的发展，而对具体某一民族的衰亡兴盛，他实际上并不真的感兴趣："'哲学'所关心的只是'观念'在'世界历史'的明镜中照射出来的光辉。……它所感兴趣的，就是要认识'观念'在实现它自己时所经历的发展过程——这个'自由观念'就只是'自由'的意识。"[46] 因此，黑格尔并非想要具体描绘一幅世界各国历史发展进程图，而是要提供一个从中能全面理解人类历史的框架。实际上，黑格尔想要确立的是一种历史哲学的观念，而这样做的结果是要否定在他之前的历史学家所描绘的历史。

在黑格尔的历史哲学中他非常重视"民族精神"这一概念，认为民族精神是客观精神的自我意识，为此他提出了"历史地理基础"，认为自然地理是"精神"发展所必需的场所，是必要的基础。不过自然对于历史发展的影响不应估量得太高，也不应该太低。他指出温带是历史的真正舞台，澳洲和南美洲在物质上和心理上都显得低劣。并断言，地中海沿岸是世界史的中心。[47] 他还根据各种特殊的地理特征，划分了三种地理形态以与三种地域的历史文明相对应：处于高地的非洲、位于平原的亚洲以及在海岸边的欧洲三种文明。高地居民的性格特征是好客和掠夺；平原流域居民的特征是守旧、呆板和孤僻；海岸区域居民的特征是勇敢、沉着和机智。[48] 黑格尔并不认为世界历史包括了非洲："我们对于阿非利加洲正确认识的，乃是那个'非历史的、没有开发的精神'，它还包含在单纯自然的状态之内，可是在这里只能算作踏在实际历史的门限上面。"[49] 在将平原流域居民的特征与海岸区域居民相比较时，黑格尔写道："平凡的土地、平凡的平原流域把人类束缚在土壤上，把他卷入无穷的依赖性里边，但是大海却挟着人类超越了那些思想和行动的有限的圈子。"[50]

黑格尔认为，世界历史是精神在时间中自身发展的过程，它既是精神自我发展的过程，也是世界走向自我意识的过程。按照理性标准行动的自由是历史发展的终结，而尚处在自然意识阶段的东方君主专制制度当然只能处在世界历史的开端了，世界历史实际上就是自由意识进展的历史。由于精神的光明从亚洲升起，所以世界历史也就从亚洲开始："世界历史从'东方'到'西方'，因为欧洲绝对地是历史的终结，亚洲是起点。"[51] 黑格尔认为，正如物质的太阳从东方升起，在西方落下一样，在西方沉没的那个自觉的太阳也是在东方升起的，但它在西方沉默的时刻却散播一种更为高贵的光明。[52] 黑格尔的精神发展历程有三个主要的阶段：东方人、希腊与罗马人以及日耳曼人。"东方从古到今知道只有'一个'是自由的；希腊和罗马世界知道'有些'是自由的；日耳曼世界知道'全体'

是自由的。”[53]由此我们可以知道，精神的太阳，也是由东向西、由浅渐深、由“一个”到“全体”的发展过程。其后虽然经验的历史还在继续，但精神的历史则已到了尽头。因此在黑格尔看来，历史的过程实际上就是思想发展的过程。

黑格尔把世界历史的各个时期比作人生中的各个阶段，因为人生各个阶段所具有的理性是各不相同的。黑格尔将东亚文化认定为“孩童时代”，其他依次为：中亚文化为“少年时代”，希腊文化为“青年时代”，罗马文化为“壮年时代”，而日耳曼世界的文化理所当然属于“老年时代”了。[54]因为孩童尽管具有理性的能力，但却是自在地具有理性的人，没有独立的人格可言，只是一味地依赖于父母。黑格尔认为：“客观的种种形式构成了东方各‘帝国’的堂皇建筑，其中虽然具有一切理性的律令和布置，但是各个人仍然被看作是无足轻重的。他们围绕着一个中心，围绕着那位元首，他以大家长的资格……居于至尊的地位。”[55]

黑格尔也同样认为，真正的哲学是从西方开始的，因为在中国和印度的“东方哲学”中“精神”依然完全沉没在“自然”之中，从而将东方哲学排除在他对哲学史考察的视野之外，[56]否定了中国哲学的合法性。针对耶稣会士和其他对中国文化的吹捧者，黑格尔异常理性地依西方哲学的标准在他的哲学框架之中对中国哲学进行了定位。与莱布尼茨对孔子道德哲学的赞扬形成鲜明对比的是，黑格尔认为，《论语》中所讲的无非是些常识道德，并且在哪个民族里都找得到，“还可能会更好些”。[57]

由于索隐派耶稣会士对《易经》的不断解读，也引起了黑格尔对这部中国典籍的关注，使他认识到中国人不仅仅有一些诸如孔子谈话的“善良的、老练的、道德的教训”，[58]他们“也曾注意到抽象的思想和纯粹的范畴”。[59] 不过，“尽管他们也达到了对于纯粹思想的意识，但并不深入，只停留在最浅薄的思想里面”。[60] 在论述完八卦的组成准备举例说明其象征意义之前，黑格尔写道：“我将举出这些卦的解释以表示它们是如何的肤浅。”[61] 在对《易经》一书的看法上，黑格尔明显没有他以前的莱布尼茨的兴趣，因此也缺乏对它的深入研究和理解。

在中国哲学方面，黑格尔唯一给予较高评价的是道家，他认为老子的《道德经》“却是一部重要的著作”。[62] 他对《道德经》的重视是因为在这当中可以找到一些思辨哲学的因素。对道家的兴趣应当归功于黑格尔跟法国汉学家雷慕沙（Abel Rémusat, 1788–1832）之间的交往：1826 年黑格尔访问巴黎时，曾与雷慕沙见过面，并聆听了雷氏在法兰西皇家学院的讲演。[63] 雷慕沙对老子的翻译和阐释，直接影响了黑格尔对老子和道家的认识，因为在雷慕沙那里，黑格尔认识到了一个跟耶稣会传教士所展示给他的具有不同内涵的道家：这是一个跟形而上学及思辨有关的道家。依据雷慕沙的注释，黑格尔将老子“道生一，一生二，二生三，三生万物”解释为：“理性产生了一，一产生了二，二产生了三，三产生了整个世界”。[64] 他还引用传教士的说法认为，这实际上是跟基督教的“三位一体”的观念相谐和。[65] 黑格尔并进一步引述《道德经》中的“夷”“希”“微”三个字实际上就是“耶和华”（IHV - Jehowah）的说法。[66] 他对道家的兴趣主要在其中的思辨性：“人一旦有了思维，就立即产生了三的规定。一是没有规定的、空洞的抽象。”[67] 他对耶稣会士从中国典籍中找到基督教信仰证据的“索隐派”的观点予以了肯定。而在他之前的德国哲学家则有着另外的喜好，莱布尼茨除了对《易经》表现出兴趣之外，更多的是赞扬孔子和儒家的学说；沃尔夫的思想也主要是从儒家的政治和道德伦理方面进行阐述的。而这些兴趣主要是由耶稣会的传教士的西文著作或《四书》的翻译直接引发的。耶稣会对儒学的译介有着自己的传统：从罗明坚（1589年以后）、利玛窦（1591年）所译出的《四书》，到曾德昭（Alvare de Semedo, 1585–1658）在《中华大帝国志》（1645年）中对孔子和儒家的介绍，再经由柏应理主持翻译的《中国哲学家孔子》（1687年）一书，李明的《中国近事报道》（1696年）对宋代儒家的介绍，一直到最后一名在中国的耶稣会士钱德明（Jean-Joseph-Marie Amiot, 1718–1793）的《孔子传》（*Vie de Koung-Tsée*, 1784）。[68] 黑格尔将兴趣转向中国非官方的道家的研究，这一研究范式的转换对后来的西方哲学界产生了很大的影响。

黑格尔所设计的历史方案尽管不一定是直线式的，但却是一个从低级到高级形式的发展过程，同时也是一个从不完善到完善的不断进步的过程："世界历史在一般上说来，便是'精神'在时间里的发展。"[69] 在分析到中国当时具体的情况这一层面时，黑格尔推断，中国实际上并没有普遍意义上的法，只有管理。中国可以通过"理论上的统治"来加以描述。"中国人既然是一律平等，又没有任何自由，所以政府的形式必然是专制主义。"[70] 而在这第一个层面之上的思想，黑格尔断定，所有与思想有关的东西在中国都不存在，因为宗教、政治制度、伦理、法制、风俗、科学、艺术等等无一不是民族精神的体现。基于这样的原因他给中国下了一条著名的结论：中国还处于"世界历史的局外，而只是预期着、等待着若干因素的结合，然后才能得到活泼生动的进步"。[71] 其原因是"它客观的存在和主观运动之间仍然缺少一种对峙，所以无从发生任何变化，一种终古如此的固定的东西代替了一种真正的历史的东西"。[72]

经常有学者认为，黑格尔之所以蔑视东方、菲薄中国哲学和历史，乃是由于他缺乏对中国哲学、历史的知识。[73]实际上这一说法是很难站得住脚的。我们来看一看黑格尔在《哲学史讲演录》和《历史哲学》中所用的有关中国的资料，不得不对他资料收集的完整表示惊讶。实际上黑格尔在1822—1823年冬季学期开始在柏林大学讲授《历史哲学》时，他将三分之一的时间都用在了准备"绪论"和"中国"一章上面去了。[74]他阅读、研究过当时译成西文的各种中国典籍，读过《中国人的哲学家孔夫子》。黑格尔在注释中对此书评论道：此书的"讲解多于翻译"。[75]他也读过钱德明（Jean Joseph Marie Amiot, 1718–1793）的《关于中国人的追述》（巴黎，1776年）。[76]耶稣会士所收集的13卷本的《中国通史》（冯秉正译）和《中国丛刊》也在他的参考书目之中，他同样利用法国学者如雷慕沙《关于老子生平与意见的追述》（巴黎，1823年）等的研究成果，[77]并且在引文中对雷慕沙的观点大都予以了肯定。在讲到中国古代的科举考试时，黑格尔特别举出了由雷慕沙翻译的小说《玉娇梨》（1826年）作为例子，[78]以及英国使臣马噶尔尼出访中国的记录。[79]因此黑格尔对中国文化和哲学的漠视，在很大程度上是由于他用自己已形成的欧洲理性主义和思辨哲学的模式格中国哲学的义的结果，并非由于他阅读和运用有关中国的材料的欠缺。

此外还有一点尽管未曾引起学界多大关注，但对解读黑格尔思想形成至关重要，那就是黑格尔的德意志情结。经历过拿破仑战争后的欧洲，更加激化了日耳曼的民族主义倾向。这对于还没有建立像法国、英国、俄国等那样拥有一个真正中央政权机构的统一国家的日耳曼各民族来讲，尤其明显。跟英、法相比，无论是在经济上，还是在社会、政治的发展程度上，较晚崛起的德意志民族都还处在极端落后的封建制阶段。黑格尔的历史哲学将日耳曼奉为“世界精神”的代表，理性的太阳从东方升起到达日耳曼时达到了顶峰。但这跟当时日耳曼的四分五裂的实情是完全不相符的。这是一种想促使德意志迅速成为近代民族国家的刻骨铭心的夙愿。“他说，历史发展的本源是民族精神。在每一个时代，都有某一个民族受托担负起引导世界通过它已到达的辩证法阶段的使命。当然，在现代这个民族就是德意志。”[80]尽管黑格尔在青年时代藐视过普鲁士，但他在晚年却成为一个地地道道的普鲁士爱国者，国家的忠仆。《历史哲学》正是黑格尔晚年（1822—1831年）在柏林大学的讲义，而这时的他基本上成为普鲁士国家的官方哲学家。也只有在这样的一个历史背景下，我们才可以理解黑格尔的“国家是民族精神的现实化”“国家是现实存在的显现了的道德生活”“国家是地上存在的神的理念”“国家是理性自由的体现，这自由在客观的形式中实现并认识自己”等著名论断，他对“民族”和“自由”的强调以及他对普鲁士国家制度的赞扬是跟他的德意志情结密不可分的。在此需要着重指出的是，黑格尔所谓的“世界历史”实际上是“欧洲历史”的代名词，[81]对东方，特别是对中国的论述，实际上不过是他自己哲学体系建构中的一个小的组成部分而已，但这些论述却影响了近两个多世纪西方主流思想对中国的认识。黑格尔的这一中国观直到20世纪两次世界大战期间，才慢慢由一批具有世界眼光的哲学家所打破，其中雅斯贝尔斯无疑起了重要的作用。这也是本书所要着力处理的内容。

三、作为合题的雅斯贝尔斯对中国的认识

依据黑格尔的辩证法学说，由正题、反题与合题组成的辩证法，每一命题都不能充足地表达现实，因为它自身并不包含其对立面（反题），而没有对立面，一个命题就没有意义。因此我们就得出一个包含正题和反题的合题。其中的每一个步骤对理解其结果来讲都是不可或缺的。而每一个后面的阶段其实都已经包含在了以前的阶段之中了，因此没有哪一个阶段可以完全取代其他。在没有经历所有阶段的情况下是不可能达到辩证法的真理的。真和假实际上并非我们所想象的那样一目了然、相互对立，其中没有哪种判断是完全假的。黑格尔认为，只有用“扬弃”的方法不断改正以往的错误而向前发展，而不把这些单方面的或有限的事物看作全体，才能认识到任何部分的事物都不是真的。唯有“全体”才是真实的。因此，历史地看，这三个对中国认识的范式，都有其存在的合理性，并且是一个从不完善到逐渐完善的发展过程。

今天虽然我们可以从不同方面批评莱布尼茨、黑格尔乃至雅斯贝尔斯等人对中国文化与中国哲学研究的不足，但却无法否认他们在中国认识上所建立的不同的“典范性”。这一典范性的获得，得益于他们对中国的系统研究以及他们从自己哲学体系出发从而在整体上把握中国的方法论。今天我们也许很容易就可以证明这三位哲学家在引述中国文献中的错误，乃至荒诞不经，但从他们对中国的整体认识以及对他们时代的影响上来看，依然是没谁能够超得过他们的。黑格尔实际上很早就认识到了自己的局限性，在《法哲学原理》的序言中他写道：“哲学的任务在于理解存在的东西，因为存在的东西就是理性。就个人来说，每个人都是他那时代的产儿。哲

学也是这样，它是被把握在思想中的它的时代。妄想一种哲学可以超出它那个时代，这与妄想个人可以跳出他的时代，跳出罗陀斯岛，是同样愚蠢的。”[82] 德国哲学家视野中的中国也同样是他们时代的产物。

我们不应当以自我的喜好而将莱布尼茨、黑格尔、雅斯贝尔斯简单地贴上廉价的标签，也没有理由由于对自己传统的文化情结而不去认真对待这些哲学家和他们的学说。尽管黑格尔对中国的描述有失偏颇，但他却在当时的历史条件下尝试着将一个远离欧洲文明的形态纳入他的哲学视野当中去，使其成为他精神发展之中的一环，这一尝试本身就应当值得我们认真对待。

黑格尔以其理性主义的历史观对中国认识的范式影响非常大，其后马克思（Karl Marx, 1818–1883）的中国观实际上是在黑格尔的基础之上形成的，只不过马克思更加具体地运用了当时经济学的数据来证明一个停滞的中华文明而已，[83] 马克思并且已经意识到了西方的冲击对于一个停滞不前的亚细亚生产方式的中国的重要性。他在“中国革命和欧洲革命”一文中就指出：“英国的大炮破坏了皇帝的权威，迫使天朝帝国与地上的世界接触。”[84] 而在“对华贸易”一文中，马克思认为妨碍对华贸易迅速扩大的主要因素并非中国政府所设置的人为的障碍，而是“那个依靠小农业与家庭工业相结合而存在的中国社会经济结构”[85]。马克思所提出的这一“亚细亚生产方式”对专业汉学家如魏特夫（Karl A. Wittfogel, 1896–1988）对中国的认识又产生过深刻的影响。魏特夫研究的出发点是，中国由于自然原因大部分是在农业需水时缺水。而这种对水的大规模需求只有依靠中央集中制的组织才能使极为复杂的、大批的劳力、财力需求得以调动。由此而形成了一种庞大的农业官僚，由它来监督以国家为体制的供水集团。魏特夫称中国的这种特殊形态为“水利社会”（hydraulische Gesellschaft）。魏特夫进一步认为，在“水利社会”中只存在两种工作组织，亦即由农业官僚组织的集体工作和自给自足的小农经济。这个自给自足的工作方式，也就是亚洲式的工作方式，是以一种特殊的统治形式——“东方专制主义”（orientalische Despotie）来进行的。官僚及其掌握者们形成一个统治阶层，由他们控制和掌握所有的社会领域。魏特夫指出，中国在很多方面，从手工业到农业以及它们的潜力，已经达到了很高的技术水平。但是国家官僚专制的结果又使社会发展趋于停滞。同时，农业和政治的危机没有使东方社会去改变它们的生产方式，而仅是重建造成危机本身的规范。中国和东方的历史发展如同一个圆心运动，而西方社会则是向上发展的螺旋运动。[86]

而费正清（John K. Fairbank, 1907–1991）的“冲击—回应模式”（impact-response model）的理论也无疑是在黑格尔、马克思的“中国文明停滞论”的基础之上产生的。费正清认为，中国文化一旦形成了传统，便会具有超稳定的功能，其中资源与文化的自给自足，又使得近代中国对西方文明产生出坚决的抵牾心理。历史中的所谓发展和变革，实际上只是内部的稍作调整而已，它缺乏内在活力来打破传统范式。中国只有在巨大外来力量的冲击下，才能被迫对西方做出反应，从而跳出传统的羁绊。西方在中国的现代化进程中的作用还表现在，它成功地将不同的体系，如经济、社会、政治等从中国的传统观念中区分开来，对它们加以合理化、现代化。[87]

再回到德国哲学家那里，历史地看，与莱布尼茨对中国认识中的“美化”相比，雅斯贝尔斯对中国思想价值的认识则更值得我们倍加珍视。莱布尼茨是在耶稣会士和其他哲学家对中国文化的一片赞扬声中，认识到中国的独特价值的。而雅斯贝尔斯则是在赫尔德、黑格尔、马克思等对中国文化批判这一传统中，发现中国思想的价值的。他将孔子置于“范式的创造者”的行列，进而与苏格拉底、佛陀和耶稣并列，处于所有人类历史的开端。

对于莱布尼茨和黑格尔来说，研究中国这个既遥远又陌生的国度既非他们的初衷，也不是他们的最终目的。在这里我想引用法国哲学家于连（Francois Jullien）的一段话，也许能说明一些问题：

> 我们知道，哲学定锚于其提问之中，甚至，它会固定在某些时代里，僵化其于传统之中。为了在哲学之中重新找回一些操作空间，换句话说，为了能再寻回理论上的能动性，我选择的是远离哲学的故土——希腊——并且远游至中国：此一迂回用意乃在于，有朝一日得以重新质问深埋于欧洲理性中的立场选择，并且在我们的“未思”之中逆溯而上。[88]

秦家懿（Julia Ching, 1934–2001）在论述莱布尼茨与沃尔夫的中国观时也指出：“我们应明白他们利用中国以推进自己所深信的哲学思想体系的苦心；他们向中国借镜，为的是进一步看清自己的面貌。”[89]莱布尼茨和黑格尔与中国的接触、对中国的深入研究为的是获得一个远距离的观察视角，从而从“他者”的视角更好地了解、审视自己的文化与思想，去发现西方思想的精髓。因此这个所谓“他者”的中国并非一定被真实感知的，在更大程度上是被哲学家根据所处的时代创造或再创造出来的，并且是与西方当时的现实境遇密切相关的。根据陈荣灼教授的深入研究，莱布尼茨实际上并没有真正了解儒家哲学的真谛，特别是理学，并进而证明莱布尼茨的思想并没有受到中国的多少影响。[90] 莱布尼茨的宽容也意味着使中国文化适应他的世界观而已。而这样的一种思维范式，直到雅斯贝尔斯才真正得以改变，不再完全以欧洲人文科学所提供的范畴为出发点，而是使自己的思维趋向于对话，进而更好地去理解哲学另外两个诞生地：印度和中国。今天我们似乎已经习惯于将雅斯贝尔斯的“轴心时代”概念看作是一种理所当然，这是因为它彻底超越了西方中心论的世界文明观。

如果说，黑格尔以正反合命题的发展说明具体概念自我发展的辩证过程的话，他本人按照这一发展建构了整个哲学体系：逻辑学（正）、自然哲学（反）和“精神哲学”（合）。而对于雅斯贝尔斯来讲，超越了民族和宗教藩篱的“世界哲学”才是真正的合题。而他有关中国的认识可谓是一系列对立面相互联系、转化和统一过程的集大成者。

注释：

1 „Zeitgeist". In: Georgi Schischkoff (Hrsg.), *Philosophisches Wörterbuch*. 14. Auflage. Stuttgart: Alfred-Kröner, 1982, S. 768.

2 哈金《导读》，收入托马斯 · 库恩（Thomas S. Kuhn）著，金吾伦、胡新和译《科学革命的结构》(第 4 版)，北京：北京大学出版社，第 1—30 页，此处见第 5 页。

3 此书中译本：梅谦立（Thierry Meynard）、杨保筠译《中国近事——为了照亮我们这个时代的历史》，郑州：大象出版社，2005 年。

4 G. W. Leibniz, *Discours sur la théologie naturelle des Chinois*. (Letere De M. G. G. De Leibniz Sur La Philosophie Chinoise À M. De Rémond), Paris: De L'herne, 1987. 此文共分为四个部分：一、中国人对至高神的看法；二、论中国人关于至高神的所造物或物质的第一本原与鬼神的说法；三、论中国人关于人的灵魂、其不灭性与其赏罚问题的见解；四、论中华帝国创始者伏羲的文字与二进制算术中所用的符号。译文见：秦家懿编译《德国哲学家论中国》，北京：三联书店，1993 年，第 67—134 页。

5 请参考：傅海波（Herbert Franke）著，胡志宏译《欧洲汉学史简评》，收入《国际汉学》第 7 辑，第 82 页。

6 Philippe Couplet & Prospero Intorcetta, *Confucius Sinarum philosophus, sive Scientia sinensis latine exposita*. Parisiis: Apud Danielem Horthemels ..., 1687. 此书第一次将四书中的三种一道译成了拉丁文出版，乃是由曾在华传教的耶稣会士恩理格（C. Herdtrich）、鲁日满（Rougemont）以及柏应理（Couplet）神父共同参与翻译而成的。此书的中文标题为："西文四书直解"，共分五篇：(一）题献路易十四世词；(二）绪说；(三）孔子传，疑出自殷铎泽神父之手；(四)《大学》、《中庸》和《论语》的译文；(五）柏应理所撰年表数篇。

7 转引自李文潮、波塞尔编《莱布尼茨与中国——〈中国近事〉发表 300 周年国际学术讨论会论文集》，北京：科学出版社，2002 年，第 8 页。

8 莱布尼茨致闵明我信，1689 年 7 月 19 日。见前揭《中国近事》，第 117 页。

9 有关这次会面的专题研究，请参考法国学者罗丙内（André Robinet）的论文《莱布尼茨与闵明我在罗马的会面》，见前揭李文潮等编《莱布尼茨与中国》，第 66—74 页。

10 转引自孟德卫（David E. Mungello)《在莱布尼茨的哲学中中国到底有多重要?》，收入前揭李文潮等编《莱布尼茨与中国》，第 45—55 页，此处引文见 47 页。

11 莱布尼茨致闵明我信，1703 年 5 月 18 日。见 Rita Widmaier (Hrsg.), *Leibniz korrespondiert mit China. Der Briefwechsel mit den Jesuitenmissionaren*, Frankfurt 1990. Nr. 196。

12 Rita Widmaier, „Die Rolle der chinesischen Schrift in Leibniz Zeichentheorie", in: *Studia Leibnitiana, Supplementa XXIV*, S. 24. Wiesbaden 1983.

13 1701 年 2 月 15 日莱布尼茨致白晋信，转引自汉斯 · 波塞尔（Hans Poser）（莱布尼茨的《中国近事》与欧洲对中国的兴趣），收入前揭李文潮等编《莱布尼茨与中国》，第 6 页。原文见：Rita Widmaier (Hrsg.), *Leibniz korrespondiert mit China. Der Briefwechsel mit den Jesuitenmissionaren*, Frankfurt 1990. Nr. 131–133。

14 确切地说，与耶稣会传教士利玛窦等人一样，莱布尼茨也将理性归于孔子，这样他便可以将不合乎理性的一切归于后人对孔子的歪曲了。

15 参考李文潮《“自然神学”问题——莱布尼茨与沃尔夫》，收入前揭李文潮等编《莱布尼茨与中国》，第 282 页。

16 T. Grimm, „China und das Chinabild von Leibniz“, in: W. Bargenda u. J. Blühdorn (Hrsg.): *Systemprinzip und Vielheit der Wissenschaften, Studia Leibnitiana, Sonderheft 1*, Wiesbaden 1969, S. 42.

17 1692 年 3 月 21 日莱布尼茨致闵明我信，转引自前揭《中国近事》，第 130 页。

18 见前揭《中国近事》，第 1 页。

19 转引自瑞利（Patrick Riley）(《中国近事》体现的莱布尼茨的政治及道德哲学），收入前揭李文潮编《莱布尼茨与中国》，第 215—216 页。原文见：*Sämtliche Schriften und Briefe*, Darmstadt/Leipzig/Berlin, 1923– , Bd. I, S. 748。

20 转引自珀金斯（Franklin Perkins）(《中国近事》中比较哲学的理论基础），收入前揭李文潮等编《中国近事》，第 241 页。

21 参考莱布尼茨《单子论》，收入北京大学哲学系外国哲学史教研室编译《十六—十八世纪西欧各国哲学》，北京：商务印书馆，1975 年，第 483—499 页。

22 致闵明我，1691 年 5 月 31 日，《中国近事》，第 116—121 页；致闵明我，1689 年 7 月 19 日，《中国近事》，第 126—128 页。

23 前揭《中国近事》，第 6 页。

24 George Foot Moore, *History of Religions II, Part 2: Christianity*, New York: Charles Scribner's Sons, 1920, S. 335.

25 莱布尼茨对中国的兴趣只是他对陌生文化保持开放态度的一个例子而已，从他给 Thomas Burnet 的信的内容我们可以发现，他对阿拉伯语也非常感兴趣，希望能通过比较更好地研究《圣经》和《圣经》的语言。参考酒井潔《莱布尼茨的“中国学”与“类比原理”》，收入前揭李文潮等编《莱布尼茨与中国》，第 226 页。

26 1701 年 2 月 15 日，莱布尼茨写信给在欧洲的耶稣会士郭弼恩（Charles le Gobien, 1653–1708），说明了他对礼仪之争所持的立场。而巴黎索尔邦大学神学系对中国人的指责使莱布尼茨感到惊奇，教皇推迟做出决定在他看来则是比较理智之举。莱布尼茨认为，欧洲对中国还没有足够的了解，中国的语言与习俗与欧洲的完全不同，在这样的情况下，一个欧洲的法庭指责中国人推行偶像崇拜是难以令人理解的。见前揭《中国近事》，第 208—209 页。

27 此书中译本：何高济等译《利玛窦中国札记》，北京：中华书局，1983 年；刘后余等译《利玛窦中国传教史》，收入罗光等主编：《利玛窦全集》一、二卷，台北：光启出版社，1986年。

28 此书中译本：郭强等译《中国近事报道（1687—1692）》，“国家清史编纂委员会·编译丛刊”，郑州：大象出版社，2004年。

29 此书中译本：郑德弟等译《耶稣会士中国书简集——中国回忆录》，六卷，郑州：大象出版社，2005年。

30 例如在梵蒂冈的档案馆中就一直封存着一批描写中国阴暗面的著作和书信。史若瑟（Joseph Shih S. J.）在《基督教远征中国史》“1978年法文版序言”中引用鲁尔（Paul Rule）的研究指出，该书的作者之一金尼阁（Nicholas Trigault）曾删去了所有利玛窦书中关于中国多妻制、卖淫、鸡奸和同性恋的段落。见利玛窦、金尼阁著，何高济等译《利玛窦中国札记》，北京：中华书局，1983年，第659页。

31 杜赫德（Du Halde）编，郑德弟等译《耶稣会士中国书简集》，郑州：大象出版社，2001年，卷二，第219页。

32 法国耶稣会士冯秉正，1702—1748年间在华，精通满、汉文字。

33 巴斯蒂（Marianne Bastid-Bruguiére）著，胡志宏译《19、20世纪欧洲中国史研究的几个主题》，收入《国际汉学》第八辑（2003年5月），第288页。德国汉学家傅海波（Herbert Franke）也持相同看法，认为冯秉正的这部《中国通史》只有朝代的更替，没有历史的发展。见 Herbert Franke, „Zur Geschichte der westlichen Sinologie“, in: *Forschung u. Information – China*, Berlin: Colloquium Verlag, Berlin, S. 9–16。

34 《自登基之日》(*Ex Illa Die*)，载：苏尔（Donald F. St. Sure）、诺尔（Ray R. Noll）编，沈保义、顾卫民、朱静译《中国礼仪之争西文文献一百篇（1645—1941）》，上海：上海古籍出版社年，2001年。

35 Cf. Laure Burnouf Delisle, *Choix de lettres d'Eugene Burnouf. Suivi d'une bibliographie*. Paris: H. Champion, 1891.

36 Hans-Joachim Klimkeit, „Friedrich Max Müller (1823–1900)“, in: Axel Michaels (Hrsg.), *Klassiker der Religionswissenschaft*, München: Verlag C. H. Beck, 1997/3. Aufl. 2010, S. 30.

37 Adam Smith, *An Inquiry into the Nature and Causes of the Wealth of Nations*, London: W. Strahan and T. Cadell, 1776. 此书首次被严复（1854—1921）译作《原富》（南洋公学译书院，1902年）。

38 亚当·斯密著，郭大利、王亚南译《国民财富的性质和原因的研究》，北京：商务印书馆，1983年。此处引文据何兆武等主编《中国形象——世界名人论中国文化》下册，桂林：广西师范大学出版社，2001年，第13页。

39 引文出处同上书，第13—20页。

40 参考许明龙《十八世纪欧洲“中国热”退潮原因初探》，收入《中国社会科学季刊》，1994年春季卷，以及许明龙《欧洲18世纪“中国热”》（太原：山西教育出版社，1999年）第5章“‘中国热’降温及其原因”，第285—316页。许明龙认为，当时欧洲“中国热”降温的原因主要有五个：在华传教事业的衰落、公众兴趣的转移、中国形象的改变、欧洲思潮的发展以及无知与偏见。

41 Hegel, Georg Wilhelm Friedrich, *Vorlesungen über die Philosophie der Geschichte*, in: Ders., *Werke*, Band 12, Frankfurt/M.: Suhrkamp Verlag, 1970, S. 59.

42 黑格尔著，贺麟、王太庆译《哲学史讲演录》第四卷，北京：商务印书馆，1978 年，第 231 页。

43 赫尔德《中国》(《关于人类哲学的思想》)，收入夏瑞春编，陈爱政等译《德国哲学家论中国》，南京：江苏人民出版社，1997 年，第 89 页。

44 引文出处同上书，第 91 页。

45 这方面重要的研究成果见卿文光著《论黑格尔的中国文化观》，北京：社会科学文献出版社，2005 年。

46 黑格尔著，王造时译《历史哲学》，北京：三联书店，1956 年，第 503 页。

47 出处同上书，第 132 页以下。

48 出处同上书，第 132—134 页。

49 出处同上书，第 144 页。

50 出处同上书，第 134 页。

51 出处同上书，第 148 页。

52 出处同上书，第 148—149 页。

53 出处同上。

54 出处同上书，第 150—155 页。关于"老年时代"黑格尔写道："自然界的'老年时代'是衰弱不振；但是'精神'的'老年时代'却是完满的成熟和力量，这时期它和自己又重新回到统一，但是'以精神'的身份重新回到统一。"(第 154 页)

55 出处同上书，第 150 页。

56 黑格尔著，贺麟、王太庆译《哲学史讲演录》第一卷，北京：商务印书馆，1959 年，第 115 页。

57 出处同上书，第 119 页。

58 出处同上。

59 出处同上书，第 120 页。

60 出处同上。

61 出处同上书，第 122 页。

62 出处同上书，第 124 页。

63 参考杜瑞乐(Joel Thoraval)"从法书到'理性'：黑格尔与中国宗教"，收入《中国学术》，北京：商务印书馆，2001 年第二辑(总第六辑)，第 130—150 页，此处见第 134—135 页。

64 见前揭黑格尔著，贺麟、王太庆译《哲学史讲演录》第一卷，第 128 页。

65 引文出处同上书，第 128 页。

66 引文出处同上书，第 129—131 页。

67 黑格尔"中国的宗教或曰尺度的宗教"，收入夏瑞春编《德国哲学家论中国》，南京：江苏人民出版社，第 100—109 页，此处引文见第 107 页。

68 *Mémoires concernant l'histoire, les sciences, les arts, les mœurs et les usages des Chinois* (par les missionnaires de Pékin), 15 vol., Paris, 1776–1789. 法文版的《孔子传》即他上述 15 卷本主要著作《中国历史、科学与艺术回忆录》中的第 12 卷，这一孔子传比他之前的在华传教士们对孔子的研究更加准确、完整。

69 前揭黑格尔著，王造时译《历史哲学》，第 75 页。

70 引文出处同上书，第 168—169 页。

71 引文出处同上书，第 161 页。

72 引文出处同上书。此外请参考余凯思（Klaus Mühlhahn）:《想象中的中国：德国汉学研究里的"宏大叙事"》，收入李雪涛编《东亚研究与全球史建构：德语东亚文化史的几个研究路径》，上海：华东师范大学出版社，2018 年，第 95—122 页，此处见第 106 页。

73 罗素在《西方哲学史》一书中便武断地认为:"关于中国，黑格尔除了知道它以外毫无所知。"（罗素著，马元德译《西方哲学史》下卷，北京：商务印书馆，1982 年，第 762 页）甚至于德国汉学家傅吾康（Wolfgang Franke）也认为:"毫无疑问，黑格尔当时不仅局限于对中国历史的偏见，也囿于信息的匮乏。但他却满足于此而不认为有对其资料来源提出疑问的必要。"（傅吾康著，陈燕、袁媛译《十九世纪的欧洲汉学》，收入《国际汉学》第 7 辑［郑州：大象出版社，2002 年］，第 68—79 页，此处引文见第 69 页）此外也请参考张允熠《哲学的困境和黑格尔的幽灵——关于"中国无哲学"的反思》，收入《文史哲》，2005 年第 3 期，第 18—25 页，此处见第 21 页。

74 参考侯鸿勋著《论黑格尔的历史哲学》，上海：上海人民出版社，1982 年，第 8 页。

75 见前揭黑格尔著，贺麟、王太庆译《哲学史讲演录》，卷一，第 120 页，注 1。

76 出处同上书，第 120 页，注 4。法国人钱德明被认为是在中国的最后一位耶稣会士，他曾在清廷中工作，精通满、汉语言，除了上文提到的《孔子传》外，他还编有一部著名的《鞑靼—满—法字典》(*Dictionnaire Tartare-Mantchou-Francais*, Paris, 1789–1790)，系根据李延基《清文汇书》编纂而成。

77 见前揭黑格尔著，贺麟、王太庆译《哲学史讲演录》，卷一，第 124 页，注 5。

78 见前揭黑格尔著，王造时译《历史哲学》，第 169 页。

79 出处同上书，第 172 页等处。

80 引文见前揭罗素著，马元德译《西方哲学史》下册，第 186 页。

81 参考陈乐民、周弘著《欧洲文明的进程》，北京：三联书店，2003 年，第 124 页。

82 黑格尔著，范扬、张企泰译《法哲学原理》，北京：商务印书馆，1961 年，第 12 页。

83 恩格斯在"波斯与中国"一文中在中国一词前所加的定语为:"这个世界上最古老国家的腐朽的半文明制度。"见《马克思恩格斯选集》第二卷，北京：人民出版社，1972 年，第 16 页。

84 引文出处同上书，第 3 页。

85 引文出处同上书，第 57 页。

86 见余凯思《想象中的中国：德国汉学研究里的“宏大叙事”》，收入前揭李雪涛编《东亚研究与全球史建构：德语东亚文化史的几个研究路径》，此处见第 110—111 页。

87 出处同上书，第 104—105 页。

88 于连《由希腊绕道中国，往而复返：基本主张》，收入林志明、魏思齐编《辅仁大学第二届汉学国际研讨会“其言曲而中：汉学作为对西方的新诠释——法国的贡献”》，台北：辅仁大学出版社，2005 年，第 71—87 页，此处引文见第 71 页。

89 秦家懿编译《德国哲学家论中国》，北京：三联书店，1993 年，第 9 页。

90 参考陈荣灼《莱布尼茨与中国的自然哲学》一文，收入前揭李文潮等编《莱布尼茨与中国》，第 182—193 页。

第一章　论雅斯贝尔斯的世界哲学及哲学史的世界观念

——以《大哲学家》为中心的研究

一、“思想移民”的时代

雅斯贝尔斯所处的时代是所谓“思想移民”（innere Emigration）的时代，除了正常的对西方哲学的研究外，他也特别关注亚洲哲学。他坚信，除了古希腊之外，在亚洲的印度和中国从一开始也在进行着哲学思考。[1] 同样，哲学在第一次和第二次世界大战之后几年的发展，对他也有深刻的影响。经历了两次世界大战的欧洲知识分子，开始怀疑自己的文化。《西方的没落》（*Untergang des Abendlandes*, 1918–1922）一书的作者施本格勒（Oswald Spengler, 1880–1936）就曾对传统历史的基本分期法（古代、中世纪、近代）以及西方对非欧洲文化的漠视提出异议，建议欧洲的知识分子应当把视线移到东方，以摆脱自身的困境。[2] 这之后，雅斯贝尔斯在他的《哲学自传》（*Philosophische Autobiographie*）一书中为哲学下了这样的定义：“做哲学（philosophieren）则意味着，我们在探讨普遍交往的可能性前提。”“哲学的世界史之当下存在能够成为普遍交往的框架。”[3]

自从技术革命和工业革命以来，世界发生了根本性的变化。新的交通工具的发明，使世界变得愈来愈小。在世界历史上从没有过像今天一样，文化、哲学以及宗教间之交流让人应接不暇，这同时也是一个挑战，因为我们对待这样交流的态度将影响到我们人类的未来。雅斯贝尔斯以前的哲学家们，包括黑格尔在内，都或多或少地设想过哲学一体化这一问题。他们以思辨的方式，当然是从某一确定的民族哲学立场作为自己的出发点，并几乎总是将自己的立场绝对化，拟定了一幅哲学的世界史之蓝图。当然，对于今天来讲，这样的以思辨哲学为模式而拟定的蓝图早已过了时。我们所需要的是一种崭新的历史思想，它产生于对哲学的世界史考察之新构想中。

像这样的一种世界哲学不应当是具体的哲学学科，更不应该是一种百科全书式的材料堆积。它应当是一种活生生的意识，以此来“做哲学”：“我们正在从欧洲哲学的夕阳走向世界哲学的曙光之路上。”[4] 其出发点乃是基于承认这样一个事实，即在哲学精神领域存在着文化多元化。在这一多元化面前，没有哪一个纯粹的哲学一元论的构想——无论是古典或现代科学哲学，还是小亚细亚或西方哲学——是有前途的。

而由雅斯贝尔斯所勾勒出的世界哲学构想之图像，甚至跳出了他自己的尚以欧洲为中心的实存哲学。交流绝不仅仅限于某一方面，而是在包罗万象的、普遍的意义上来讲的。以前和现在应当处于中心地位的既不是欧洲也不是亚洲，而应当是世界。不同的哲学或多或少有些像很小的盛水容器，用它们来盛世界哲学那无边无垠的海洋，显然是不可能的。更形象地讲，旧瓶并不是无限度地能装下新酒的。世界哲学便是在对这一新情况的思考与忖量中诞生的。

“世界”一词在雅斯贝尔斯“世界哲学”这一概念中首先所表示的是“统摄”（das Umgreifende），今天的哲学思想发展也应当是在朝这个方向努力的。“统摄”这一概念乃是雅斯贝尔斯哲学的核心概念之一，是我们没有办法忽略的。由于篇幅有限，在这里也只能做简单介绍。

二、“主客体分裂”与“澄明”

我们所思考和所谈及的事物是跟我们自身不同的，它们是作为主体自身的对象：客体。如果我们把自己作为思想的对象来看待的话，那我们就会变为其他了，但同时作为一个正在思考的我也一直存在，这个正在指使着这一思考的我，是不可以等同于一般的客体的，因为他是决定其他之所以成为客体之前提。雅斯贝尔斯把我们思维着的“现实存在”（Dasein）的基本状态称作“主客体分裂”（Subjekt-Objekt-Spaltung）。[5]“Dasein”的含义在雅斯贝尔斯和海德格尔（Martin Heidegger, 1889–1976）之间是有差异的，在雅斯贝尔斯那里指我们的存在之中最能反映现实空间的形式，[6]而海德格尔则强调我们自身，意味着探寻存在意义的自己的存在。[7]雅斯贝尔斯在这里之所以用“分裂”一词，是动过一番脑筋的。因为“分裂”乃是起初为一体的东西被撕裂开来了的情形，在这里他是想强调起初未分裂的状态。而这一起初未分裂的东西就被雅斯贝尔斯称作“统摄”。[8]

由于认识的对象物是在主客体分裂之中被构成的，那么一切的认识也只有在这一分裂中才成为可能。这一认识的领域便是存在物（das Seiende）的领域。而存在（das Sein）却超越了这所有的存在物，它既非主体亦非客体，是分裂前的统一状态。雅斯贝尔斯的一句名言是："存在就是统摄。"雅斯贝尔斯的传记作者、其著作的出版人汉斯·萨纳尔（Hans Saner, 1934–2017）对这句话解释道：

> 这句话至少说明了两种不同的含义：其一，"统摄"完全是对无形物形象生动的描述词汇，我们不可以把它误解为有限的存在物。譬如把它想象成某种圆形的、隐匿状的或有某种外壳状的东西，进而形成有限的、包容性的想象，这一切必须由无限统摄的抽象思想予以取代。其二，由于统摄不在分裂状态之中，故而它是不可认识的。它是未被确定之一体（das unbestimmte Eine）。那么我们应当对其保持沉默吗？如此绝望之结论雅斯贝尔斯并未得出，而是说：如果人们同样不能认识（erkennen）统摄的话，却能澄明（erhellen）它。澄明乃是一种无须解释（erklären）之清晰（Klären），是一种无须用规定性进而到达被思物之思忖（Hindenken），是一种无须去知道之证实（Vergewissern）。[9]

雅斯贝尔斯究竟是如何澄明"统摄"的，这是一个相当复杂的问题。在这里我只想谈其中一点和《大哲学家》有关的方法：对"统摄"进行哲学思考意味着进入存在本身（Sein selbst）之中，而这只能间接地进行，因为只要我们谈及它，它就会成为我们思维的对象物。我们必须借助于对对象物的思维，来获得对统摄的非客体的提示。《大哲学家》一书正是雅斯贝尔斯将哲学历史现实化，来考察“统摄”在历史上的不同时期和不同地域是以何种方式被揭示的。

三、“世界哲学”

简单讨论完“统摄”这一概念后，我们再回到雅斯贝尔斯的“世界哲学”这一概念上来。在这里“世界”是针对狭隘的民族哲学而提出的，它所表达的是一个无所不包的世界框架，而在这个框架之内是没有办法只用民族哲学来填充的。世界哲学作为一个框架，这样的具有规范性的设想，对我们来讲是极大的挑战。雅斯贝尔斯有道理地认为，基于这样的一个框架，即使是西方哲学也是太狭隘了。可以确定地讲，我们并没有具体地拥有过这样的哲学。我们只能隐约地预感到，但不确切地知道它；只能设法去尝试接近它，却没法占有它。[10]

从某种意义上来讲，世界哲学可以说是理性的工具论，它所展现给我们的是思维可能性的全面系统论。从雅斯贝尔斯的遗稿中我们可以推论出，这样的一个世界哲学的构想在理解上是可以有无限的开放性的。与康德的想法很类似，雅斯贝尔斯也同样认为这样的一种哲学思维活动必须在民主中进行，为所谓的世界公民而工作着。[11] 雅斯贝尔斯认为，我们所处的科学技术的时代促成了具体的世界意识的形成。

欧洲寻找着亚洲，但并不可以按照其自己的想象来随意改变亚洲。从欧洲人的思维立场来看，与欧洲以外的文化相接触，总有一种“异国情调”（Exotismus）在里面。[12]这一“异国情调化”来自对陌生文化描述的欣赏。异国情调之所以吸引人，并不是因为它是真实的，而是因为它超越了欧洲人平庸的日常真实，处在一种宁静安逸的田园诗之中。因此“异国情调化”不仅仅是一种对异域风情的欣赏，同时也是同这样的文化保持距离的方法。黑格尔曾经把印度比喻成一个女人惑人的美貌。雅斯贝尔斯却用另外的眼光来观察中国和印度的哲学史，对他来讲，欧洲、中国和印度都同样是哲学思想之发祥地。[13]

四、“轴心时代”

今天我们清楚地知道，在公元前 6 世纪除了在古希腊之外，在中国和印度也同样诞生了哲学。在相互间完全隔绝的情况之下，这一时期的哲学家们都尝试着用思想来驾驭世界。想用理念（Logos 逻各斯）来替代神话。当然，这个时期的哲学是不可以用概念来予以界定的，大哲学家们借助于经验和理性，大胆地去探索世界、上帝、人类等的奥秘。哲学之所以在中国、印度和希腊诞生，似乎不能用人类自主的意志决断来解释。这一时期的世界历史事件被雅斯贝尔斯经典地称作“轴心时代”（Achsenzeit）。

“轴心时代”是雅斯贝尔斯历史哲学中的中心概念。他将人类的历史分为四个阶段：

其一是：我们只能推断出最初的一大步，即语言之产生，工具之发明以及火之点燃和应用。这是普罗米修斯时代，是所有历史之基础，正是经历了这一阶段人类才变成了不同于我们不能想象的仅仅是生物意义上的人的存在。

其二是：在公元前5000年和公元前3000年间在埃及、美索不达米亚、印度河流域、稍晚在中国黄河流域，产生了古代的高度文明。

其三是：以公元前500年前后为中心——在公元前800年到200年之间——时至今日我们仍然赖以生存的人类精神的基础，同时又独立地在中国、印度、波斯、巴勒斯坦、希腊出现。

其四是：其后只有唯一的一件无论在精神上，还是在物质上都具有深刻影响的事件，并且具有世界历史意义的影响：科学技术的时代。……[14]

雅斯贝尔斯之所以提出“轴心时代”这一概念，乃是不满意黑格尔以耶稣的出现作为世界历史的轴心的做法，因为黑格尔曾说过：“一切历史都归于基督，又出自基督。上帝之子的出现乃是世界历史的轴心。”[15]这样一种说法的问题在于，即使是在西方，基督徒们也没有把他们以经验为基础的历史观跟基督信仰联系在一起。而雅斯贝尔斯的“轴心时代”则排除了特定信仰的内容，是西方人、亚洲人乃至全人类都可以信服的尺度：

非凡的事件都集中在这一时代发生了。在中国生活着孔子和老子，产生了中国哲学的所有流派！墨翟、庄子、列子以及不可胜数的其他哲学家都在思考着。在印度出现了《奥义书》，生活着佛陀！所有的哲学可能性，甚至于像怀疑论和唯物论诡辩术以及虚无主义都产生了！其情形跟中国别无二致。在伊朗，查拉图斯特拉在传授他那富于挑战性的世界观！即认为这是善与恶之间的一场斗争。在巴勒斯坦，从以利亚经由以赛亚及耶利米到以赛亚第二，出现了先知。在希腊则有荷马！哲学家巴门尼德、赫拉克利特、柏拉图，许多悲剧作家，修昔底德，以及阿基米德。在这短短的几个世纪内，这些名字所勾勒出的一切，几乎同时在中国、印度和西方，这三个相互间并不了解的地方发生了。

这一时代的崭新之处在于，在上述所有的三个地区，人们开始意识到其整体的存在、其自身的存在以及其自身的局限。他们感受到了世界的恐怖以及自身的无能为力。他们提出了最为根本的问题。在无底深渊面前，他们寻求着解脱和救赎。在意识到自身能力的限度后，他们为自己确立了最为崇高的目标。他们在自我存在的深处以及超越之明晰中，体验到了无限制性。

……在这个时代产生了我们至今思考的基本范畴，创立了人们至今赖以生存的世界宗教的萌芽。不论从何种意义上来讲，都走出了迈向普遍性的一步。[16]

对于雅斯贝尔斯来讲，很重要的一点是要借助于“交往”（Kommunikation）这一思想超越民族和文化的地域主义，进而“获得全人类共有、超越一切不同信仰的东西”。[17] 雅斯贝尔斯认为，人类是通过一个唯一的起源和目的彼此联系在一起的，他的世界哲学实践也是为了证明这样一个命题。“轴心时代”的概念我们可以从三个方面来理解：其一是所谓的同步性，几乎是在同时，在中国、印度、中东以及欧洲，亦即在从希腊至东亚这一地理轴心上，在思想上出现了类似的成就；其二是历时性，这一时期所出现的大哲学家之思想发展，又是其每一特定文化圈其后发展之轴心；其三是普遍性，轴心时代第一次以崭新的视角向人们揭示了人类共同未来。[18]

由此我们可以看得出，雅斯贝尔斯的“轴心时代”这一概念，绝不仅仅是历史意义上的一个时期，而是找到了一个标准的参照坐标，以便于人们更有兴趣去关注历史、去从事异域陌生民族的文化研究。从而雅斯贝尔斯将人们的思想从在西方占正统地位的、黑格尔—韦伯西方哲学至高无上论中解放了出来。

五、哲学的世界史视野

通过以下的例子，我们可以比较雅斯贝尔斯和黑格尔在对待同一题目所持的不同态度。黑格尔在论述到孔子的哲学时，曾不无傲慢地写道：“从他的原著来看，我们可以得到这样的结论，如果他的著作没有被翻译过来的话，孔夫子的名声会更好些。”[19] 而雅斯贝尔斯在研究过孔子哲学之后，在1957年9月24日在给阿伦特（Hannah Arendt, 1906–1975）的信中也谈到了孔子，他写道：“孔子给我的印象极深。我并不是想捍卫他什么，由于大多数汉学家的缘故使他变得平庸乏味，实实在在他对我们来讲是取之不尽的。”[20] 在这里黑格尔的欧洲中心论的思想是不言而喻的，他是将哲学的发展按照地域来划分的：“世界历史是从东方到西方发展的，因为欧洲绝对是世界历史之终结，而亚洲是开始。”[21] 对于黑格尔来讲，绝对不可以想象在充满梦境和迷信的印度和中国，也会有哲学的出现。轴心时代之发现，使我们有了一个全新的视角，重新审视人类的历史以及各种不同文化的价值。

今天，世界历史和世界哲学可以说互为条件，相互间提供了广阔而丰富的领域，而在其中跨文化间的沟通和交往就变得至为重要了。这也是雅斯贝尔斯把“交往”作为他哲学的一个重要概念的原因。因为：

> 哲学的起源虽然是在自我惊异、怀疑以及对临界境况的体验中，但最终包括这一切的在于寻求真正交流的意志里。这一点从一开始就看得出来，因为一切哲学都急于传达，述说自己，以及自己被倾听，其本质便是可传达性本身，而这一可传达性又是与真理的存在不可分的。
>
> 唯有在交往中，哲学的目的才能实现，所有目的之意义最终都根植于交往：对存在的领悟，对爱的澄明，宁静的完美境界。[22]

1937 年雅斯贝尔斯开始构想一个庞大的计划：编著哲学的世界史。这样的一个计划几乎是不可行的，因为仅从材料上来讲便是汗牛充栋，又是用各种不同的语言在不同时期写就的。以一个人有限的生命，即使是耗尽余生也是无法遍览的。雅斯贝尔斯还是将这项工作作为自己的使命，在其后的 25 年的岁月里，他始终在为这一理想不遗余力地奋斗着。1969 年在他溘然长逝之时，在这方面他留下有 2 万多页的遗稿：[23]

> 哲学的流传对我们来讲就好像海洋一般，其规模和深度都是从未测量过并且也是无法测量的。（在人类历史上）还

从来没有过像今天一样，人们会像百科全书一样知道如此之多。……也还没有过有这么多关于所思之事的报道……这些令人钦佩的成就，是对每一个实实在在从事哲学史研究的人来说不可或缺的。但这些却不能使哲学回到活生生的当下。更可能出现相互并列和先后排列的多样化的让人迷惑的知识，或者用实用的方法将之简化为容易让人误导的概要形式。[24]

既然雅斯贝尔斯否定了用相互并列和先后排列的方式铺陈，同时又否定了将之往事先预想好的思维模式中去硬套，那么人们不禁要问，那究竟什么方法才是通往哲学的世界史之正确途径呢?

想要具体地遍览整个的历史，对于这种强烈的渴求尽管可以理解，不过更应该冷静客观地思考一下。各种思辨的历史结构形式至多只能作为我们不断接近哲学的世界史尝试之标记。

雅斯贝尔斯有关哲学的世界史构思，是非常认真地从多方面、多方位来检讨哲学整体的（das Ganze）。萨纳尔在雅斯贝尔斯的遗稿《哲学的世界史序言》（*Weltgeschichte der Philosophie, Einleitung*）一书的“出版说明”中，认为雅斯贝尔斯的计划，乃是第一次多视角的历史编纂法（poly-aspektive Geschichtsschreibung）的尝试。[25]

六、哲学的世界史之考察方式

雅斯贝尔斯所留下的有关哲学史的大量遗稿非常清楚地显示出，他的《大哲学家》一书的构思，对他来讲实际上只是各种可能必要的历史写作方法中的一种形式。他本人也从未把《大哲学家》

看作是哲学历史之整体，而是把它仅仅作为在某一特定方面这一整体的现实化而已：在伟大的人物这一方面。大哲学家的世界史当然也要配以哲学的其他世界史，而这其他的世界史又是以其他的视角来考察的。

雅斯贝尔斯主张从以下六个方面来考察哲学史：

其一是历史编年学的角度（historisch-chronologischer Aspekt）：从这个角度出发，作为全体的哲学史便成为一部文化空间、时代和时期的历史。比如各种不同思维方式可以看作是一些永恒的问题穿着样式各异的历史外衣而已，这是由于文化空间和时代各不相同造成的。

其二是实质性的角度（sachlicher Aspekt）：从这个角度来看，哲学史便是问题史、内涵史，是提问和回答的历史。这一历史的编排秩序原则，一方面是编年学，另一方面是实质内容。这一角度也是历史编年学的背景。

其三是人格的角度（persönlicher Aspekt）：每一个思想家都是一个不可替代的唯一的人，在表示着自己看法的人。从人格的角度来看，哲学史的全部实际上就是思想家的共和国；这时的编排秩序原则是他们的地位和思维方式。

其四是生成的角度（genetischer Aspekt）：哲学起源于宗教、神话和诗。它们又作为哲学的题目，或者被证实，或者被拒绝。哲学依赖于这样的起源，从而既不是自然科学，也不是信仰。

其五是实用的角度（pragmatischer Aspekt）：把哲学作为生活指南，这样哲学史便成了哲学之实现及影响的历史。人们要去反思，在生活实践中哲学是在什么条件之下才能得以实现。

其六是动力学的角度（dynamischer Aspekt）："做哲学"的人会

强烈地意识到超验的存在。他会把哲学史作为他在现时代对超验解码的精神阵地。他学会理解，没有哪种哲学的思维系统可以容纳一切系统的。从而他得出结论说，没有哪种哲学——不论是亚洲的还是欧洲的——都不是这种哲学！[26]

雅斯贝尔斯认为：

> 如果将这些方面混起来看的话，得不到清楚的认识观念，以分裂开来的形式来看，它们之间又相互补充。每一方面又局限在自己一方。它们相互间又作为手段以便于运用。我们不应当利用它们彼此间的对立面，不应当要求某一方面具有属于另一方面的东西。不过这些方面集合在一起并不能构成一幅全体的图像。这样的一幅图像表明人们总是一再从一定的观察角度来勾勒它的。这便留下了在完全开放或统摄中的瞬间。[27]

不论是演绎的还是归纳的历史编纂方法在这里都被拒绝了。对雅斯贝尔斯以上各不同方面之精确分析，我们会得出这样一个结论，即哲学的各种立场是互补的。这一互补性的原则不仅断然否定了一种将各种立场作折中主义的尝试，同时也否定了一种幼稚且无所谓的没有立场的态度。一种容易理解的没有立场的态度是所谓开放性，并由此创造出一种自由的精神氛围。实际上作为历史性生命存在的我们始终是一定历史、传统、宗教以及文化等的一部分。这一没有立场之立场反倒容易使这一立场或那一立场绝对化，使之成为所谓唯一真实的立场。

我们不再宣称有一种所谓客观的、普遍适用的、科学的哲学观念，因为这样的认识是从自然科学和形式逻辑的普遍适用的命题中得来的。所谓哲学客观性的说法，是就手段和方法，或者针对外表形式，或者针对科学认识而言的。哲学作为内在的信念和行为，客观性在它那里并不一定有用武之地。

在同哲学的世界史打交道的过程中，我们可以知道这一历史的界限。我们同时可以清楚地知道，所谓绝对真理从来就没有具体地显现过。“做哲学”不再是要求掌握很多的资料，而是注重像中国哲学“道”——在路途之中的意识发展。雅斯贝尔斯写道：“所有不可完成的，正好作为我们的使命。只要所说出的总要落在这一观念之后的话，那就必须完全有意识地踏上征途。”[28]

雅斯贝尔斯在其导论性质的著作《哲学的世界史 · 序言》中认为哲学史的主题有三种：

首先是思维形式的历史（Geschichte der Denkformen）：人们可以阐述思维形式的历史，意识展开形式的历史。比如概念史的、针对问题的以及系统的问题提问法，都属于这一类。[29]

其次是哲学内涵的历史（Geschichte der philosophischen Gehalte）：“那些对象化的材料，我们命之为内容（Inhalte），而借助于精神观念、生存之重要性、生命之本质以及超验的意义所完成的内容存在之实现，则是内涵（Gehalte）。”[30] 这样的一种历史编纂方法，无疑是将自己的“做哲学”放在了中心位置，自我反省，特别是跟哲学人格进行批判性的交谈。

最后是哲学人格的历史（Geschichte der philosophischen Persönlichkeiten）：因为哲学思想并不是凭空产生的，产生出这些哲学思想的大师们自然在哲学史中占据重要的位置了。“哲学史可以作为人之存在（Menschsein）的历史来编纂，因为人之存在是思维之存在（Denkendsein）。”[31]《大哲学家》一书便是雅斯贝尔斯按照这个路子来完成的。

只有把《大哲学家》一书放在雅斯贝尔斯的哲学世界史之宏大构想的历史背景之下，才能更好地理解它的地位和应有的价值。萨纳尔在《卡尔·雅斯贝尔斯》一书中，对雅斯贝尔斯世界哲学史的完成情况做了总结：

> 整个的第一部书（各个时期的历史）一直到细节处都做了安排。有关各历史时期的材料极为详尽，并且有一部分已经成文了。一篇讲述哲学史应当是什么的导论（170页），以及对在早期高度文明思维的论述没有收入此书。导论的成书是一本单行本（《论历史的起源与目标》），它阐述了历史是什么以及雅斯贝尔斯想要把历史看成什么。作为在第二部书的第一部分，一本内涵史没有收入；第二部分（哲学和科学间关系史）以及第三部分（哲学回归史）仅是概要性的。第三部书的第一卷（《大哲学家》）已经出版；其余两卷只是拟定的单独的篇章，仅仅是概略地论述而已。第四部书（哲学跟语言、宗教以及艺术之关系史）以及第五部书（哲学的实现）只有非常丰富的札记，尚未在结构上有清楚的秩序。结束卷（权利的斗争）已经通篇构思好了，但是没有完成。所有的安排——仅此就写满了100多页——一直到细节都已构思好了。雅斯贝尔斯在撰写每一部分时，整个秩序大厦亦即全体观念的模式对他来讲都犹在心目。[32]

通过对雅斯贝尔斯世界哲学体系的了解，我们便可以更好地理解《论历史的起源与目标》《大哲学家》等在不同时代的著作在其哲学中的位置了。萨纳尔对《大哲学家》的一句评论，讲得很有道理：

> 将无所不包之广度与具体观察之深度，对于事物本质意义的探索与敢于剖析自己哲学的勇气相结合，这在雅斯贝尔斯之前，也许只有黑格尔做到了。[33]

令人痛惜的是，这样一个庞大的计划可以说才刚刚付诸实施，雅斯贝尔斯便与世长辞了。留给后世诸多的遗憾。

七、"主观心理学"的方法

雅斯贝尔斯的《大哲学家》一书究竟有哪些值得我们关注的特点呢？首先值得我们注意的是这本书在方法论上的特点。

早年作为精神病理学家和心理学家时，雅斯贝尔斯在这两个领域就取得过相当的成就，比如他"因考虑到心理学中的特别之处而首次精确地使用了现象学的方法"。[34]（这些我们姑且不论）精神病理学和心理学的研究使雅斯贝尔斯积累了丰富的、跟这两个领域相关的经验，这对他以后的哲学发展起着至关重要的作用。

雅斯贝尔斯曾在心理学史上第一次对"解释"（Erklären）和"理解"（Verstehen）做了界定，在当时几乎只进行解释的客观心理学的基础之外，创立了以理解为主的"主观心理学"（subjektive Psychologie）：

> 对雅斯贝尔斯来讲，在方法论上做这样的区分究竟得出什么样的结论呢？一位心理学家他不只是问："什么是可以认识的？"而是更进一步地问："当我理解性地去观察时，我能认识到什么？当我解释性地观察时，又能认识到什么？并且在做这两种观察时，我是怎样去认识的？"这样他便把这位心理学家的认知方式引进了心理学，以便唤起对本人的反思。如果他接受了这样的看法，即主观的认识根本就是真正的认知方法，将同感（Mitempfinden）作为方法的组成部分，将明了（Evidenz）作为认知的根本，那么他便会引导这位心理学家不只是做登记、整理，对方法进行思考的理解工作，而更是作为重新体验的个体（nacherlebendes Individuum）而存在。[35]

雅斯贝尔斯心理学的出发点是承认并尊重每一个个体的无限性，并设法把人的这种无限性从各种理论的践踏中解放出来。萨纳尔在总结雅斯贝尔斯在精神病理学方面所做出的贡献时谈到，由雅斯贝尔斯所发展的传记学，为科学的病理学奠定了基础。在这个方面他写有斯特林堡（August Strindberg, 1849–1912）、梵·高（Vincent Willem van Gogh, 1853–1890）、尼采（Friedrich W. Nietzsche, 1844–1900）等的传记。[36]雅斯贝尔斯也曾把克尔恺郭尔（Soren A. Kierkegaard, 1813–1855）和尼采看作是最伟大的理解心理学家，他的《大哲学家》一书，在很大程度上是借助于广义心理学的方法，把历史上的哲学大师作为心理学考察的对象来描述的。"作为哲学阐释的这一种考察，成为同思想家们的新交往，从而开创了一个全然不同的维度。"[37]

雅斯贝尔斯的哲学家王国，是超越了时间和空间概念的王国。在这个王国中，哲学家总是直接对我们说话，我们变成了与哲学大师们共同“做哲学”的人。所以在这里，我们同大师们在时间和空间上的差别，变得不重要了。大师们所关心的问题，对我们来说也都是当下的问题。因为“做哲学”的意义只在当下。重要的是，如何同这些思想家共同感受以及重新体验他们曾经面临过和思考过的生存问题。也就是说，对雅斯贝尔斯来讲，哲学史是不可以用所谓科学的方法去描述的，而是要借助于体验性的思维。所谓体验性的思维是说我们应当介入历史事件中去，去跟思想家们一同体会他们思维的力度，分享他们获得发现时的喜悦。

八、结论

我们可以具体考察一下雅斯贝尔斯历史观的特别之处在《大哲学家》中的反映。

第一，哲学史也是一种进行哲学思维的活动。在阅读雅斯贝尔斯哲学著作的原文时，人们会发现，他习惯用 philosophieren（“哲学”的动名词形式，意思是“做哲学”“从事哲学活动”）来替代 Philosophie（哲学）一词，而这一用法在现代德语中是不常见的。在雅斯贝尔斯看来，哲学史是不可以用所谓客观的方法，把以往发生的事描述一遍就了事的，而是与哲学大师们一起共同“做哲学”的活动。

雅斯贝尔斯认为，“做哲学”有三种形式：首先是我们每天内在行为之中的实际（praktisch）研究；其次是借助于各种科学、范畴、方法和体系，在内涵中去体验的实质（sachlich）研究；再次是通过使哲学的传统为己所有的历史（historisch）研究。[38]由此我们可以看得出，对于雅斯贝尔斯来讲，历史是“做哲学”的一种方法。“做哲学”并不是寻求一种供理解的普遍客观知识，而应当把它理解为一种行动，一种追求真理的行动。

第二，哲学史上的哲学家都是独一无二、不可替代的。在科学的方法运用上，我们可以说我们所处的时代是超过了亚里士多德，但是就哲学本身而言，我们很难再达到苏格拉底或柏拉图的水准。哲学历史的某些发展是显而易见的，但我们并不能由此得出结论说，后代的哲学家就一定超过前代。

在这一方面哲学有些类似艺术史上那些艺术杰作之不可替代性和独一无二性。每一个哲学家都有自己独特的心路历程，而哲学正是在每一个单独的个体之中获得整体性的。

第三，透过哲学史唤起对自我的思考。对雅斯贝尔斯来说，哲学史只是一种手段，目的是唤起当下的自我的苏醒：

> 这一权威的本质告诉我们不能简单地去服从它。我们的使命是，以自己的经验通过传统发现自我，并在传统的根源中找到自我的根源。
>
> 因此，一旦历史唤醒了我，它就变成了自我的一面镜子：在映象中，我可以观察自己，我自己在思考什么？
>
> 哲学史——一个我在其中思维着呼吸的空间——为自我的探索展现了榜样，这些榜样之圆满，是我们无法仿效的。哲学史通过在其中的尝试：成功以及失败而提出问题。并且通过那

些看得见的作为个体存在的人，义无反顾地走上这条道路的事例来鼓励我。[39]

雅斯贝尔斯非常强调要以自己的尝试，去跟哲学家们一同体验真正的哲学。

第四，哲学史是实存哲学的一种形式。我们切不可忘记，雅斯贝尔斯是实存哲学大师，他的很多哲学主张都是建立在实存哲学基础之上的：

这不可避免地要向每一位思想家提出这样的问题：在他们那里所具有的权力到现在也还会对由单纯的此在提升至生存、提升至自我存在发生作用吗？在这个问题提出之后，雅斯贝尔斯主要把那些能够唤醒可能生存成为现实生存的思想家作为大思想家。可能的生存在历史上听从于过去的生存。[40]

作为“哲学的世界史”设想中的一部巨著，《大哲学家》在很大程度上是在考察历史上的哲学大师对待生存的态度。因为作为同样的人，都面临着人类生存的问题。历史上的哲学大师们，从不同角度发现了这个问题的答案，并且付诸了实践。这正是我们要从大哲学家们那里用心去体会的。

最后我想用南宋大慧宗杲普觉禅师（1089—1163）的一句话来结束这篇文章：“无著云：曾见郭象注庄子，识者云：却是庄子注郭象。”[41] 我想，有了这句话我们便不致曲解《大哲学家》一书了。

注释：

1 Cf. Karl Jaspers, *Was ist Philosophie? Ein Lesebuch*. München: R. Piper & Co. Verlag, 1976, S. 112.

2 请参考顾彬著，曹卫东编译《关于“异”的研究》，北京：北京大学出版社，1997 年，第 6 和第 47 页。

3 Karl Jaspers, *Philosophische Autobiographie*, Erweiterte Neuausgabe, München: R. Piper & Co. Verlag, 1977, S. 121.

4 Karl Jaspers, *Philosophische Autobiographie*, S. 122.

5 有关“主客体之分裂”在文学上的表现，顾彬对此有精彩的描述。见顾彬著《关于“异”的研究》，第 18 页及以下。

6 Cf. Karl Jaspers, *Von der Wahrheit*. 3. Aufl. Neuausgabe. München: R. Piper & Co. Verlag 1983, S. 53.

7 Cf. Martin Heidegger, *Sein und Zeit*, 11. unveränderte Auflage. Tübingen: Max Niemeyer Verlag 1967, S. 7.

8 Cf. Karl Jaspers, *Was ist Philosophie?* S. 45ff. u. Hans Saner, *Karl Jaspers*, Reinbek bei Hamburg: Rowohlt, 1970, S. 85ff.

9 Hans Saner, *Karl Jaspers*, S. 86.

10 „Nekrolog“, in: Karl Jaspers, *Basler Universitätsreden*, Basel, 1969, S. 4.

11 Hans Saner, *Karl Jaspers*, S. 108.

12 Cf. Wolfgang Kubin (Hrsg.), *Mein Bild in deinem Auge: Exotismus und Moderne: Deutschland-China im 20. Jahrhundert*, Darmstadt: Wissenschaftliche Buchgesellschaft 1995.

13 Cf. Karl Jaspers, *Weltgeschichte der Philosophie, Einleitung*, München: R. Piper & Co. Verlag, 1982. S. 95ff.

14 Karl Jaspers, *Was ist Philosophie?* S. 89–90. 并请参考雅斯贝尔斯著，李雪涛等译《论历史的起源与目标》，上海：华东师范大学出版社，2018 年，第 33 页及以下。

15 Karl Jaspers, *Was ist Philosophie?* S. 90.

16 前揭雅斯贝尔斯著，李雪涛等译《论历史的起源与目标》，第 8—9 页。

17 出处同上书，第 27 页。

18 Cf. Heiner Roetz, *Die chinesische Ethik der Achsenzeit*, Frankfurt am Main: Suhrkamp Verlag, 1992, S. 47.

19 G. W. F. Hegel, *Werke in 20 Bänden*, Bd. 18, Frankfurt am Main: Suhrkamp Verlag, 1971. S. 42.

20 Lotte Köhler, Hans Saner (Hrsg.), *Hannah Arendt - Karl Jaspers, Briefwechsel 1926–1969*, München: R. Piper & Co. Verlag, S. 361.

21 G. W. F. Hegel, *Werke in 20 Bänden*, Bd. 12, Frankfurt am Main: Suhrkamp Verlag, 1971. S. 134.

22 Karl Jaspers, *Was ist Philosophie?* S. 45.

23 Cf. Hans Saner, *Karl Jaspers*, S. 78.

24 Karl Jaspers, *Die großen Philosophen*. München: R. Piper & Co. Verlag, 1957, S. 7.

25 Karl Jaspers, *Weltgeschichte der Philosophie, Einleitung*. S. 6.

26 Hans Saner, *Karl Jaspers*, S. 78–79.

27 Karl Jaspers, *Die großen Philosophen*, S. 8ff.

28 Karl Jaspers, *Die großen Philosophen*, S. 11.

29 Karl Jaspers, *Weltgeschichte der Philosophie, Einleitung*, München: R. Piper & Co. Verlag, 1982. S. 114ff.

30 Karl Jaspers, *Weltgeschichte der Philosophie, Einleitung*, S. 117.

31 Karl Jaspers, *Weltgeschichte der Philosophie, Einleitung*, S. 118.

32 Hans Saner, *Karl Jaspers*, S. 81–82.

33 Hans Saner, *Karl Jaspers*, S. 82.

34 Hans Saner, *Karl Jaspers*, S. 71.

35 Hans Saner, *Karl Jaspers*, S. 74.

36 Cf. Hans Saner, *Karl Jaspers*, S. 76. 雅斯贝尔斯相关的传记有：*Strindberg und van Gogh*. Versuch einer pathographischen Analyse unter vergleichender Heranziehung von Swedenborg und Hölderlin. Leipzig: E. Bircher, 1922; *Nietzsche*. Einführung in das Verständnis seines Philosophierens. Berlin: Springer, 1936. 这两部著作的中文译本分别为：孙秀昌译《斯特林堡与梵·高：与斯威登堡、荷尔德林作比较的病理学案例试析》，北京：中国社会科学出版社，2020 年；鲁路译《尼采：其人其说》，北京：社会科学文献出版社，2001 年。两部中文译本的书名翻译均不准确：有关斯特林堡与梵·高一书的副标题应当为"结合史威登堡、荷尔德林进行的病例志分析"，德文的"pathographisch"显然是"病情记录""病历"的意思，而不是"病理学"；尼采一书的书名应当为"尼采：其'做哲学'理解导论"，这里涉及雅斯贝尔斯从康德哲学继承而来的"philosophieren"一词。

37 Hans Saner, *Karl Jaspers*, S. 77.

38 Cf. Karl Jaspers, *Was ist Philosophie?* S. 111.

39 Karl Jaspers, *Was ist Philosophie?* S. 117–118.

40 Hans Saner, *Karl Jaspers*, S. 81.

41 雪峰蕴闻编《大慧普觉禅师语录》，卷二十二，见《大正新修大藏经》（以下简称《大正藏》）47-904a。

第二章　雅斯贝尔斯对东西方文明的认识

雅斯贝尔斯在1949年出版的《论历史的起源与目标》（*Vom Ursprung und Ziel der Geschichte*）一书中，[1]除了对“轴心时代”（Achsenzeit）以及现代科学和技术做了精彩的论述之外，这本书还专门有一章，对东西方做了精辟的论述。[2]

一、对东西方的界定

雅斯贝尔斯将这一章的题目定为“Orient und Okzident (Morgenland und Abendland)”，这给英译者和汉语译者带来了一些困难，[3]因为在这两种语言中，没有括号中的说法。德文中所谓的Morgenland字面的意思是“清晨之地”，而所指的却是“东方”，而Abendland的字面意思是“傍晚之地”，所指的是“西方”。

所谓的Orient（东方），[4]是从拉丁文oriens（东方、早晨）而来，意思是“上升的太阳”，后来在德文中亦被称作Morgenland（早晨之国），是罗马时期的四大世界之一。早期的人类在很长的一段时期内是靠太阳来确定地理方位的，如果从欧洲来观察的话，东方就是太阳升起的地方。Orient 是与 Okzident（傍晚之地，一般被译作“西方”，是从 occidens sol［落日］而来的）相对的，后者是指欧洲所处的地区。

德文的 Orient 一词的词义在历史的进程中不断改变，最早有一段时间这一词用来指称整个的亚洲世界，也就是说阿拉伯世界、伊朗、印度和中国都被认为是 Orient。后来只有近东和埃及以及大多数的伊斯兰文化的国家属于 Orient 的范畴。今天的 Orient 所指的范围是近东、阿拉伯世界，包括土耳其、伊朗、巴基斯坦和北非，但是不包括东南亚的伊斯兰教国家。不过在英文中，orient 所指的范围更大，包括了东亚的国家，如中国、日本，也包括东南亚国家，如印尼、泰国和菲律宾，以及南亚国家，如印度、巴基斯坦。上海的电视塔“东方明珠”，英文就翻译成“Oriental Pearl Tower”，而这在德文中是很难想象的。

Orient 除了地理政治的意义之外，还有宗教文化的含义。东方世界激励了很多德国诗人和作家的创作，如歌德（Johann Wolfgang von Goethe, 1749–1832）的《东西合集》（*West-östlicher Diwan*, 1819 年初版，1827 年修订版）[5] 和黑塞（Hermann Hesse, 1877–1962）的小说《东方之旅》（*Morgenlandfahrt*, 1932）。[6] 这两部文学作品是基于对东方的美化而写成的。在 18 和 19 世纪，从埃及到中国，东方世界普遍被看作是奇异的世界。东方元素在奥斯曼帝国的圆顶和拱门，以及摩尔人神圣的宫殿等西方古老的都市建筑中都有所反映。在德语中表示“东方”的词还有 Morgenland，这是马丁·路德（Martin Luther, 1843–1546）在翻译《圣经》（*Die Bibel*）的“马太福音”中的“来自东方的几位贤人”时（太 2.1），从古希腊文的 ανατολή 逐字翻译而来的。[7]

德文中的 Abendland（西方）一词，其字面意思是“傍晚之地”，与之意义相同的德文词 Okzident 则源自拉丁文 occidens（如果加上 sol［太阳］的话，意思是“落日”，指的是方向上的“西”。路德在《圣经》中将这一词译作 Abend［傍晚］[8]）。“西方”最初所指的是欧洲的西部，特别是指德国、英国、法国、意大利以及伊比利亚半岛，这一区域是欧亚大陆太阳最晚落下的地区。今天的这一概念与其说是一个地理概念，毋宁说是一个政治概念，所指的是由共同的价值（古希腊哲学、罗马法以及基督教）构成的西方世界。

实际上，在德文中作为概念的“东方”（Morgenland）和“西方”（Abendland）直到 18 世纪的时候才真正出现。但今天，不论是 Orient 还是 Morgenland 这两个词在德语中都很少出现，人们更多地使用 Naher Osten（近东）一词。

在德国，由诺瓦利斯（Novalis, 1772–1801）倡议，施莱格尔兄弟（August Wilhelm Schlegel, 1767–1845 以及 Friedrich Schlegel, 1772–1829）支持创立的“欧洲的构想”（Europakonzeption）是以它们所具有的共同价值为基础的。德国浪漫主义（Romantik, 1794–1830）认为，西方的共同价值应当包括：浪漫主义的、日耳曼的以及基督教的遗产，而这些是与想象出来的伊斯兰教的东方相对立的。他们将查理大帝（Karl der Große, 747/748–814）抬出来，作为所谓的欧洲的统一者以及基督教西方的统治者。

第一次世界大战之后，施本格勒（Oswald Spengler, 1880–1936）出版了他具有划时代意义的文化哲学著作《西方的没落》（*Der Untergang des Abendlandes*, 1918/1922）。[9] 他在书中描述了西方文化行将崩溃的危险。作为历史形态学的哲学家，施本格勒认为任何文化的历史都要经历发生、发展、成熟和没落的阶段。他认为，西方文化的有机体并不是消亡了，而是被其他陌生文明所取代了。

纳粹德国时期（1933—1945），纳粹分子们曾将西方古代的元素（古希腊—古罗马）与日耳曼和罗马的元素结合在一起，强调要以此来拯救堕落的西方文化。他们从欧洲神话和历史中挑选出了著名的人物，如《尼伯龙根之歌》（*Nibelungenlied*）中的哈根·冯·特罗涅（Hagen von Tronje）或者查理大帝作为泛欧洲社会的先驱。[10] 这样的一个西方身份认同同时也促使纳粹的西方同其他文化——主要是东方的斯拉夫、俄罗斯—亚洲，特别是犹太文化区——划清界限。希特勒所构建的雅利安—西方文化（arisch-abendländische Kultur）是以种族、血统以及土地等意识形态为前提的。

而在第二次世界大战以后，西方这一概念的内涵和外延都发生了很大的变化。

二、西方通过东方定位自身

雅斯贝尔斯清楚地认识到，西方是在与东方的分野中建构自身的：

> 西方从一开始——自从希腊人以来——就是在西方和东方的内在对立性之中构建起来的。自希罗多德以来，人们就意识到了西方和东方的对立，这是永远以崭新的形态出现的永恒的对立。正是由于这一意识，对立才变成了真正现实的东西，因为只有人认识到了一件事物时，它才会在精神意义上成为现

实。希腊人建立了西方，不过是以这样的方式，亦即只有当西方不断地将眼光投向东方，在与东方的争辩中，理解并且脱离东方，从东方接受各种元素并改造成自己的文化，与东方进行斗争，双方交替获胜，只有在这种情况下，西方才得以存在。[11]

法国心理学家拉康（Jacques Lacan, 1901–1981）的“镜阶理论”（法文：le stade du miroir，德文：das Spiegelstadium）认为，婴儿在第一次照镜子的时候才发现，镜子里的人是一个有别于自身的“他者”（the other）。人类借助于“他者”的存在，从而使自己更加确定了自我及其周围环境的界限，这是人类在宇宙之中自我定位、自我认识的最初方法。[12] 同样，正是通过东方，西方认识到自己和周围的世界之间存在着两个客体之间的分离，而不是整体的结合。因此，西方从东方脱离出来，成为与东方相对立的一个存在。

雅斯贝尔斯清楚地认识到，只有在东方存在的前提下，西方才可能得以定位自身，并因此变得丰富起来：

精神唯有在对立中意识到自我，在斗争中发现自我，它才能存活，开始运动，结出硕果，并获得飞跃。[13]

从另一个方面来看，雅斯贝尔斯认为，西方完全没有在东方面前自负的资本，因为如果没有东方的话，所谓的西方根本就不存在。反过来，东方在将目光投向西方的时候，自己也同时变得丰富。如果我们比较一下犍陀罗的佛教造像与古希腊的艺术雕塑的话，就会发现，佛教造像在很大程度上接受了西方的元素，并且改造了自己原有的文化。

三、东西方之间的互补

雅斯贝尔斯认为，东方是西方的一面镜子，随时都有供西方学习的地方：

> 当西方从东方分离出来后，东方在政治和精神权力中依然具有同等重要、令人惊叹的力量，是西方学习和对它具有诱惑力的地方。[14]

雅斯贝尔斯之所以有这样的认识，我认为，他一直具有一种强烈的互补意识，而不是一种二元对立，谁能够取代谁的观点。他指出："在亚洲存在着我们所缺乏、但又与我们密切相关的东西！我们从那里获得的问题，停留在了我们自己的心灵深处。"[15] 西方同时以自己的问题意识不断地向东方提问：

> 现在，客观的历史分析尽管揭示了西方在世界形成过程中所起的主导作用，但同时也发现了它的不完善和欠缺之处，因此，西方对东方的提问仍然是新的和富有成效的：我们在那里能找到哪些弥补我们不足的东西？我们错过了哪些在那里可以成为事实和真理的东西？我们为自己的优先地位付出了哪些代价？[16]

认为东西方思想、文化互补的思想显然来源于莱布尼茨。莱布尼茨曾设想过世界上各个民族的共同福祉，他一再强调的是，民族之间的互补和交流。在《中国近事》"莱布尼茨致读者"中，他就曾指出：

> 人类最伟大的文明与最高雅的文化今天终于汇集在了我们大陆的两端，即欧洲和位于地球另一端的——如同“东方欧洲”的“Tschina”（这是“中国”两字的读音）。我认为这是命运之神独一无二的决定。也许天意注定如此安排，其目的就是当这两个文明程度最高和相隔最远的民族携起手来的时候，也会把它们两者之间的所有民族都带入一种更合乎理性的生活。……这一文明古国在人口数量上已超过了欧洲，在很多方面，他们与欧洲各有千秋，在几乎是对等的竞争中，二者各有所长。……在满足日常生活所需的实用技术及实验的方式与自然打交道的能力上，我们不相上下；假如要进行互补对比的话，各自都能通过相互交流而获得有益的知识。[17]

这样的一个对中国的认识，尽管有着相当的理想成分在里面，但是对于欧洲来讲却是获益匪浅的。可以毫不夸张地讲，17 世纪对于欧洲来说，最伟大的发现是认识了中国。莱布尼茨特别希望用中国人积累下来的大量观察和经验补充以理论为主导的欧洲科学，他最终的目标是建立所谓“通用科学”（Scientia generalis）。这样一个东西方互补的思想，却在莱布尼茨之后的两个世纪被彻底遗忘了。这之间尽管一再有人提到他对中国的态度，但直到雅斯贝尔斯，中欧互补的思想才重新得以接续。

四、东西方之间的动态关系

雅斯贝尔斯并不认为东西方之间是一成不变的，而是构成了一个对立统一体：

> 在对立中，各种文化和各民族之间既相互吸引，又相互排斥。这种对立始终是欧洲构成的要素，而东方只是接受了欧洲的对立面，并且从自己的角度理解欧洲。[18]

雅斯贝尔斯所谓的"这种对立始终是欧洲构成的要素，……"（Darin hat sich jederzeit Europa konstituiert, ...），[19]实际上构成了东西方之间的动态关系，换句话说，东西方之间的关系并非一成不变的，而是常常变化，并且在变化过程中形成相互影响和彼此制约的关系，乃至可以相互转化。

作为"主观心理学"（subjektive Psychologie）的创始人，雅斯贝尔斯在哲学上同样强调在理解性地观察时，能认识到什么，以及如何作为一个重新体验的个体而存在。[20]他也强调以体验性的思维介入事件中去，去跟思想家们一同体会他们思维的力度，分享他们发现时的喜悦。雅斯贝尔斯并不认为，东方对于欧洲来讲是一堆死的历史的文献，而是活生生的存在：

> 中国和印度的哲学史就不是我们业已存在的哲学史的一次多余的重复，也不仅仅是一个我们可以从中研究有趣的社会学影响的现实，而是直接关系到我们自身的东西，因为它告诉我们人的潜力，并将我们带入了与另一种"人之存在"的真实起

源的关联之中，这一“人之存在”不是我们的，但也有可能是我们的，它是在历史存在中独特的不可替代的东西。[21]

对于雅斯贝尔斯来讲，“做哲学”并不是寻求一种供理解的普遍客观知识，而应当将它理解为一种行动，一种追求真理的当下的行动。

五、破除西方在面对东方时的傲慢态度

雅斯贝尔斯认为，西方在东方面前完全没有任何理由傲慢。很多西方人认为，东方根本没有西方所成就的诸如科学、理性的方法论、人格的自我存在、国家政权、具有资本主义特征的经济秩序等等：

> 我们受到这种观点的影响，即我们在亚洲根本认识不到什么新的东西。我们已经了解了那里的一切，它们只不过是用另外的方式强调了一下而已。欧洲人的自我满足感可能导致了他们把这一异域的世界仅仅当作怪物来看待——也就是说，在那里所思考的问题，我们考虑得更清楚，抑或无可奈何地认为，我们只能理解我们固有的东西，而不是起源于东方的东西。[22]

18世纪以来，在“先进”的观念渐渐在欧洲成为人类历史决定性的标准后，中国被认为是停滞不前的、处于低级阶段的“落后”国家，从而退出了主流思想家的视野。以黑格尔为代表的哲学家

所塑造的平庸化的中国形象一直影响到 20 世纪初的西方知识分子。东方其他国家和地区的情形大致相当。雅斯贝尔斯接下来写道：

> 在亚洲存在着我们所缺乏、但又与我们密切相关的东西！我们从那里获得的问题，停留在了我们自己的心灵深处。我们为我们自己所创造的、有能力做到的，以及已经实现的一切付出了代价。我们还没有走上“人之存在”的自我完善之路。亚洲是我们必不可少的补充。有些东西在我们身上隐藏和掩埋得如此之深，如果我们没有看到这个最初对于我们而言是异域文化的折射，我们永远不会意识到这些东西，即便我们只能靠重新认识自己来理解它，但我们也许还有能力来重新认识它。由于蛰伏在我们身上的东西萌动了，我们可以通过在其中扩展我们自身来理解它。[23]

很明显，在雅斯贝尔斯看来，东方特别是亚洲不仅仅是一个知识的世界，更重要的是他进行“做哲学”的重要手段。早在 20 世纪初的时候，德国著名的梵文文学家温特尼茨（Moriz Winternitz, 1863–1937）在论及对德国人来讲印度文学的意义究竟何在的时候，写道：“不过，如果我们要认识我们的文化起源，如果我们要认识我们最为古老的印度日耳曼文化，我们就有必要到保存有最古老的印度日耳曼民族文献的印度去寻找。”[24] 法国当代哲学家、汉学家于连（François Jullien, 1951–）在汉学研究方面也主张采用所谓“迂回与进入”（Le Détour et l'Accès）的方式：于连选择了迂回到远离西方的中国的方式，目的是重新找回理论上的能动性，重新质问深埋于欧洲例行中的立场选择。[25] 雅斯贝尔斯同样认为，应当通过亚洲的明镜来照射隐藏于欧洲深处的东西，欧洲人才有能力重新予以认识。而这一重新认识往往会有意想不到的新的阐释和理解，从而使得这些欧洲思想获得新的生命和意义。

六、结论

我们从雅斯贝尔斯对东西方的动态关系的认识，可以知道他的世界哲学的观念实际上包含着东西方哲学的互动与改变。从区域哲学经由比较哲学到跨文化动态哲学，在雅斯贝尔斯对东西方的论述中，我们看得出，基于东西方的动态关系，准备着随时改变的一方必然会愈加丰富，愈加有活力。

如果将阐释者作为“我”的话，那么“你”就是“我”进行阐释的对象。伽达默尔（Hans-Georg Gadamer, 1900–2002）以你我关系为例，分析了三种可能的诠释学经验。第一种可能的关系是将“你”作为一种手段，他引用康德的话批判了这一观点：“我们不应把其他人只作为工具来使用，而应当承认他们本身就是目的。”[26]这实际上是将“你”作为工具来看待的客体的做法。很多西方的学者将东方文本对象化、工具化，这是伽达默尔极力反对的，他认为这一方法是模仿自然科学方法论的陈词滥调，从而“使诠释学经验的本质失去了固有的光泽”。[27]在第二种关系中，尽管我承认你是另一个主体，但双方都固守着自己的观点，肯定自我，排斥对方，这是历史意识的诠释学方式。只有第三种关系，亦即我以完全开放的态度承认你是另外一个主体，真正把你作为你来经验，认真倾听你所说的东西。“如果没有这样一种彼此的开放性，就不能有真正的人类联系。”[28] 正是在这一关系中，过去或传统开始对今天讲话。我认为，也只有在第三种的主体间性之中，东西方之间产生真正的良性互动，实现动态的转化，当代意义上的诠释学才能得以完全展开，这正是雅斯贝尔斯所希冀的。

注释：

1 Karl Jaspers, *Vom Ursprung und Ziel der Geschichte*. München: R. Piper & Co. Verlag. 1949. 此书的中文版：雅斯贝尔斯著，李雪涛等译《论历史的起源与目标》，上海：华东师范大学出版社，2018 年。

2 Karl Jaspers, *Vom Ursprung und Ziel der Geschichte*. Erster Teil Weltgeschichte, „7. Orient und Okzident“. S. 93–97. 中文版相应的译文为："第七章 东方与西方（清晨之地与傍晚之地）"，见前揭雅斯贝尔斯著，李雪涛等译《论历史的起源与目标》，第 79—80 页。

3 英译本将这一标题译作："Orient and Occident. The Eastern and the Western World"（*The Origin and Goal of History*. Translated from the German by Michael Bullock. London: Routlege & Kegan Paul Ltd. 1953. p. 67），而译自英文版的中文版则译作"东方和西方，东方世界和西方世界"（《历史的起源与目标》，魏楚雄、俞新天译，北京：华夏出版社，1989 年，第 79 页），日译本译作："東洋と西洋（朝の国と夕の国）"（重田英世訳『歴史の起源と目標』，東京：理想社，1964 年，第 131 页）。

4 1989 年，时任波恩大学"东方语言学院"（Seminar für Orientalische Sprachen）主任教授的顾彬（Wolfgang Kubin, 1945–）创办了一本东方学的刊物，取名为 *Orientierungen*，就是取"由东方而确定方向"的含义。

5 J. W. Goethe, *West-Östlicher Divan*. Stuttgart: Cottaische Buchhandlung, 1819. 比较常见的文库本是：Johann Wolfgang Goethe, *West-Östlicher Divan*. Frankfurt am Main: Reclam, 1999。

6 Hermann Hesse, *Die Morgenlandfahrt. Eine Erzählung*. Berlin: Fischer, 1932.

7 *Die Bibel. Nach der Übersetzung Martin Luthers. Neues Testament.* Stuttgart: Deutsche Bibelgesellschaft, 1985. Mt 2,1. S. 4. 中文和合本《圣经》的译文为"有几个博士从东方来到耶路撒冷"。见《圣经》（新标点和合本），新加坡 · 马来西亚：圣经公会，1988/1989 年，第 2 页。

8 *Die Bibel. Nach der Übersetzung Martin Luthers. Altes Testament.* Stuttgart: Deutsche Bibelgesellschaft, 1985. Hes 47, 20. S. 839. 中文和合本《圣经》的译文为"西界就是大海，……。这就是西界"。见《圣经》（新标点和合本），新加坡 · 马来西亚：圣经公会，1988/1989 年，第 876 页。

9 Oswald Spengler, *Der Untergang des Abendlandes – Umrisse einer Morphologie der Weltgeschichte.* Wien: Braumüller, 1918 (Band 1: Gestalt und Wirklichkeit); München: C. H. Beck, 1923 (Band 1: Gestalt und Wirklichkeit); München: C. H. Beck, 1922 (Band 2: Welthistorische Perspektiven).

10 Cf. Peter Krüger, „Etzels Halle und Stalingrad. Die Rede Görings vom 30. 1. 1943“. In: *Die Nibelungen. Ein deutscher Wahn, ein deutscher Alptraum.* Frankfurt am Main: Suhrkamp, 1991, S. 151–190.

11 前揭雅斯贝尔斯著，李雪涛等译《论历史的起源与目标》，第 79—80 页。

12 Cf. Jacques Lacan: *Das Spiegelstadium als Bildner der Ichfunktion*, in: Schriften I, S. 61–70.

13 前揭雅斯贝尔斯著，李雪涛等译《论历史的起源与目标》，第 80 页。

14 出处同上书，第 79 页。

15 出处同上书，第 81 页。

16 出处同上书，第 80 页。

17 莱布尼茨著，梅谦立、杨保筠译《中国近事》（*Novissima Sinica*），郑州：大象出版社，2005 年，第 1 页。

18 前揭雅斯贝尔斯著，李雪涛等译《论历史的起源与目标》，第 80 页。

19 Karl Jaspers, *Vom Ursprung und Ziel der Geschichte*. München: R. Piper & Co. Verlag. 1949, S. 94.

20 Hans Saner: *Karl Jaspers*, Reinbek bei Hamburg: Rowohlt, 1970, S. 74.

21 前揭雅斯贝尔斯著，李雪涛等译《论历史的起源与目标》，第 81—82 页。

22 出处同上书，第 81 页。

23 出处同上。

24 Moriz Winternitz, *Geschichte der indischen Litteratur*, Leipzig: C. F. Amelang, 1909, S. 6.

25 于连《由希腊绕道中国，往而复返：基本主张》，收入《其言曲而中：汉学作为对西方的新诠释——法国的贡献》，台北：辅仁大学出版社，2005 年，第 71—87 页，此处请参考第 71 页。

26 伽达默尔著，洪汉鼎译《真理与方法——哲学诠释学的基本特征》“第 2 版序言”，上海：上海译文出版社，1999 年，第 461 页。

27 出处同上书，第 461 页。

28 出处同上书，第 464 页。

第三章　论雅斯贝尔斯历史哲学中的全球史观念

——以《论历史的起源与目标》为中心的研究

继施本格勒提出八大文化模式，汤因比（Arnold Toynbee, 1889–1975）归纳出二十一种文明之后，[1] 作为 20 世纪最伟大的实存哲学家之一的雅斯贝尔斯，以“人类具有唯一的共同起源和目标”为前提，[2] 提出了“轴心时代”（德文：Achsenzeit, 英文：Axial Age）的学说。雅斯贝尔斯的历史研究，实际上是一个概论性的整体研究。尽管他本人主要不是历史学家，但从他的历史哲学的研究来看，他一再提到如何摆脱哲学、历史学等狭隘的地方主义，并由此超越欧洲中心主义的藩篱，对今天以全球史的视角展开的人类文明史研究依然是很有启发性的。在此需要指出的是，雅斯贝尔斯的历史研究，并非是建立在纯粹经验（empirisch）之上的历史学说，而是以思辨哲学（spekulativ）为基础的历史哲学。雅斯贝尔斯这一宏观研究的特点在于确保了不会因为细枝末节而错失历史研究的整体趋势。他的历史哲学思想集中体现在《论历史的起源与目标》这部著作中。

一、时代背景

经历了纳粹暴政的雅斯贝尔斯曾一度热衷于德国的政治，实际上，雅斯贝尔斯对人类历史的思考，在很大程度上是基于他的这一段在德国的特殊经历。战争结束后不久他在日记中写道："那些幸免于难者必然要肩负着这样的使命，为此他应当耗尽他的余生。"[3] 尽管雅斯贝尔斯一直没有停止他的哲学思考和撰述，但这一段他同时开始思考现实政治问题。1945—1947 年是他开始写作政治性论著的第一个时期。1945—1946 年的冬季学期他开设了"罪责问题"（Die Schuldfrage）的课程，这是他有关德国战争罪责主题最集中的论述。

针对当时流行的异常笼统地对德国民众参与犯罪——所谓集体犯罪的一般性指责，雅斯贝尔斯认为，作为生活在德国这个给整个世界也同样给自己民族带来深重灾难的国家的一员，谁都不能将战争的全部责任推卸给希特勒（Adolf Hitler, 1889–1945）等纳粹的首脑。纳粹政权在德国之所以能够建立，并且在一段时期内能正常运转，正是由于德国民众的参与，他们对此有着无法推卸的责任，因为大部分人并没有反抗，有人甚至还支持过这样的极权政治。因此从政治责任上来讲，所有战后幸存下来的公民，对由纳粹所引发的对别国人民所造成的物质上和心灵上的伤害都是负有责任的，尽管从刑事犯罪的意义上来讲，只是个别人的事情。如果说通过惩罚罪犯以及通过与受到希特勒进攻的国家签署赔款和自由协议而能使德国赎回刑事犯罪以及政治犯罪的话，那么道德犯罪和形而上学犯罪并不能经由惩罚和赔偿而得以偿还，更不能通过对战胜国的那种谄媚式、有失尊严的所谓罪责忏悔而得以一笔勾销。这两种罪责只能经由每一位单独的德国人以及全体德国人民在“内在转变”的过程之中，在道德与政治思维方式的彻底“自新”的过程之中，才能得以克服。

1945 年雅斯贝尔斯在克劳斯（Werner Krauss, 1900–1976）和阿弗雷德 · 韦伯（Alfred Weber, 1868–1958）的帮助下，他与施坦贝尔格（Dolf Sternberger, 1907–1989）共同出版了题为《转变》（*Die Wandlung*）的刊物。尽管这份刊物所存在的时间仅到 1949 年，但我们从下面列出的撰稿人，就可以知道这本刊物的分量：雅斯贝尔斯、阿伦特（Hannah Arendt, 1906–1975）、布莱希特（Bertolt Brecht, 1898–1956）、托马斯 · 曼（Thomas Mann, 1875–1955）、马丁 · 布伯（Martin Buber, 1878–1965）、萨特（Sartre, 1905–1980）、加缪（Camus, 1913–1960）等。托马斯 · 曼评价这本刊物为：“迄今我看到的最优秀，立场最坚定，道德上最勇敢的刊物。”[4]

但是，雅斯贝尔斯的这些努力，并没有在大多数的德国人那里得到响应，他的相关著作很少有人问津，德国也走上了与他所设想的不同的道路……之后他希望重新回到书斋之中，“做哲学”才是他真正的使命。正因为此，才促成了他后来的几部重要的论著问世：《德国的战争罪责》（1946）、《论真理》（1947）以及《论历史的起源与目标》（1949）。尽管雅斯贝尔斯后来不再从事与现实政治相关问题的研究，但在他的书中依然可以看到哲学问题、信仰问题与现实政治的关联性。[5]在雅斯贝尔斯的哲学著作中，他的生平与哲学常常处于交互性的关系之中，例如纳粹的惨痛经验就在他的思想中留下了深深的印痕，这些在《论历史的起源与目标》中常常会有体现。[6]

1948 年春天雅斯贝尔斯离开了他居住了 40 年之久的海德堡，去了瑞士的巴塞尔。他在 3 月 23 日写给海德堡大学和市政府的一份公开声明中说，吸引他的是政治自由、欧洲的广阔以及布克哈特（Burckhardt, 1818–1897）、尼采（Nietzsche, 1844–1900）和欧文贝克（Overbeck, 1837–1905）的精神。“之所以做出这一决定在于贯穿我一生为之做出牺牲的事业。我的使命是哲学，不论我身在何处，都要完成我的职责，服务于完全超民族的使命。我留在这里跟我去巴塞尔一样不会后悔。”[7]

之后，在巴塞尔雅斯贝尔斯重新回到了书斋里的隐士生活。从 1948 年夏季学期开始一直到 1961 年夏季学期的 13 年中，雅斯贝尔斯一直在巴塞尔大学任教。在这期间，他做过 24 个专题的演讲课，组织过 22 个专题研讨班。这一时期的雅斯贝尔斯一直在建构他的“哲学的世界史”（Weltgeschichte der Philosophie）的庞大体系，演讲课和研讨班在很大程度上是与哲学史和哲学的信仰相关的内容。

雅斯贝尔斯后来在《哲学自传》中对这一段的经历回忆道：

> 由于我放弃了参与现实政治并在其中发挥作用，我只能思考、写作、演讲。这些思考引向了历史的根本问题、世界史的问题以及在其中的我们的处境（《论历史的起源与目标》，*Vom Ursprung und Ziel der Geschichte*, 1949）。[8]

雅斯贝尔斯晚年的系统性著作，其中最重要的一个部分就是历史哲学，他希望建立起一个建立在经验基础之上的现代历史哲学。在 1948 年 4 月 10 日雅斯贝尔斯写给他的学生阿伦特的信中谈及他将要在巴塞尔组织“哲学的世界史问题”（Probleme einer Weltgeschichte der Philosophie）讲座时写道：

> 我想讲“哲学的世界史问题”——从世界史的总体观入手，但相关的内容几句话是说不清楚的。其意义在于，我们如何对待历史？——以及从中国到西方的整体性问题：这是人类的根源，要求着实不低。[9]

这些观点集中体现在他的《论历史的起源与目标》这部著作之中。

二、雅斯贝尔斯的哲学发展

雅斯贝尔斯一生的哲学轨迹，可以通过他分别于不同的年代所出版的重要的著作清楚地看到：

1913 年《普通精神病理学》（*Allgemeine Psychopathologie*）

1919 年《世界观的心理学》（*Psychologie der Weltanschauungen*）

1932 年《哲学》（*Philosophie*）

1935 年《理性与生存》（*Vernunft und Existenz*）

1938 年《实存哲学》（*Existenzphilosophie*）

1947 年《论真理》（*Von der Wahrheit*）

1948 年《哲学的信仰》（*Der philosophische Glaube*）

1949 年《论历史的起源与目标》（*Vom Ursprung und Ziel der Geschichte*）

1953 年《作为哲学家的列奥纳多》(*Leonardo als Philosoph*)

1957 年《大哲学家》(*Die großen Philosophen*)

1958 年《哲学与世界》(*Philosophie und Welt*)

1962 年《面对启示的哲学信仰》(*Der philosophische Glaube angesichts der Offenbarung*)

由此我们大致可以将雅斯贝尔斯的哲学分为以下几个方面：精神病理学与心理学、实存哲学、逻辑学、哲学史、世界哲学以及宗教哲学，精神病理学和心理学实际上构成了雅斯贝尔斯哲学的基础。后来他曾解释过他对心理学的理解："这让我看到了历史世界的广阔无垠，对人之理解可能性的深邃幽眇。"[10] 之后他从心理学转到了实存哲学，因为："人的存在似乎是敞开的。人总是超越了他对自己所知以及能知的一切。"[11] 实存哲学产生于 20 世纪 20 年代的德国——在帝国崩溃后国家的经济和政治危机四伏之时。1932 年他出版的三卷本的《哲学》，包括卷一"哲学的世界定位"(Philosophische Weltorientierung)，卷二"实存之澄明"(Existenzerhellung)以及卷三"形而上学"(Metaphysik)。《哲学》是德语世界中唯一一部内容丰富的有关实存哲学的著作。1948 年到了巴塞尔之后，雅斯贝尔斯基本上只关注两个方面的大问题，一是建构他的现代历史哲学的体系，二是在原有的《哲学的信仰》的基础之上，完成他更加完整的宗教哲学体系。晚年的雅斯贝尔斯并不相信启示宗教的力量，因为基督教太具体地表达了那个不可认识的超越者。只有哲学和哲学的信仰才有能力奠定一个人类的共同性框架，让历史上不同的信仰在这一框架下进行交往。[12] 这也是轴心时代思想的延续。

萨纳尔认为，雅斯贝尔斯一生的哲学是建立在三个前提之上的：（1）思想是有意向性的。它有意识地指向一个客体，或者其自身就是包含着客体的思想。思想是在主客体分裂（Subjekt-Objekt-Spaltung）之中进行的。（2）在认识之中，所有的存在物（Alles Seiende）都是为我之存在（Sein-für-sich）。它们是现象（*Erscheinung*），而并非自在之存在（Sein-an-sich）。（3）尽管自在之存在事先被描绘为一个整体，但它只是在撕裂（*Zerrissenheit*）的状态中向思想显现。它究竟是什么，我们并不可知。[13]

雅斯贝尔斯的实存哲学最初是要跟海德格尔（Martin Heidegger, 1889–1976）建立起一个反对经院哲学的"战斗集体"（Kampfgemeinschaft）。[14]因此雅斯贝尔斯最初的想法毋宁说要建立一种学说，还不如说是对各种体系学说的"解构"。他认为，真正的哲学思考应当是源自一个人的个别存在。进而通过"交往"（Kommunikation）的观念帮助他人去了解其真正的存在。

雅斯贝尔斯认为，我们所思考和所谈及的事物是跟我们自身不同的，它们是作为主体自身的对象：客体。如果我们把自己作为思想的对象来看待的话，那我们就会变为其他了，但同时作为一个正在思考的我也一直存在，这个正在实施着这一思考的我，是不可以等同于一般的客体的，因为他是决定其他之所以成为客体之前提。雅斯贝尔斯把我们思维着的现实存在的基本状态称作"主客体分裂"（Subjekt-Objekt-Spaltung）——他借用了西南德意志哲学学派的名词。雅斯贝尔斯在这里之所以用"分裂"一词，是动过一番脑筋的。因为"分裂"乃是起初为一体的东西被撕裂开来了的情形，在这里他是想强调起初未分裂的状态。而这一起初未分裂的东西就被雅斯贝尔斯称作"统摄"。[15]有关"统摄"的实现，雅斯贝尔斯在《论历史的起源与目标》中有着具体的历史设定：

人们在思辨的思想中飞跃到了存在本身，在那里没有了二元性（Zweiheit），主体和客体消失了，对立的双方恰好相合了。在最高的飞跃中所体验到的，可以作为存在之中的自觉达成（Zusichselbstkommen），或者作为神秘的联合（unio mystica），作为与神性达成一致，或者作为上帝意志的工具，这在被对象化了的思想之中，表明是模棱两可并且易被误解的。[16]

由于认识的对象物是在主客体分裂之中被构成的，那么一切的认识也只有在这一分裂亦即撕裂的状态中才成为可能。这一认识的领域便是存在物（das Seiende）的领域。从历史的角度来看，任何一个存在物都能折射出真正的存在（das Sein）。施本格勒指出："在历史的世界图景中和在自然的世界图景中一样，没有一件事情，不论它是多么微小，其本身是不体现基本趋势的全部总和的。"[17]而存在却超越了这所有的存在物，它既非主体亦非客体，是分裂前的统一状态。雅斯贝尔斯的一句名言是："存在就是统摄。"萨纳尔对这句话的解释为：

这句话至少说明了两种不同的含义：其一，"统摄"完全是对无形物形象生动的描述词汇，我们不可以把它误解为有限的存在物。譬如把它想象成某种圆形的、隐匿状的或有某种外壳状的东西，进而形成有限的、包容性的想象，这一切必须由无限统摄的抽象思想予以取代。其二，由于统摄不在分裂状态之中，故而它是不可认识的。它是未被定义之太一（das unbestimmte Eine)。那么我们应当对其保持沉默吗？如此绝望之结论雅斯贝尔斯并未得出，而是说：如果人们同样不能认识（erkennen）统摄的话，却能澄明（erhellen）它。澄明乃是一种无须解释（erklären）之清晰（Klären），是一种无须用规定性进而到达被思物之思忖（Hindenken），是一种无须去知道之证实（Vergewissern）。[18]

雅斯贝尔斯究竟是如何澄明“统摄”的？我想这也是他晚年对哲学史和世界哲学感兴趣的最重要的原因。对“统摄”进行哲学思考意味着进入存在本身之中，而这只能间接地进行，因为只要我们谈及它，它就会成为我们思维的对象物。我们必须借助于对对象物的思维，来获得对统摄的非客体的提示。哲学史正是雅斯贝尔斯将哲学历史现实化，来考察“统摄”在历史上的不同时期和不同地域是以何种方式被揭示的实践。

雅斯贝尔斯的实存哲学认为，人可以通过一种被他称作“临界状况”（Grenzsituationen）的方式而感知到超验（Transzendenz）的存在。临界状况是人无法超越的死、苦、斗、罪等状况，在这些状况下，现实的全部不可靠性会凸显出来，而支撑个人经验和思维的支柱消失了，人会发现自己原来处于绝对孤独的处境之中。这些失败的经验给人生带来了人存在的严肃性和超验意识，关键在于人与临界状况保持何种关系：或者它是趋向超验的场所，或者趋向毁灭。雅斯贝尔斯认为，有了这样的超验经验后，日常的经验也可以成为超验者的“密码”（Chiffre）。人的理性会在这些密码之后寻找意义，这便是“哲学的信仰”之开端。

萨纳尔将雅斯贝尔斯的哲学发展描述为从心灵到精神，从精神到生存，从生存到理性，从理性到世界的过程。[19]

三、《论历史的起源与目标》在雅斯贝尔斯哲学中的定位

历史哲学是雅斯贝尔斯哲学的一个重要组成部分，它在雅斯贝尔斯整体哲学中的位置究竟怎样呢？

1937年以来，雅斯贝尔斯着手准备他的“哲学的世界史”（Weltgeschichte der Philosophie）的宏大计划。尽管他自己深知这项工作几乎是不可能实现的，但在其后的25年的岁月里，特别是1948年他移居到巴塞尔后，他更加集中地阅读和整理了汗牛充栋般的资料，最终留下了两万多页的手稿。

雅斯贝尔斯哲学的世界史的整体构想是：[20]

1. 作为整个哲学的世界史的第一部著作，雅斯贝尔斯希望书中包括有关所有历史时期的丰富材料，并且完成了一部分文章。作为哲学史应当是什么的一篇引言，而对早期高度文化中的思维的讨论没有收录在这本书中。引言就是后来出版的《论历史的起源与目标》一书，雅斯贝尔斯借助于这本书阐述了他对于人类历史的整体认识。

2. 第二部著作第一部分是“内涵的历史”（Geschichte der Gehalte），第二部分是“哲学与科学的关系史”（Geschichte des Verhältnisses von Philosophie und Wissenschaft），第三部分是“哲学回归史”（Geschichte der philosophischen Umkehr）。其中第二、三部分只是提

纲性的。

3. 第三部著作是哲学家的历史，其中第一卷《大哲学家》（*Die großen Philosophen*, 1957）已经出版，其余两卷只是各不连贯的章节，并且是粗略的概述。

4. 第四部著作是“语言、宗教和艺术的哲学关系史”（Geschichte des Verhältnisses der Philosophie zu Sprache, Religion und Kunst），只有一些札记，还未在结构上做清晰的整理。

5. 第五部著作是“哲学的实现”（Verwirklichung der Philosophie），同样也只有一些札记。

6. 第六部著作是“权利的斗争”（Kampf der Mächte），已经构思好了，写满了 100 页，但没有写完。

雅斯贝尔斯在其导论性质的著作《哲学的世界史序言》（*Weltgeschichte der Philosophie. Einleitung*）中建议用三种方式来编纂哲学的世界史：

首先，人们可以阐述思维形式的历史（Geschichte der Denkformen），意识展开形式的历史。比如概念史的、针对问题的以及系统的问题提问法，都属于这一类。[21]

其次，雅斯贝尔斯提到“哲学内涵的历史”（Geschichte der philosophischen Gehalte）。“那些对象化的材料，我们命之为内容（Inhalte），而借助于精神观念、生存之重要性、生命之本质以及超验的意义所完成的内容存在之实现，则是内涵（Gehalte）。”[22] 这样的一种历史编纂方法，无疑是将自己的哲学思考放在了中心位置，自我反省，特别是跟哲学名家进行批判性的交谈。

最后则是哲学人格的历史（Geschichte der philosophischen Persönlichkeiten），因为哲学思想并不是凭空产生的，产生出这些哲学思想的大师们自然在哲学史中占据重要的位置了。“哲学史可以作为人性的历史来编纂，因为人性（人之存在）就是思维的存在。”[23] 1957 年出版的《大哲学家》一书便是雅斯贝尔斯按照这一思路来完成的。

早在纳粹上台前的 1931 年，雅斯贝尔斯就出版了他的《时代的精神状况》。[24]在书中，雅斯贝尔斯对西方人在当时的精神状况及其历史根源以及广阔的现实生活背景做了深入的研究，这是对时代做出的诊断。大众民主、技术至上、官僚主义、消费主义、科学与技术的进步等问题都已经出现，雅斯贝尔斯从中也看出了人性危机的端倪。他自己认为《时代的精神状况》可以看作《论历史的起源与目标》的补充，前者是基于非历史性的思考，后者则是从历史方面来进行研究的结果。“二者都是针对当下展开的”。[25]不过，其间也有观点的改变，例如在 1931 年的书中雅斯贝尔斯倾向于将技术看作是威胁，而在写作《论历史的起源与目标》的 1949 年却将技术看作发展的机遇。

雅斯贝尔斯通过对历史的研究，认为历史必然是全球性的，只有这样才能打开一条通往理性的道路。

四、历史研究的出发点及“交往”的观念

雅斯贝尔斯将他的书命名为《论历史的起源与目标》（*Vom Ursprung und Ziel der Geschichte*, 1949），是因为“我的纲要以一条信念为基础：人类具有唯一的起源和目标”。[26]尽管雅斯贝尔斯并不相信起源和目标能作为客体为我们所认识，但他依然试图通过分析世界历

史的宏观结构，来探寻人类的共同起源和目标。这涉及历史的整体性，整体性是不可以被认识的，但却可以进行哲学思考。如果从这个基础出发的话，便可以获得超越民族、国家、语言、信仰的，对于人类来讲是共同的东西。这正是雅斯贝尔斯理解世界历史的哲学根基。

几种轴心文化所实现的“突破”（Durchbruch, throughout）的哲学意义，是与雅斯贝尔斯的实存哲学密不可分的。对于雅斯贝尔斯来说，一切历史的问题，归根到底都是人的生存问题。他认为，人的发展其实是从个人有限的存在通向无限的超验存在的过程，而超验存在（Sein 或神）才构成了人真正存在和自由。人的实存（Existenz）活动，其实就是争取自由的活动，并且是与存在密不可分的。雅斯贝尔斯正是借助于“实存之澄明”（Existenzerhellung）来解释实存的历史性，将人类置于同一个历史的关联之中。他强调指出，个人的自由只有在与他人的交往中才能得以实现，最终走向自由之境。而“交往”（Kommunikation）又将个人与他人联系起来。也就是说，只有在他人自由时，个人才真正能够实现自由。

雅斯贝尔斯认为只有通过人和人之间的交往，哲学才可能产生：

> 如果我能在隔绝之中寻得真理的话，那这会令我得到满足。可是如果我能够在绝对的寂寞之中对真理予以确定的话，那因缺乏交往而产生的痛苦以及由真正的交往而独享的那份愉悦就不会让我们如此感动。但是，我之在仅仅在与他人之中，一个人的话我将一事无成。[27]

雅斯贝尔斯认为，失去了交往，也就失去了作为人存在的意义。只有在交往之中，真理才能得以实现；只有在交往中，我才不仅能成为我自己，而且也充实地活着。神也是间接地通过人与人之间的爱来显示其自身的。[28] 他认为，理性要求无限制的交往，而作为哲学理性，是永远不可能获得所谓客观真理的。人类追求交往的意志，才是哲学的终极根源：

> 这一点从一开始就已经显示出来了，所有哲学都在渴望着交往，都要自我述说，并要求倾听。哲学的本质在于可传达性，而这又与真理是不可分的。[29]

因此，对于雅斯贝尔斯来讲，传达性是交往的第一要务，而交往又是哲学赖以存在的基础所在：“唯有在交往之中，哲学才能达到其目的，并且在交往之中，各种目的的意义，才能得以最终建立：意识到存在，揭示出爱，获得完美的安宁。”[30]

1941 年雅斯贝尔斯在《有关我的哲学》(*Über meine Philosophie*)一文中认为，自己哲学的衡量标准是交往：

> 因此，通过我的哲学思考便对一切思想、一切经验和一切内容提出了这一问题：它们对于交往来讲意味着什么？它们倾向于促进还是阻碍交往呢？它们是使人走向孤独的引诱者，还是让人进行交往的唤醒者？[31]

在雅斯贝尔斯看来，真理从两个方面指向了“交往”：一方面，真理起源于交往，另一方面，真理的真实性标准在于，它是促进了交往，还是妨碍了交往。雅斯贝尔斯认为，人不可能靠其自身而成为人，一定是在跟另外的人的交往中，才真正成为人自身。[32]他的哲学特别强调交往这一观念，主要是从哲学的角度对人与人之间的沟通进行阐释，尽管“交往”与全球史所强调的“互动”有一定的区别，但雅斯贝尔斯认为通过交往人类的历史才成为一体。

在具体解释人的本性的时候，雅斯贝尔斯认为，汉字的“仁”所表示的是“人”和“二”，也就是说，人存在的意义在于交往。[33]是从时间退隐到孤独之中去，还是同世人一起生活，这对孔子来讲是非常明确的：“鸟兽不可与同群，吾非斯人之徒与而谁与？”（《论语·微子》）因此，在雅斯贝尔斯看来，“仁”的概念的本质，实际上就是交往。

对雅斯贝尔斯来讲，在自由中毫无保留地真诚对话，才可能促成真正的交往，而真理只有在这样的情况下产生：

> 将人类引向自由，也就是引导他们之间相互交谈。如果还有依然不能说出的内心的想法，——如果有所保留的话，这种保留会中断内在的交流，使人退却，——如果在交谈中事实上是沉默的话，仅仅是玩弄拖延和诡计的话，那么这一切就是与欺骗相连的。相互之间真正的交谈是无拘无束且毫无保留的。只有在双方的完全开放之中，真理才会在共同性之中产生。[34]

雅斯贝尔斯认为，人类只有通过“做哲学”，才可能达到理性：

> “做哲学”无论如何做出了重大的成就。它以思考的方式抵挡荒谬、虚伪、颠倒、对历史真理的独占要求以及盲目的非

宽容，这是值得的。哲学引导我们沿着这条路前行，进而到达爱在现实交往之中赢得其深刻性的地方。其后，借助于交往的成功，哲学可以在这一爱中，向源自历史起源差异性的最遥远者，指明将我们联系在一起的真理。[35]

“是真理将我们联系在一起”（Wahrheit ist, was uns verbindet）[36]——这句雅斯贝尔斯常常引用的箴言，正是借助于交往的成功，才得以成立。

人类社会、群体（human community）与其他的群体、环境的关联史和交往史（history of connections），说明了交往机制对人类发展的推动力量。雅斯贝尔斯则是从哲学的角度，对交往进行了极富启发性的阐述。

五、“轴心时代”的意义

雅斯贝尔斯将以往的人类历史发展分为四个阶段，并且是以共同的基础为出发点的。这四个阶段分别为：一、史前时代（Vorgeschichte）；二、古代高度文化时代（alte Hochkulturen）；三、轴心时代（Achsenzeit）；四、科技时代（wissenschaftlich-technisches Zeitalter）。[37] 在这四个文明发展的阶段之中，轴心时代具有非凡的意义。正因为此，雅斯贝尔斯称之为“突破期”，而将这之前的“史前时代”“古代高度文化时代”及其之后的“科技时代”统称为“间歇期”。前一个间歇期为轴心时代的突破集聚了必要的能量，轴心时代则为人类以后的发展奠定了基础并树立了标准。而科技时代则一方面是对轴心时代所取得成就的进一步发展，另一方面又为新的轴心时代的突破进行了必要的准备。尽管如此，在科技时代人类并没有找到新的历史意义，人类的第二次突破，还有待于进一步的努力。

轴心时代之提出是为了彻底破除在西方世界由基督宗教信仰所缔造的历史哲学神话。“轴心时代”意味着中国、印度、波斯、巴勒斯坦和希腊文明在这期间都以“突破”其早期文明为前提，奠定了人类精神的基础，并开启了各自文明后来的发展方向，从而形成了不同的宗教—伦理观、文化模式。正是在这一时期，人类开始拥有了觉醒的意识，意识到了整体、自我存在的意义及其限度。对于雅斯贝尔斯来讲，轴心时代很重要的特点是要借助于“交往”这一思想而超越民族和文化的地域主义，进而“获得全人类的、超越所有信仰之上的共同的东西”[38]。雅斯贝尔斯认为，人类是通过一个唯一的起源和目标彼此联系在一起的。为此雅斯贝尔斯构想出一种“经验性理解的普世历史”（die empirisch zugängliche Universalgeschichte），目的是使历史的不可替代的一次性存在与人类之交流和延续同样得到重视。而确定普世性的历史经验绝非仅仅是作为启示宗教的基督教：“将所有的人联系在一起的并不是启示，而必然是经验。启示乃是历史性的个别信仰的形态，而经验却是人人都可理解的。”[39]

雅斯贝尔斯认为，轴心时代“产生一个为所有民族进行历史性自我理解的共同框架，这对西方和亚洲乃至所有人都是一样的，并没有某一特定的信仰内涵的尺度。……那里是历史最为深刻的转折点”。[40]

针对黑格尔将中国、印度和西方并列为精神发展的辩证阶梯顺序的诸阶段，雅斯贝尔斯对此予以了反驳：轴心时代的思想家正是通过不再为实体性和生命的局限性所囿的反思和超越性，而产生了我们至今仍然赖以生存的各种思想，从而完成了人类进入统一的第一步。对此雅斯贝尔斯写道：

> 我们恰恰要否认从中国到希腊的阶梯发展顺序，不论从时间上还是内容上来讲，它们都是不存在的。真实的情况倒是它们是在毫无接触的状况下，同时并列存在的。起初几条从其起源就相互分离的道路似乎通向共同的目标。在三种形态中存在着同一的多样性。它们有着不同的根源，其后经过了间断的接触后，最终自几个世纪以来，实际上是从今天开始，历史才成为唯一的统一体。[41]

也就是说，在雅斯贝尔斯看来，世界文明的进步并非从东方迈向西方，黑格尔所认为的从中国到希腊的这一发展顺序从来就是不存在的。人们应当从人类文明总体的角度来把握各种文明的意义。人类历史在轴心时代各地区文化现象所具有的内在整体性、一致性以及人类所共同具有的人性，这些在轴心时代所产生的突破表明，历史的最终目标和必然趋势是历史的统一。起源于意识的历史，又由于意识而走向统一的目标："轴心时代同化了历史存留下来的东西。从轴心时代起，世界史获得了唯一的结构和持续的、或者说持续到今天的统一。"[42]

在雅斯贝尔斯看来，轴心文明尽管只发生在中国、印度和希腊等少数地区，但却对历史的统一性来讲是至关重要的。也就是说，轴心时代并非人类历史发展的普遍阶段，事实上只是一个独特的历史分支过程。[43]但这一时期却奠定了普世的人类历史，并从精神上将所有的人吸引了进来，雅斯贝尔斯指出：

> 我们——所有的人——都可以共同感知轴心时代这一人类普遍变化的真实性。轴心时代尽管局限于中国、印度和西方，起初这三个世界之间并没有关联，但却奠定了普世史，并在精神上将所有的人都拉了进去。[44]

正是轴心时代的出现，使得人性成为“人之存在”的精神基础，从而深刻地影响到了世界历史结构的变化。雅斯贝尔斯由此认为，轴心时代构成了人类的共同价值尺度，也使得人类从个体的、区域的人，变成了整体的存在。雅斯贝尔斯认为，整个世界历史的结构由于轴心时代而得到了改变：各新民族纷纷进入了这三大文化圈：

> 新的民族在这三大文化圈纷纷登场，在西方有日耳曼人和斯拉夫人，在东亚有日本人、马来人、暹罗人，他们各自创造出了新的文化形态。但他们是在与传承下来的高度文化的对抗中，通过对它们的继承和改造而得以实现的。[45]

由此来看，作为哲学家的雅斯贝尔斯已经从全球的视角来理解历史了。

由“轴心时代”的文化精神突破所奠定的人类精神根基、传统宗教—伦理价值体系框架时至今日依然没有从根本上被超越，它们仍然是几大文明体系中的价值和行为准则。正是由这一时代所奠定的文化精神，成为此后人类历史发展的原动力。以西方为例，文艺复兴的人文启蒙、宗教改革的理性化和世俗化运动、现代科学技术的理性精神、启蒙时代的社会契约理念等等，无一不是以不同的方式一次次地从轴心时代汲取精神的力量：

> 人类靠当时所产生、所创造、所思考的一切生活到了今天。在人类每一新的飞跃之中，他们都会回忆起轴心时代，并在那里重燃火焰。自此之后，情况一直如此：对轴心时代可能性的回忆和重新复苏——复兴——引发了精神的飞跃。回归到这一开端，是在中国和印度乃至西方不断发生的事件。[46]

由此我们可以看得出，在雅斯贝尔斯的文明形态理论中，思想、伦理、宗教等精神价值的创造对于判断历史进步是具有根本性意义的。雅斯贝尔斯的“轴心时代”这一概念，绝不仅仅是历史意义上的一个时期，而是找寻到了一个参照坐标，从而使得人类历史真正具有了全球史的意义。在我们这个时代之前的世界历史仅仅是“地区史的集合而已”（ein Aggregat von Lokalgeschichten），[47]并且直到今天，它才“开启了地球上真正的普遍史”[48]，为了使之形成统一体，雅斯贝尔斯在全球范围内的经验材料中寻找到了中国、印度和希腊三种轴心文化。他一方面对施本格勒的文化形态史观（Geschichtsmorphologie）予以肯定，另一方面也对施本格勒将历史看作是由八种彼此独立的高级文化组成的看法，予以了抨击，同时也反对宗教史学派的系统神学家特勒尔奇（Ernst Troeltsch, 1865–1923）特别强调历史的不可重复性的特征。雅斯贝尔斯认为，魏玛时期历史主义者们趋向于文明孤立的看法是站不住脚的，轴心时代的历史充分说明，将全球文明史看作是毫无共同个性的认识是错误的，应当从一个统一整体的立场来认识历史。他深刻地指出："在反对施本格勒对毫无关联的并列的诸文化绝对分隔时，必须指出存在可以由经验证实的接触、传播、同化（佛教在中国，基督教在西方）现象，而这些对施本格勒来讲仅仅是错乱和假象，但实际上归根结底，这些是共同的提示。"[49]在《论历史的起源与目标》中，雅斯贝尔斯指出：

> 所有关于人们之间永远不可能相互理解的绝对相异的断言，在"人之存在"最深刻的要求面前，只剩下了一副疲惫不堪、听天由命以及被迫放弃的表情，这一主张将暂时不可能性过分夸大为绝对不可能性，从而泯灭了人的内在准备。[50]

雅斯贝尔斯从来不认为，历史孤立主义论者会有任何的前途。他认为，人类永远是流动的。他举例说，诺曼人来到了格陵兰岛和美洲，波利尼西亚人横跨了整个太平洋，马来人到了马达加斯加岛。黑非洲和美洲语言间的关系如此密切，表明在这些大陆间不断有往来。发明、工具、观念、童话在史前时代便经历了遥远的迁徙，一方面总是在附近流传，另一方面也传到了其他的远方。长期以来保持孤立的仅有澳大利亚，也许还有美洲，即便是这两个大洲也不完全是孤立的。"孤立并非意味着从未有过其他的人漂泊到那里，而是意味着从未感受到异文化的影响。"[51]正因为此，德国当代历史学家舒林（Ernst Schulin, 1929–）认为，雅斯贝尔斯为德国普世史注入了新的动力。[52]

六、技术时代与世界哲学的观念

雅斯贝尔斯认为，所谓突破期的轴心时代之后的世界历史便进入了科技文明时代，尽管这一科技时代依然是间歇期，但他认为，人类历史上没有哪一个时代像这个时代一样彻底改变了整个的世界。雅斯贝尔斯将科学技术的时代比喻成一个“新的普罗米修斯的时代”，[53] 它开辟了通向统一的世界历史的道路。

雅斯贝尔斯认为，以轴心文明的中国、印度和希腊为代表的东方世界、西方世界，在进入 16 世纪之前各个方面还是极为相似的，之后西方反倒独占鳌头，将轴心时代的另外两个地区远远地甩在了后面：“直到 1500 年，欧洲迈出了前所未有的步伐，而中国和印度当时正处于文化的衰颓期。”[54] 其后到来的科学技术时代，雅斯贝尔斯认为是一种西方的文明，它开始基于技术进步的成就，而主导世界其他一切文化：

> 今天我们全都共同意识到了，我们正站在历史的转折点上，而在一百年前人们还在将之比作古代世界的没落，之后人们越来越深刻地感受到这一巨大的厄运不仅是欧洲或西方的，而且是世界的。这是技术时代，它的所有后果是使得人们在过去几千年来习得的劳动方式、生活形式、思维方式和象征物荡然无存。[55]

也就是说，从这个时候起，人类的命运被紧紧地捆绑在了一起。“自从现代交通和通信事业的建立，我们对地球的空间感觉就是整个地球了。地球就在眼前，每天它充满了来自世界各地的新闻。全球力量和利益的现实交错，使得地球成为一个整体，并且是一个封闭的整体。”[56] 雅斯贝尔斯清楚地认识到了，科学和技术时代与以往的人类历史有很大的不同：

> 新的是，历史在我们所处的时代第一次成为世界历史。与当下全球通过交流而成为一体的情形相比，以往所有的历史只不过是地区性历史的集合体而已。[57]

实际上，真正的世界历史与人类的全球统一，只是在科学技术时代才得以实现。

> 自五百年以来，欧洲人将整个地球纳入了其交通网之中。欧洲人将他们的文明带到了各地，并带回来欧洲所不具有的文明财富。他们带来了家畜、经济作物、武器，他们的产品和机器、习俗及其信仰，以及欧洲世界所有的灾难，他们取走了土豆、玉米、奎宁、可可、烟草、吊床等。是欧洲人首先造成了有意识、有计划、持久且可靠的交往。
>
> 这一交往意味着人不断地共同成长，意味着对于人的意识、最终对于人的行动来讲，创造出了整个地球作为一个整体的一体性。[58]

科技文明通过各类通信技术，使地球真正成为一体，使地球各个部分的人的交往成为可能。

人类基于贸易和交往的增加，特别是19世纪的技术革命同样使得技术和劳动都成了问题。技术的发明改变了人的心灵，但雅斯贝尔斯认为，在理想的状态下技术仅仅是手段而已：

技术应当将人从其对自然的动物性禁锢中解放出来，这些禁锢使他们陷于困顿、威胁和束缚之中。因此，技术的原理是为人的使命服务的，是在物质和力量方面有目的的行为。[59]

技术本身无所谓善恶，无所谓救赎性与灾难性，[60]救赎只有来自伦理和趋于无限交往的意志的引导。尽管如此，雅斯贝尔斯依然对科学和技术感到不安。在《时代的精神状况》一书中，他在“现实存在秩序的界限”中专门有一节讨论“技术时代的意识”（das Bewußtsein im Zeitalter der Technik）的问题。[61]在《论历史的起源与目标》中雅斯贝尔斯认为，马克思以其恢宏的文笔首先认识到自18世纪以来发生的技术革命，以及由此而产生的人的现实存在的整体革命。[62]马克思和恩格斯（Friedrich Engels, 1820–1895）都认识到了技术世界带来的巨大危机，[63]并提出了应对人的异化的解决方案：社会主义。[64]

正是基于科学技术时代，雅斯贝尔斯提出了“世界哲学”（Weltphilosophie）这一概念。雅斯贝尔斯将创建世界哲学看作时代的必然使命。在世界哲学的道路上，他意识到：

我们正在从欧洲哲学的夕照走向世界哲学的曙光之路上。[65]

雅斯贝尔斯认为，我们所处的时代，不论是在精神上还是在物质上都处于近两千多年来的一个崭新的时代，从这个时代中产生出了“新世界的意识”。[66]便利的交通和通信的发展使地球成为一个整体。“地球的统一出现了”。[67] 然而这只是地域的统一，还必须将之创造成政治的统一体。战争技术的发展，使得这样的要求变得极为迫切。他认为未来的政治意识应当有另一种结构：“今天真正的政治……是世界政治或以实现世界政治为目标的政治。”[68] 世界政治的产生对雅斯贝尔斯来讲是至关重要的。

1962年雅斯贝尔斯出版了他的《鉴于启示的哲学信仰》(*Der philosophische Glaube angesichts der Offenbarung*)一书，在书中他强调要在从现在开始的全球时代条件下阐述哲学问题，[69] 在他看来，哲学的基本问题就是人类的问题。交往要发展成为无所不及的交往，哲学则要发展成为世界哲学。在巴塞尔的20年，雅斯贝尔斯哲学思考的中心议题是，通向世界哲学的道路如何能被阐明?

雅斯贝尔斯的世界哲学（Weltphilosophie）、世界历史（Weltgeschichte）等概念，并非将每一个国家的哲学或历史相叠加，是真正意义上的全球哲学、全球历史的概念。此外，在他的哲学中还有“世界政治”（Weltpolitik）、“世界方向”（Weltorientierung）、“世界公民”（Weltbürger）、“世界意识”（Weltbewußtsein）等概念，实际上都可以从我们今天全球史的视野来予以理解。

雅斯贝尔斯的“世界哲学”是在双重的对立中构成的：在与“实存哲学”的对立中，“世界”标志着雅斯贝尔斯的哲学概念“统摄”，它指的是现实；在与任何民族的哲学的对立中，“世界”指的是共同体的领域，雅斯贝尔斯认为：世界哲学是“在人类的大共同体中，在一个共同的空间中的思想”。因此在这样的思想面前，即便是西方哲学也过于狭隘了，所有的民族哲学都只是“某些类似乡土艺术的东西”。[70] 而在雅斯贝尔斯的潜意识中，哲学是永恒哲学（philosophia perennis），它属于人类，并是某种特定文化传统的产物，只是以历史性的、具体的形态出现而已。

1949 年，雅斯贝尔斯在巴塞尔大学纪念歌德（Johann Wolfgang von Goethe, 1749–1832）诞辰 200 周年之际的演讲《歌德的人性》（*Goethes Menschlichkeit*）中，提到歌德的名字与“世界文学”（Weltliteratur）紧密相连：

> 他看到了各民族的精神交流愈加频繁，为诗人、批评家、作家、研究者以及哲学家指明了相互认识、相互倾听的使命。人们应当能够容忍陌生感，……那些非凡的伟大著作是写给所有人看的。他是靠世界文学的观念来领会人类的统一的。[71]

从这个意义上来讲，雅斯贝尔斯所认识的歌德的“世界文学”，根本不是所有时代、所有文化中的文学的总和。当然，世界哲学也不可能是全世界哲学的总汇，而是超越时空而存在的哲学。实际上，对雅斯贝尔斯来讲，“世界哲学”只是他的哲学理念，这是他的新哲学构想，借此拯救走向没落的西方哲学。这一新的思想构想，其开放性和交往能力使得它真正成为一种具有跨文化能力的哲学，也就是说它可以与欧洲以外的思想传统形成互动，以跨文化的方式发掘欧洲以外特别是印度、东亚的文化传统。在这里，“世界”同时也表示了一种动态的相互关系。R. F. 韦尔（Rachel Frances Wall）认为，当人们用全世界的眼光来看待过去时，历史学便成为对相互关系的研究（a study of inter-relationships），而不是对事实的研究（not a study of facts）：研究文化的、社会的和商业的相互关系，以及外交的和宗教的相互关系。韦尔认为，这种历史叫“世界史”（world history）。[72]

雅斯贝尔斯认识到，伴随着全球一体化的进程，一个思想的新局面就要产生，哲学的转向也是不可避免的，因此他晚年所从事的哲学思考是真正意义上的跨文化哲学研究。在他看来，全球化以来的人类历史，除了西方殖民非西方的历史之外，同时还有另外的一层关系，那就是西方在与非西方的“互动”中对西方同时也产生了重大的影响：

> 教会的使命是为了发现异域民族和文化的心灵，深入他们的精神，因此基督教传教士有时成为中国和印度精神在欧洲的传道者。[73]

实际上，近代欧洲一切的形成都是与欧洲与非欧洲的互动有着密切的关联的。

雅斯贝尔斯认为，思维只有以整个思维的世界史为指导，才能获得最大限度的交往范围，与此同时，新的世界意识只有把握了实在的世界史，才能获得它的范围。“只有全部历史才能提供标准以测定当下发生的时间的意义。”[74]雅斯贝尔斯的目的在于将世界视为统一体的世界意识。虽然在他之前，就有了将历史进程当作一个统一图式来把握的历史哲学，但其主导思想依然认为历史过程是进步的模式。康德曾有世界公民观点之下的普遍历史观，即以世界的政治统一为目的的历史观。雅斯贝尔斯同样希望借助于世界历史更好地理解历史性的当下。

七、对未来的展望

尽管雅斯贝尔斯认为，未来是不可能为我们所认识的，但他同时指出："我们只有通过承担对当下的责任，才能对未来负有责任。"[75] 雅斯贝尔斯对历史的理解，并非仅仅关注于以往，而是面向未来。20 世纪 30 年代曾作为雅斯贝尔斯在海德堡大学的博士生的著名历史学家古娄·曼（Golo Mann, 1909–1994）指出："雅斯贝尔斯大约就像是托克维尔（Tocqueville）一样，是为了体验当下以及对未来的担忧而走向历史的。"[76] 雅斯贝尔斯依然反对以文化循环论的观点为代表的施本格勒的决定论史观，他同样也不同意马克思有关社会经济法则决定历史进程的理论。20 世纪是一个价值不断得到转化，传统不断得到瓦解的世纪，科学技术的突飞猛进，也使得人性的价值不断萎缩。两次世界大战以及大大小小的其他各类战争，使得人们普遍对未来产生了疑惑。雅斯贝尔斯通过对人类历史的探究，不仅思考着人类的存在问题，同时也描绘出了一条充满希望的通往未来的道路。雅斯贝尔斯对"人之存在"（人性）抱着坚定的信念，他指出：

> 面对所有未来的前景，我们敢于做出以下的断言：人是不可能完全被丧失的，因为他们是作为"上帝的形象"（Ebenbild der Gottheit）创造的，而不是上帝，但是他们却跟上帝之间有着常常被忘记，又难以觉察到，但从根本上来讲难以扯断的纽带。人根本不可能终止其成为人。灵魂的沉睡、心不在焉、自我的忘却都是可能的。[77]

这便预示着只要人不丧失其人性，人类是有着自己的未来的。人性同样是雅斯贝尔斯哲学的前提，它在任何时代、任何地点都在起着作用。正因为此，他才认为哲学的力量——理性的力量是必然会战胜非理性的力量的。他在《哲学的世界史·导论》中写道：

实际上的做哲学每时每刻都在发生。因为作为人的人，不论他是否知道这一点，都会贯穿着某些想法，而这些想法的意义是具有哲学性的。……——哲学是一种方式，作为存在的人是如何意识到世界和他自身的，以及他是如何在作为整体的这一意识中生活的。因此，哲学同人一样古老。[78]

但雅斯贝尔斯并不认为未来可以为我们今天所认识。他在《论历史的起源与目标》的序言中就说“未来则尚不能确定，是一个包含各种可能性的无限空间”。[79]正是这无限空间中的各种可能性，激励着人们去预测、探索未来。但雅斯贝尔斯明确地指出：“如果我们能知道未来的话，那么这便是我们灵魂的死亡。”[80]但另一个方面，历史对于我们来讲同样意味着对于未来的启示：“没有一种哲学的历史意识是不具备未来意识的。”[81]而“未来隐藏于过去和当下之间，我们在真实的可能性之中观察、设计未来。事实上，我们在任何时代都是由未来意识所支撑的”。[82]因此，雅斯贝尔斯的历史研究，尽管是有关历史的起源和目标之间的文明史的过程研究，但实际上是对未来提出的问题，同时对未来预示着某种可能的方向。

雅斯贝尔斯认为，有三种趋势（Tendenzen）遍布全世界，他将其概括为社会主义、世界秩序以及信仰：

第一，大众急迫要求秩序。社会主义显示出了公正的大众组织要求。

第二，空间的全球一体化急迫要求在和平的交流中来予以实现。这看来只能在世界帝国和世界秩序之间进行抉择。

第三，在共同信仰本质中的传统支点丧失的结果，急迫要求我们向人的真正信仰的起源前进，并带着这样的问题：我们的生命从何而来，又归于何处。这看来只能在虚无主义和爱之间进行抉择。[83]

雅斯贝尔斯认为，社会主义的理想是当代人类的普遍趋势：

它（社会主义——引者注）将劳动和所获得的份额进行组织，从而使全体人有可能获得自由。就这点而言，今天几乎每一个人都是社会主义者。社会主义的要求存在于各个政党。社会主义是我们时代的基本特征。[84]

但是对马克思主义的观点，亦即历史进程在总体上是可以把握的，社会作为整体可以进行规划的认识，雅斯贝尔斯并不认同。[85]由于苏联的社会主义已经实行了若干年，很多在实践中的问题凸显了出来，作为崇尚理性的实存哲学家，雅斯贝尔斯在书中对社会主义也进行了批判。他准确地认识到了社会主义的权力问题："如果计划化导致整体计划化的话，那么权力会通过具有社会主义气质的基本特征成长起来，其结果并非权力为社会主义服务，而是成为社会主义的主人。"[86]雅斯贝尔斯一直担心绝对的总体计划会取代有限的相对计划，并进而影响到人类的全部生活："经济的整体计划化已经显示出，它不会只局限在经济领域。它会渗透到人的生活的各个角落。对经济的指导会导致对整体生活的指导，影响到通过以此产生的生活方式的结果。”[87] 在有关计划经济的描述中，雅斯贝尔斯特别强调计划经济常常会超出经济的范畴，而进入人的生活的其他领域，进而成为人生活的普遍方式，这是他极力要避免的。由于过度强调绝对化，想要给予所有人实现其人格的机会，而成为人格的破坏者：“社会主义区别于共产主义的特征在于将其最初的正确倾向绝对化，这点我们可以认识得到。通过绝对化，这些倾向变成了狂热偏激，在实践中失去了对历史形成的目标，而却融入低水平之中。”[88] 总之，社会主义变成了狂热的信仰，变成了意识形态后，便偏离了其原有的优势，必然走向其反面。另外，作为实存哲学家的雅斯贝尔斯，从来不认为个体的存在可以被整体性地予以把握，多元性的理念不仅体现在他对人的解释上，同时也体现在他自由主义的观念之中。

雅斯贝尔斯并不认为有什么公正的世界组织的存在，正义本身是一个不断追求的过程：

> 正义是一项永不终止的任务。作为所谓公正的世界组织的建立，正义必然会在人的计划的暴力固定化中被颠倒。因为如果自由终止了，也不可能有正义。[89]

雅斯贝尔斯认为，社会主义从其起源开始便保持着为所有人的自由和正义的理念。社会主义是每个人通过其理智可以理解的，它能联系所有的人。但是要尽量避免其绝对化，当社会主义一旦成为狂热的信仰，从绝对化中变成了教条主义和暴力，那么以上所有一切都不再可能。[90]

技术革命加剧了全球一体化的进程。雅斯贝尔斯认为，技术通过空前的快速交流使地球的一体成为可能。同一个人类的历史开始了。人类整体陷入了同样的命运之中。来自四面八方的人们能够相互汇聚一堂。[91]雅斯贝尔斯认为，人类的未来不再应当是通过唯一的暴力而达到的世界和平，“世界帝国”是通过暴力来维持其自身的，而应当是通过协商而获得统一的“世界秩序”。雅斯贝尔斯认为，“从世界的大局来看，民族国家的时代显然已经过去了”。[92]他进一步指出，所谓的世界秩序应当是以对话和共同决定为基础，以自由为前提。在通向世界秩序的道路上，他提醒人们要注意防止战争以及现代技术的危险。他认为《圣经·弥迦书》中的经典的话，应当是人类未来和谐一致的图景：“他们要将刀打成犁头，把枪打成镰刀。这国不举刀攻击那国，他们也不再学习战事。”[93]

雅斯贝尔斯一再强调，人还没有足够强大，乃至不需要任何信仰。尽管对科学、教会以及人道主义的信仰产生了危机，但这并不意味着我们不需要信仰了：“这些力量是不充分的，它们之中隐藏着邪恶的颠倒，但它们却能通过其可能性，为全体人提供不可缺少的前提。”[94]

八、将传统化为己有

雅斯贝尔斯从来不认为哲学史可以代替人自身的哲学思考，他认为，哲学史的功用是引导人们更深入地进行哲学思考。但是雅斯贝尔斯从一开始对于西南德意志学派的这一哲学史传统表示了怀疑。1901—2002年的冬季学期，年仅18岁的雅斯贝尔斯到海德堡学法律，一开始费舍尔（Kuno Fischer, 1824–1907）所讲述的叔本华（Arthur Schopenhauer, 1788–1860）哲学深深地吸引了他："今天下午听了库诺·费舍尔的演讲，他讲得太棒了。"但两天后雅斯贝尔斯的看法就改变了："他似乎很是空洞。"一周以后雅斯贝尔斯给费舍尔下的断语是："库诺·费舍尔只是在开始的瞬间令人敬佩而已。"[95]

雅斯贝尔斯后来再反思这一段的经历的时候指出："费雪（Fischer的另外的汉语译名——引者注）之所以著名，一方面是由于他能合理而清晰地使前人的哲学再生，这种再生还是有用的；另一方面也是由于他对哲学本身完全是无知的，因为哲学本身是绝不能以这种方式再生的。"[96]雅斯贝尔斯认为，哲学史家的工作更多地应当是通过他们的文字让读者去思考，激励他们，让他们成为有思想的人。

在研讨班作报告的时候，雅斯贝尔斯发现，对他影响至深的哲学家之一克尔凯郭尔（Søren Aabye Kierkegaard, 1813–1855）的思想根本没有办法用做报告的方式予以再现：Beim Referieren Kierkegaards merkte ich, dass er nicht referierbar ist.（在做克尔凯郭尔的报告的时候，我发现他并非能够通过报告而被认识的。）[97]因此，对于雅斯贝尔斯来讲，哲学史的功用并不在于将一些哲学家的观点罗列出，而没有真正地"做哲学"。他从来不认为可以放弃阅读原著，因为只有原著才能不断激发令人称奇的思考。他指出：

真正哲学思维的重要含义在于那些冲动，内在的构想，洞悉及判断的途径，能随时做抉择的反应，能投入历史中而仿若置身现在的性能，并使所有这些内在的性能在超越所有客观内容过程中能互相融合。[98]

雅斯贝尔斯之所以常常使用“做哲学”一词的原因在于，在他看来，哲学史是不可以用所谓客观的方法，把以往发生的事描述一遍就了事的，而是与哲学大师们一起共同做哲学的活动：

我的经验是，除非我们自身的现实能参与到其中，不然的话对以往哲学家的研究不会有什么用。只有透过自身的现实性，我们才能理解思想家们的提问，因此我们在读他们的著作的时候，能够感到好像所有的哲学家都是我们同时代的人一样。[99]

雅斯贝尔斯认为，哲学研究有三种形式：首先是我们每天内在行为之中的实际（praktisch）研究；其次是借助于各种科学、范畴、方法和体系，在内涵中去体验的实质（sachlich）研究；再次是通过将传统化为己有的历史（historisch）研究。[100]由此我们可以看得出，对于雅斯贝尔斯来讲，历史是做哲学的一种方法。“做哲学”并不是寻求一种供理解的普遍客观知识，而应当把它理解为一种行动，一种追求真理的行动。

九、结论

法国年鉴派布罗代尔（Fernand Braudel, 1902–1985）1947年为取得教授资格而所作的论文《菲利普二世时代的地中海和地中海世界》(*La Méditerranée et le monde méditeranéen à l'epoque de Philippe II*, Paris 1949）是一部关于普遍史的有影响的杰作。[101] 他在这部著作中提出了一个时间模式，使我们工作的时间跨度扩展到整个的历史。布罗代尔把“总体史”（l'histoire totale）分成三个时间层面：我们几乎觉察不到的“地理历史”（géo-histoire），即地形地貌缓慢地、不为人觉察地发生变化的时段；几百年不变的“长时段历史”（histoire de la longue durée），即人口统计、经济、农业、社会政治上的结构性变化；以及我们每天都能感受到的“事件历史”（histoire événementelle）。轴心时代文化的物质和精神需求虽然没有创造出文化的地理—历史基础，但却创造了文化—文明的基础。正是这些基础几百年来潜移默化，但不可避免地影响着当今的时代。从雅斯贝尔斯轴心时代的理论出发，我们可以把这个“地理历史”的时间层类似地称为“轴心历史”（histoire axiale）。雅斯贝尔斯不无道理地指出：

> 轴心所表示的并非一种隐蔽的内在的东西，每一时代引人瞩目的各种现象都围绕着它来转，这一内在的东西本身是永恒的，延伸至所有的时代，却被当下飞扬的尘土所遮掩。确切地说，轴心所指的是基督前的上个千年中叶的一个时代，在它之前的一切事物似乎都是在做准备，而在它之后的一切事物事实上都能还归于它，并且是在清醒的意识中还归于它的。“人之

存在”的世界史从这里开始获得其结构。这并非我们能够永远宣称具有绝对性和唯一性的轴心。然而它是迄今为止短暂的世界史的轴心，在所有人的意识中，它可能意味着他们共同认可的历史的统一的基础。[102]

也就是说，只有在“轴心历史”和“长时段历史”的基础之上，才能研究“事件历史”以及短期的、持续了几十年的当今发展的历史。而对古代人类历史的研究反过来为全球史的“长时段历史”和当今的“事件历史”提供了新的视角。布罗代尔的“总体史”实际上是微观历史与宏观历史的有机结合。这同时也暗合了伽达默尔（Hans-Georg Gadamer, 1900–2002）对诠释学循环（hermeneutischer Zirkel）的解释，认为它是理解必不可少的条件之一。伽达默尔认为，在理解中必须根据构成文本的各个部分来理解文本整体，又必须根据文本整体来理解文本的各个部分，这是一个循环往复的过程。诠释学循环乃是一种矛盾运动，它是整体与部分之间的对立统一关系在理解中的反映。伽达默尔写道：“这种循环在本质上就不是形式的，它既不是主观的，又不是客观的，而是把理解活动描述为流传物的运动和解释者的运动的一种内在相互作用（Ineinanderspiel）。”[103]显然，伽达默尔的诠释学循环理论十分强调从整体与部分的辩证运动中理解文本，揭示出理解主体的主观能动性，同时也进一步突出了理解的历史性。因此，我们处在这样一个富有成效的问题圈内，带着这些问题意识，我们既可以深入地探讨当今全球史的深层文化影响，又可以反过来，从长期和中期的历史出发，提出关于当今全球史的新的问题。

在《论历史的起源与目标》一书中，雅斯贝尔斯并没有对历史的起源与目标这一问题予以系统的论述，但这本书却改变了我们对历史的认识。雅斯贝尔斯并不认为想要了解历史整体及其目标的意愿会给我们带来什么，但对整体的考察是不可或缺的："我们愿意将历史作为一个整体来理解，是为了理解我们自身。"[104] 并且"历史观创造了从中能够唤起我们人性意识的可能性"。[105]

雅斯贝尔斯相信，在作为间歇期的科学技术时代过去之后，会有新的轴心时代的出现：

> 如果一个新的轴心时代能到来的话，那它只能在将来，就像是第一轴心时代最终使得人的生活根本区别于所有的动物性，是发现人的生活基础的时代，是普罗米修斯时代，它很晚才到来。这一也许会即将来临的新的轴心时代，它将是包括全球在内的唯一的现实，现在就在我们面前是不可想象的。在幻想之中首先认识到新的轴心时代，意味着要去创造它。没有人会知道，新的轴心时代能为我们带来什么。[106]

尽管雅斯贝尔斯在他的一生中并没有完成他所设想的世界哲学的任何一部分，他认为，在创立世界哲学的人物方面，他的思想仅仅"走在半路上"。[107] 世界哲学与其说是一种哲学，毋宁说是一项使命。雅斯贝尔斯的世界哲学，让我们认识到哲学有多种的起源，同时也否定了西方哲学的特殊地位，强调由跨文化性而产生的哲学间的动态交错。

面对来自异域哲学的挑战，任何的哲学都应积极采取跨文化动态的转化，从而拓展其理论视野，使之真正成为全球性的理论。否则的话，它很容易落入地区性哲学的窠臼。换句话说，如果没有经受其他文化的检验的话，所有的哲学，其认识力和说服力的有效范围，仅局限在自身的文化空间。

无论如何，全球意识确实使得雅斯贝尔斯的哲学获得了新的深度和广度。雅斯贝尔斯最终没有将他的哲学命名为“普世哲学”（Universalphilosophie），而是称之为“世界哲学”，这表明，他希望从理性的基本交往意愿出发，达到世界的可能性统一。[108]

注释：

1 Karl Jaspers, *Vom Ursprung und Ziel der Geschichte*. München: R. Piper & Co. Verlag, 1949.S. 16–17. 在奥登堡大学雅斯贝尔斯的藏书（Karl-Jaspers-Bibliothek）中，共有 6 种施本格勒的著作，其中两卷本的《西方的没落》（*Der Untergang des Abendlandes*）的第一卷就有 2 种（Wien & Leipzig: Braumüller, 1918; 3. Unveränd. Aufl., München: Beck, 1919），并且在很多地方有雅斯贝尔斯的下画线和批注。此外，雅斯贝尔斯还收藏了麦瑟尔（Messer）所著的《作为哲学家的施本格勒》（August Messer, *Oswald Spengler als Philosoph*. Stuttgart: Strecker und Schröder, 1922）一书，在这本书的扉页上雅斯贝尔斯也盖上了他的图章。有关汤因比的藏书有 3 种，均为德文的，其中两种是 1949 年出版的《历史研究》（*Studie zur Weltgeschichte : Wachstum und Zerfall der Zivilisationen*. Hamburg: Claassen & Goverts, 1949）和《经受着考验的文明》（*Kultur am Scheidewege*. Wien u.a.: Europa-Verl., 1949）的德文本。由于《论历史的起源与目标》也出版于同一年，这两本书不可能对他的观点形成产生很大的影响。但从雅斯贝尔斯在书上留下的阅读印记可以看出，他还是非常认真地研读了这两本书。此外，他还收藏了 1959 年出版的汤因比的《世界宗教中的基督教》（*Das Christentum und die Religionen der Welt*. Gütersloh: Mohn, 1959）的德文版。

2 Karl Jaspers, *Vom Ursprung und Ziel der Geschichte*. S. 17.

3 《日记》1945 年 3 月 20 日。转引自 Hans Saner, *Jaspers*. Reinbek bei Hamburg: Rowohlt Taschenbuch Verlag GmbH, 1996, S. 51。

4 Thomas Mann, *Briefe 1937–1947*. Frankfurt a.M., 1963. S. 482. 此处转引自 Hans Saner, *Jaspers*. Reinbek bei Hamburg: Rowohlt Taschenbuch Verlag GmbH, 1996. S. 54。

5 实际上，雅斯贝尔斯根本没有办法完全与政治脱离干系。1958 年他还出版了《原子弹与人的未来》（*Die Atombombe und die Zukunft des Menschen*）一书，可以看出他对人类未来的担忧。

6 “我们之间的巨大分歧，性格差异，因相距遥远以至于无法理解，在致命的敌意中断绝相互间的关系，精神病或者纳粹集中营中那令人恐怖的、无声的崩溃，所有这一切都是我们忘记了原本的亲缘关系而造成的痛苦，或者是我们再也找不到实现它的途径。”（前揭雅斯贝尔斯著，李雪涛等译《论历史的起源与目标》，第 52 页）在谈及对科学的滥用时，雅斯贝尔斯举了两千多年前一位印度国王在罪犯身上所做的残酷的实验，之后他感慨道：“这与纳粹分子所进行的人体实验很相似。这样的做法与现代科学毫无关联，而是属于对科学的滥用，这一滥用同样适用于人所创造的一切，也适用于科学。”（出处同上书，第 106 页）在涉及人性的阴暗和邪恶时，雅斯贝尔斯同样举了纳粹集中营的例子：“纳粹的集中营及其拷问，最终是对几百万人所进行杀戮的毒气室以及焚化炉，——相应地在其他极权国家也有类似现实的报道，即便通过毒气室而直接进行集体杀人的事件仅仅发生在纳粹那里。深渊已经开始显现。”（出处同上书，第 170 页）

7 Karl Jaspers, „Öffentliche Erklärung". In: *Rhein-Neckar-Zeitung* am 23. März 1948. 转引自 Hans Saner, *Jaspers*. Reinbek bei Hamburg: Rowohlt Taschenbuch Verlag GmbH, 1996. S. 56。

8 Karl Jaspers, *Philosophische Autobiographie*. München: R. Piper & Co. Verlag, 1977. S. 83–84.

9 *Hannah Arendt/Karl Jaspers – Briefwechsel 1926–1969*. Herausgegeben von Lotte Köhler und Hans Saner. München: R. Piper & Co. Verlag, 2001. S. 142.

10 Karl Jaspers, *Philosophische Autobiographie*. S. 32.

11 Ibid., S. 25.

12 Karl Jaspers, *Der philosophische Glaube angesichts der Offenbarung*. München 1962. S. 148.

13 Hans Saner, *Jaspers*. S. 111.

14 1922 年 9 月 6 日雅斯贝尔斯致海德格尔。见李雪涛译《海德格尔与雅斯贝尔斯往复书简（1920—1963 年）》，上海：上海人民出版社，2012 年，第 121 页。

15 Cf. Karl Jaspers, *Was ist Philosophie? Ein Lesebuch*. München: Piper Verlag GmbH. 1976, S. 45ff.; Hans Saner, *Jaspers*. S. 85ff.

16 前揭雅斯贝尔斯著，李雪涛等译《论历史的起源与目标》，第 10 页。Cf. Karl Jaspers, *Vom Ursprung und Ziel der Geschichte*. S. 22.

17 施本格勒著，齐世荣等译《西方的没落》，北京：商务印书馆，1963 年，第 77 页。

18 Hans Saner, *Jaspers*. S. 86.

19 Ibid., S. 113.

20 Cf. Ibid., S. 81–82.

21 Karl Jaspers, *Weltgeschichte der Philosophie. Einleitung*. München: R. Piper & Co. Verlag, 1982. S. 114ff.

22 Ibid., S. 117.

23 Ibid., S. 118.

24 Karl Jaspers, *Geistige Situation der Zeit*, Berlin 1931; Sammlung Göschen, Band 1000, 6. Unveränderte Aufl., Berlin 1948.

25 前揭雅斯贝尔斯著，李雪涛等译《论历史的起源与目标》，第 336 页。

26 出处同上书，第 5 页。

27 Karl Jaspers, *Was ist Philosophie? Ein Lesebuch*. S. 44.

28 Ibid., S. 44.

29 Ibid., S. 45.

30 Ibid., S. 45.

31 Karl Jaspers, *Rechenschaft und Ausblick*. München: R. Piper & Co Verlag, 1951. S. 414.

32 Ibid., S. 415.

33 雅斯贝尔斯著，李雪涛等译《大哲学家》，北京：社会科学文献出版社，2010 年修订版，第 141 页。（该书另有 2005 年版，但本书引文均出自 2010 年修订版）雅斯贝尔斯原文中使用的是"Kommunikation"（交往）一词（Karl Jaspers, *Die großen Philosophen*. Erster Band. München: R. Piper & Co Verlag, 1957. S.168.），我当时

在翻译的时候，根据上下文，译成了“沟通”。
34 前揭雅斯贝尔斯著，李雪涛等译《论历史的起源与目标》，第 182 页。
35 出处同上书，第 263 页。
36 Karl Jaspers, *Philosophische Autobiographie*. S. 124.
37 前揭雅斯贝尔斯著，李雪涛等译《论历史的起源与目标》，第 32—33 页。
38 出处同上书，第 27 页。
39 出处同上。
40 出处同上书，第 7—8 页。
41 出处同上书，第 18 页。
42 出处同上书，第 15 页。
43 出处同上书，第 25 页。
44 出处同上书，第 27 页。
45 出处同上书，第 65 页。
46 出处同上书，第 14 页。
47 出处同上书，第 32 页。
48 出处同上书，第 85 页。
49 出处同上书，第 322—323 页，注 3。
50 出处同上书，第 306 页。
51 出处同上书，第 294 页。
52 Ernst Schulin, *Traditionskritik und Rekonstruktionsversuch: Studien zur Entwicklung von geschichtswissenschaftlichem und historischem Denken*. Göttingen: Vandenhoeck und Ruprecht, 1979. S. 188.
53 前揭雅斯贝尔斯著，李雪涛等译《论历史的起源与目标》，第 33 页。
54 出处同上书，第 60 页。
55 出处同上书，第 112 页。
56 出处同上书，第 135—136 页。
57 Karl Jaspers, *Was ist Philosophie? Ein Lesebuch*. S. 93.
58 前揭雅斯贝尔斯著，李雪涛等译《论历史的起源与目标》，第 295 页。
59 出处同上书，第 117 页。
60 出处同上书，第 103 页。
61 Karl Jaspers, *Die geistige Situation der Zeit*. Berlin: Walter de Gruyter & Co. 1971. S. 41f.
62 前揭雅斯贝尔斯著，李雪涛等译《论历史的起源与目标》，第 114 页。
63 出处同上书，第 156 页。
64 出处同上书，第 200 页。
65 Karl Jaspers, *Philosophische Autobiographie*. München: R. Piper & Co. Verlag, 1977, S. 121.
66 前揭雅斯贝尔斯著，李雪涛等译《论历史的起源与目标》，第 135—136 页。
67 出处同上书，第 146 页。
68 Karl Jaspers, *Die Atombombe und die Zukunft des Menschen*. 1958. S. 112.

69 Karl Jaspers, *Der philosophische Glaube angesichts der Offenbarung*. S. 148.

70 Hans Saner, *Jaspers*. S. 104.

71 Karl Jaspers, „Goethes Menschlichkeit", in: Karl Jaspers, *Rechenschaft und Ausblick*. S. 79.

72 杰弗里 · 巴勒克拉夫著，杨豫译《当代史学主要趋势》(Geoffrey Barraclough. *Main Trends in History*, Holmes & Meier, 1979)，上海：上海译文出版社，1987，第 258 页。

73 前揭雅斯贝尔斯著，李雪涛等译《论历史的起源与目标》，第 104 页。

74 出处同上书，第 104 页。

75 出处同上书，第 176 页。

76 Golo Mann, „Jaspers als geschichtlicher Denker", in: Klaus Piper (Hrsg.), *Karl Jaspers. Werk und Wirkung*. München: R. Piper & Co. Verlag. 1963. S. 143. 曼在 20 世纪 60 年代出版的《世界史入门》(Golo Mann, *Propyläen Weltgeschichte*. Frankfurt, 1960) 中认为：我们的工作建立在存在着一部人的历史或者人类的历史的假定之上，并且这一历史并不仅仅是彼此之间完全隔绝的各个文化的历史。他既接受雅斯贝尔斯《论历史的起源与目标》中所描绘的作为一个统一进程的人类历史的观念，又反对简单的进步观。请参考伊格尔斯 (Georg G. Iggers) 著，彭刚、顾航译《德国的历史观》，南京：译林出版社，2006 年，第 341 页。

77 前揭雅斯贝尔斯著，李雪涛等译《论历史的起源与目标》，第 172 页。

78 Karl Japsers, *Weltgeschichte der Philosophie. Einleitung*. Aus dem Nachlaß herausgegeben von Hans Saner. München: R. Piper & Co. Verlag. 1982. S. 20.

79 前揭雅斯贝尔斯著，李雪涛等译《论历史的起源与目标》，"序言"，第 2 页。

80 出处同上书，第 176 页。

81 出处同上书，第 163 页。

82 出处同上。

83 出处同上书，第 177 页。

84 出处同上书，第 200 页。

85 出处同上书，第 201 页及以下，第 209 页及以下，以及第 218 页及以下。

86 出处同上书，第 202 页。

87 出处同上书，第 207 页。

88 出处同上书，第 219 页。

89 出处同上。

90 出处同上书，第 219—220 页。

91 出处同上书，第 223 页。

92 出处同上书，第 231—232 页。

93 出处同上书，第 246 页。

94 出处同上。

95 Hans Saner, *Jaspers*. S. 18.

96 W. 考夫曼著，陈鼓应等译《存在主义：从陀斯妥耶夫斯基到沙特》，北京：商务印书馆，1987 年，第 16 页。

97 出处同上。

98 出处同上书，第 17 页。

99 Karl Jaspers, *Rechenschaft und Ausblick*. S. 399.

100 Cf. Karl Jaspers, *Was ist Philosophie? Ein Lesebuch*. S. 111.

101 此书的中文译本：布罗代尔著，唐家龙等译《菲利普二世时代的地中海和地中海世界》，北京：商务印书馆，1998 年。

102 前揭雅斯贝尔斯著，李雪涛等译《论历史的起源与目标》，第 305 页。

103 前揭伽达默尔著，洪汉鼎译《真理与方法——哲学诠释学的基本特征》，第 376 页。

104 前揭雅斯贝尔斯著，李雪涛等译《论历史的起源与目标》，第 267 页。

105 出处同上。

106 出处同上书，第 113 页。

107 Karl Jaspers, *Rechenschaft und Ausblick*. S. 391.

108 Cf. Hans Saner, *Jaspers*. S. 113.

第四章　从轴心文明到多元现代性

——半个世纪以来汉语世界有关轴心时代的讨论

德国哲学家卡尔·雅斯贝尔斯在他1949年出版的《论历史的起源与目标》一书中，[1]提出了“轴心时代”（Achsenzeit）的观念。1953年由英国诗人、翻译家布罗克（Michael Bullock, 1918–2008）译自德文原文的英文译本，同时在伦敦和纽黑文出版了，布罗克将Achsenzeit翻译成英文的Axial Age。[2]1964年日本出版了重田英世（1924—）的译本『歴史の起源と目標』，他将这一名词翻译成「枢軸時代」（すうじくじだい）。[3]

尽管雅斯贝尔斯的哲学早在1963年就被作为“存在主义哲学”介绍到了中国，但它仅仅是作为“现代资产阶级最反动的唯心主义哲学流派之一”而供批判之用的。《存在主义哲学》一书的前言指出：“这一反动哲学，从30年代起，是首先由海德格尔和雅斯贝尔斯在德国开始传播的。他们当年充当过希特勒的法西斯理论帮凶，现在又是西德复仇主义和美帝国主义原子讹诈政策的热烈附和者。”[4]但此书选编的5篇雅斯贝尔斯的论文都是涉及他的哲学思想的，并没有涉及“轴心时代”的理论。因此，直到20世纪80年代之前，雅斯贝尔斯有关轴心时代的观点，并没有在中国大陆产生任何影响。

一、20世纪70—80年代两次有关轴心时代的国际会议

汉语学界对于"轴心时代"的关注，并非直接来自德国哲学家雅斯贝尔斯的著作《论历史的起源与目标》，而是来自两次重要的国际会议的影响。

曾任美国哈佛大学费正清东亚研究中心（Fairbank Center for East Asian Research）教授的著名汉学家史华慈（Benjamin Schwartz, 1916–1999），建议"美国人文与科学院"（American Academy of Arts and Sciences）的刊物《代达洛斯》（*Dædalus*）分别于1972年在罗马、1973年在威尼斯组织召开了两次人类文明比较研究的国际学术会议，以探讨轴心时代与人类文明的共同点，与当时人文和社会科学的学者一道思考当代人类摆脱困境之道。[5]1975年春季号的《代达洛斯》上刊登了此次会议的论文专号：《智慧、启示和怀疑：对公元前第一个千年的认识》（*Wisdom, Revelation, and Doubt: Perspectives on the First Millennium B.C.*）。这实际上是对雅斯贝尔斯轴心时代理论中没有涉及或没有进行深入讨论的内容进行了探讨。史华慈在这一期的首篇文章《超越的时代》（*The Age of Transcendence*）中提出了他著名的超越观念——轴心时代对时代文明的"突破"在雅斯贝尔斯的论述中涉及三种文明，分别是以希腊的"逻各斯"、印度的"梵天"，以及中国的"道"等观念出现，并非对实体的追求，而是对超越的探寻。这位掌握着包括中文及意第绪语（Yiddish）在内十几种语言

的人类文明比较的学者以古代中国思想作为出发点，拓展至人类文明的比较研究领域。

1983—1984 年，以色列社会学家艾森斯塔特（Shmuel N. Eisenstadt, 1923–2010）召集部分国际著名学者，从古代历史、观念史、哲学以及比较宗教学的角度，在德国和以色列组织召开了两次会议，对轴心时代的观念及其延伸进行了有益的探讨。其中也包括雅斯贝尔斯没有提到的一些问题，例如：第一次突破之时代背景，以及在实现突破之后，所谓的“道统”（orthodoxy）与“法统”（legitimacy）之间的关系问题，正统的分化与转变，以及当时的“知识分子”在不同阶段所担任的角色问题，等等。[6] 其实这两次会议，都是在雅斯贝尔斯轴心时代观念的基础之上，对“轴心时代”理论的继承和发展。

二、20 世纪 80 年代以来许倬云与杜维明对“轴心时代”理论的介绍

这一时期的大陆学者真正对“轴心时代”有所理解，源自两个途径：其一是受海外华人相关学术话语之影响，其二乃是源自雅斯贝尔斯有关“轴心时代”的论著《论历史的起源与目标》的中文译本，尽管它是从英文转译的，但中国学者借此可以比较容易地把握“轴心时代”这一概念的真正内涵。

曾任美国匹兹堡大学（University of Pittsburgh）历史学教授的许倬云（Cho-yun Hsu, 1930–），在 1980 年被选为中国台湾地区“中

央研究院”的院士，他在1984年3月出版的《“中央研究院”历史语言研究所集刊》(第55本第1分)上发表了题为《论雅斯培枢轴时代的背景》的专论，对轴心时代的历史背景以及与中国先秦史的关系做了详尽透彻的分析。论文以雅斯贝尔斯的《论历史的起源与目标》的布罗克英文译本(1965年的第3版)为出发点，非常准确地对雅斯贝尔斯的“轴心时代”理论做了阐述，同时也是第一次在汉语世界对上述两次集中讨论“轴心时代”的会议，进行了介绍和评述。作为研究中国历史的专家，许倬云在文章中着重以中国历史为例考察了第一次突破的前提条件，并且在跟其他文明的比较中梳理出了中国历史的一些特点。

许倬云对《代达洛斯》1975年春季号中的几篇文章做了重点介绍，他援引魏尔(Eric Weil, 1904–1977)的观点认为，人类历史有多次突破，而每一次突破之前有一次崩坏(breakdown)。[7]许倬云认为，魏尔的观点正符合中国在殷商之际的大变局情况，因此他写道：“但以Weil的理论来说，中国的历史颇可合辙。”[8]在分析的过程中，许倬云发现魏尔的崩坏理论，能适用于中国及以色列的历史，但无法适用于印度及希腊的古代历史，因为在后两者的历史中并没有崩坏的情况存在，更多的是继承的关系。[9]他认为，跟中东和地中海地区的众多因素交错的文明比较，中国古代文化发展的脉络还是清晰的，由新石器文化而三代(夏、商、周)而春秋、战国时代一脉相承。[10]

雅斯贝尔斯认为中国文化的轴心转机在于春秋战国百家争鸣的时代。这一点，史华慈予以了充分的肯定，并进而指出，道的观念，是先秦诸家的根本主题。[11]许倬云认为：“孔子在枢轴时代的突破，进而言之，是王纲解纽、列国纷争的大变局，促使他思考。远而言之，商代卜史对于祀典的疑问及周初的天命观念，都是枢轴时代思想能够突破的先河。”[12] 在原来的传统失去了神圣性之后，传统的守护者们才开始追问传统的意义，寻求对传统的新解释，甚至提出一些新的观念，包括宇宙观、社会观以及人生观。以往在传统中被理所当然地接受的内容，现在则遭到了质疑或批判。盲目地迷信和尊崇传统，并不会长久，只有经过论证和批判之后，传统才会获得生命力。史华慈在《超验的时代》这篇具有倡议书性质的文章中，对“超验”一词做了界定：“‘超验’一词以往积累了相当繁多的意义，有些尽管属于哲学的观念，但却极具技术性。我在这里提到的是接近此词的字源性的意义——一种退后一步，往远处观望的方式——，也就是说对现实做一种批判性的、反思性的质疑，同时获得超越当下的新视野。”[13]

许倬云以中国古代史为例，归纳出了轴心时代实现突破的三个先决条件：一是要有相当程度的国家组织（如三代的国家），庶几蓄积与集中的资源，足以维持社会分工后的若干专业群。二是必须有文字，庶几有累积的经验及知识（如祝宗卜史），他们的主要任务是持守传统，也因此发展了传统的神圣性。三是须有族与族之间，或文化与文化之间的竞争与对比（如夷夏之争、新旧之争），甚至有兴亡与起伏的剧变（如商周之际的剧变，或周东迁以后的长期变迁），导致这些知识分子失去了当令的地位，促成了他们对神圣传统的质疑。由质疑而反省，而瞿然提出新的见解（如孔子及先秦诸子），这才能突破与超越习俗与神秘，把古代文化提升到了轴心时代的新境界。[14] 许倬云以从中国古代史的例子所得出的实现突破三个先决条件，同样对印度，犹太教、祆教、希腊文化，两河流域文明，古代埃及文化进行了考察。最终，他认为，魏尔所认为的崩坏并不构成实现轴心时代突破前提的充分条件，“人类思想的第一次突破是反省经验积累的后果，也与专业而独立的知识分子的出现，当有密切的关系”。[15]尽管许倬云的文章主要是对魏尔有关崩坏是突破前提的实证性批判，但对于当时的中国学界来讲，却间接地起到了介绍雅斯贝尔斯的“轴心时代”理论的作用。但在中文的行文中，许倬云一直使用从日语借用而来的“枢轴时代”一词。

除了许倬云之外，在汉语世界较早关注“轴心时代”理论的学者还有新儒家的代表人物杜维明（Tu Weiming, 1940–）。1988年，时任哈佛大学中国历史和哲学教授的杜维明在台湾举办了题为“现代精神与儒家传统”的系列讲座，第一场冠以“轴心时代的含义”的题目，而最后一场则以“新轴心时代的必要与可能”收官，可以看出在这位致力于阐发儒家传统的内在体验与显扬儒学的现代生命力的新儒家学者那里“轴心时代”的重要意义。最终，杜维明在《第二轴心文明的可能性》中提出：“这些轴心时代的各种不同文化源头聚在一起，肯定可以浇灌出新的奇花异草。”[16]值得注意的是，此时他已经开始使用“轴心时代”这个中文的译法，而没有延续许倬云之前使用的“枢轴时代”的说法。这位现代新儒家学派的新生代学人认为，第二轴心时代（新轴心时代）即将到来。杜维明对轴心时代理论的关注，源于汉学家史华慈在《代达洛斯》专辑而产生的影响。他所使用的雅斯贝尔斯的原文，源自上面提到的1953年布罗克的英文译本。

杜维明认为，轴心时代的观念，“体现了欧美学者突破‘现代主义’和‘欧洲中心主义’的决心。他们是把人类文明中主要的精神传统摆在同样的学术水平进行等量齐观的，探索既非带着赎罪的心理来批判自己的传统更非妄自菲薄——彻底否定自己的过去以谋求现在生存的意义。相反地，他们是站在人类文明的高度，检讨过去策励将来，对现代人的存在意义进行全面而深入的反思时，才提出必须认识轴心文化的要求来”。[17]后来他还从文明的对话方面，对轴心时代的意义做了阐述：“雅斯贝尔斯超越欧洲中心论，从文明之间应互相参照、互相学习的心愿出发，为人类社群的前途展开了对话的空间。虽然随着冷战的结束，西方霸权话语（如资本主义大获全胜的得意扬扬论说）应运而生，雅斯贝尔斯所提倡的轴心文明的理念在欧美学坛仍受到极大的重视。”[18]

除了对雅斯贝尔斯有关轴心时代的原理论的评述和应用之外，杜维明同样吸收了其后的思想家们对轴心时代的反思和丰富。1982年犹太思想家埃尔克纳（Yehuda Elkana, 1934–）提出了“突破”的特征是“第二序思想”（second order thinking）的出现，亦即反思能力的出现。反思能力是对思想本身进行反思（thinking about thinking）。作为犹太的思想家，埃尔克纳是以犹太教为典范，对信仰的终极关切进行反思。上帝是什么？这是我们存在的最后真实。杜维明同样对希腊文明的“逻各斯”，印度文明的“梵天”以及中国哲学对人本身的反省等进行了反思。他认为，对于人的反省，对于超越实体的反省，对于自然真实的反省，对于人的最后得救和与“梵天”契合的反省，形态虽不同，但同样都是第二序反思。[19]

三、雅斯贝尔斯著作译本中的“轴心时代”

雅斯贝尔斯除了在《论历史的起源与目标》一书中对“轴心时代”的理论加以系统的阐述之外，其后他还在另外一本通俗读物《哲学导论》中的第九章“人的历史”（Die Geschichte der Menschheit）中对“轴心时代”做了较为详细的介绍。[20]《哲学导论》的德文版是雅斯贝尔斯在瑞士巴塞尔广播电台所做的12次哲学演讲（Zwölf Radiovorträge）的结集，与《论历史的起源与目标》的德文版一样，出版于1949年。1982年出版了由复旦大学历史系田汝康（1916—2006）、金重远（1934—2012）选编的《现代西方史学流派文选》，[21]其中选编的雅斯贝尔斯的“人的历史”一部分，是从英文版翻译的，田汝康将Axial Age译作“轴心的时代”。[22]在这本书的“作者及本文内容介绍”中，编者写道：

> 雅斯贝尔斯将人类历史涂上一层黯淡的色彩。照他的解释，人类历史的发展是“一团乌七八糟的偶然事件”。自从公元前800—前200年起直至现在，人类历史的发展始终在一个死胡同里打转，悲观失望无法自拔。至于雅斯贝尔斯提出的解脱方法，则是把希望寄托在某种超历史、超经验的意志上，而最后则又寄托在宗教信仰上。[23]

可见当时的编者既对“轴心时代”没有真正的理解，同时也不了解雅斯贝尔斯整体的哲学思想。整本的《智慧之路——哲学导论》被翻译成了中文，在1988年3月得以出版。[24]中译本系从英译本译出，作为“现代社会与文化丛书”之一出版的。书中有关于历史阶段的划分和对轴心时代的专门论述：

> 如果历史有一个轴心，那么，我们就必须将这轴心作为一系列对全部人类（包括基督教徒）都有意义的事件，在世俗的

> 历史中进行实际的探究。他必须排除任何信仰的特定内容，使西方人、亚洲人乃至全部人类都信服，从而为他们提供一个供其参考的共同历史框架。
>
> 发生于公元前800至前200年间的这种精神的历程似乎构成了这样一个轴心。展示在那个时代，才形成今天我们与之共同生活的这个“人”。我们就把这个时期称作“轴心时代”吧。[25]

我想，第一句话所说的“将这轴心作为一系列对全部人类（包括基督教徒）都有意义的事件”，在当时的语境下没有多少中国读者可以明白其确切的含义。这当然是针对黑格尔所谓“一切历史都归于基督，又出自基督；上帝之子的出现乃是世界历史的轴心”[26]这一说法的反动。由于《智慧之路》的篇幅比较短小，又是根据在广播电台讲座的讲稿整理而成，因此通俗易懂，阅读面极广。

在《论历史的起源与目标》出版后的40年，这部系统论述“轴心时代”的专著终于也被翻译成了中文，尽管是从英文转译而来的。[27]虽然两位译者对雅斯贝尔斯其人、其事、其哲学所知甚少，其中也不乏一些常识性的错误和误植，[28]但这个译本无疑让中国历史学界和思想史界首次比较完整和准确地理解了“轴心时代”这一概念，并且在引证的时候“有本所依”。

两位中文译者——魏楚雄、俞新天在前言中提到了“轴心期理论”，但只做了一般性的介绍。在“译者序”的最后，译者已经意识到轴心时代理论的生成与中国古代文明的关联性：“值得一提的是，雅斯贝尔斯的历史观明显受到了中国古代老庄哲学思想的影响，这在全书中可时不时地看到。”[29]尽管译者在这个方面并没有予以展开，但却指出了：

> 只有人类自身才是历史发展的决定性因素和主要动力，应当把人性从各种异己力量中解脱出来，把历史的主动权交给人类自己，使人类历史成为人类不断自我完善的过程，从而使人类从本质上获得自由和解放。鉴于这一认识，雅斯贝尔斯才摆脱了西方欧洲中心论的传统偏见，将中国和印度两大古代东方文明的发源地置于同古代西方文明发源地相等的地位。[30]

两位译者对雅斯贝尔斯在轴心时代理论中将中国和印度置于同希腊同等地位予以了高度评价，认为雅斯贝尔斯因此也摆脱了欧洲中心主义的传统偏见。

四、中国学界对“轴心时代”的批判

1992年北京师范大学哲学系教授韩震（1958—）出版了《西方历史哲学导论》，[31]其中第九章专门用来讨论“雅斯贝尔斯的历史轴心期理论”。韩震主要使用了三种文献，即《论历史的起源与目标》中文译本，萨纳尔的传记《雅斯贝尔斯》[32]以及从英文翻译成中文的《智慧之路——哲学导论》。韩震是分为四个部分，即世界历史的结构、轴心期的特征和后果、现在和未来以及历史的意义来阐述雅斯贝尔斯的历史哲学的，其中“轴心时代”概念得到了集中的说明。尽管本书所用的资料基本上是中文译本，并且非常有限，但还是对“轴心时代”的理论做了比较全面和准确的论述。因为本章仅仅是《西方历史哲学导论》的一部分，因此作者并没有运用轴心时代的理论对中国古代文明进行阐述。

韩震认为："作为有神论的存在主义者，雅斯贝尔斯把这个最深刻的统一提高到无形的宗教、精神的王国以及与灵魂相和谐的显现上帝的秘密王国。……这种非理性的成分，既是他世界观的必然产物，也反映出他无力认识历史的真正起源和发展规律。"[33] 从而从根本上否定了雅斯贝尔斯的历史观。韩震依据历史唯物主义进一步认为："雅斯贝尔斯的历史观是主观主义的。这既表现在他混淆历史事实与历史意识的界限，否认历史客观规律的存在上，也表现在他否认客观地认识历史的可能性上。"[34] 在批判了雅斯贝尔斯"彻头彻尾的英雄史观"之后，韩震得出这样的结论："雅斯贝尔斯历史哲学的基本原则是违背历史唯物主义的。"[35]

在论述到雅斯贝尔斯对西方和东方文化的看法时，韩震评论道："不难看出，雅斯贝尔斯对西方文化独特性和优越性的论述，既是肤浅的——这与他作为哲学家所享有的名声和地位很不相称，也是错误的——各种论据自相矛盾。"[36]同时以谴责的语气写道："根据雅斯贝尔斯的观点，亚洲代表了与西方有意识行动原则相对立的无意识状态，西方是历史发展的原则，而亚洲则是历史停滞的化身。这显然是黑格尔以来西方中心论思想的继续，是沙文主义在历史思想中的反映。"[37] 韩震好像没有弄清楚他的批判对象，也完全不了解雅斯贝尔斯的历史观。

不仅是韩震，华南师范大学文学院教授陈少华（1962—）也认为："对于中国历史的片段描绘，……雅斯贝尔斯尽管在寻找走出现代性的困境时，不能不正视非西方的人类文明资源，但他不可能走出'欧洲中心主义'。他对中国历史的片段描绘充满曲解和误谈是不奇怪的……就算他讲中国从公元1500年开始走向文化的衰败有其道理，然而康乾百年盛况他又未能提及。”[38] 陈少华根据雅斯贝尔斯对政治自由在西方的传统的肯定，指出：“这种自恋看不出有什么走出欧洲中心主义的迹象。”[39]

北京市哲学社会科学“九五”（1996—2000年）规划重点新课题“世界文明论研究”，领衔专家系中国人民大学马克思主义学院教授、著名伦理学家许启贤（1934—2004），后来出版的《世界文明论研究》一书的第七章，[40]是专门讨论（雅斯贝尔斯的轴心文明发展史论——评《历史的起源与目标》）的，作者为清华大学哲学系的田薇（1960—）教授。该书的“导言”指出：“要真正搞好精神文明建设却是一件很不容易的事情。从其自身来讲，除加强马克思主义理论建设、理想建设、道德建设、文化建设、民主法治建设外，还要积极吸取世界各国文明的优秀成果，借鉴他们发展文明的一些成功经验，同时，要认真研究一些主要国家思想家、文明理论家提出的一些文明理论。”[41] 换句话来说，研究其他国家的文明理论，目的是为当前的社会主义精神文明服务。尽管编者在“导言”中认为：“我们通过认真比较研究，大家一致认为，在当今世界文明论中，马克思恩格斯的文明论是最正确、最科学的理论。”[42] 但在涉及雅斯贝尔斯的“轴心时代”的理论时，还是在两个方面予以了充分的肯定：

一是“雅斯贝尔斯在他的轴心期文明论中，对传统的‘欧洲文明中心论’也进行了批判。他指出，西方一些学者曾断言‘与西方相比，中国和印度没有正史’的‘陈旧论点’，是‘完全没有从总的意义上了解中国和印度’，实际上，‘中国和印度具有与西方平起平坐的地位，不仅因为它们存活了下来，而且因为它们实现了突破’。（《历史的起源与目标》，第64页）在这里，他不仅批判了‘欧洲文明中心论'，而且充分肯定了东方文明在世界文明中的地位与价值"。[43]

二是"雅斯贝尔斯在展望未来文明时说，未来的中国，'它凭借其原料、人口、才能、文化遗产和地理位置，也许在不太遥远的未来成为政治事件的中心'（《历史的起源与目标》，第229页）"。[44]

而在第七章中，田薇基本上是将《历史的起源与目标》的内容复述了一遍，而绝少有评论的内容。在最后的总结中，作者认为，雅斯贝尔斯轴心时代理论的重要性在于强调了精神价值是人类文明的内在尺度。[45] 她认为："按照雅斯贝尔斯的观点，轴心期文明的实质在于精神的突破或创造。因此，把轴心期作为衡量过去、现在与未来的尺度，也就意味着任何时代的文明，都不能缺乏精神的内涵。所以，西方的科技文明虽然取得了巨大的物质成就，并使人类历史处于新的转折点，但由于缺乏人性、道德、理想、价值观等精神方面的创造，反而使文明陷入了种种危机，这是雅斯贝尔斯对西方文明进行了深刻的批判。这些思想对于当代中国正在进行的社会主义改革和建设事业提供了有益的启迪。"[46] 同时作者也没有忘记指出："雅斯贝尔斯的整个理论显然有囿于唯心史观的思维模式，这又是他难以逾越的局限。"[47]

总的来说，中国学者对于雅斯贝尔斯"轴心时代"观念的批判基本上是贴标签式的，很少有结合其哲学思想做系统的分析。

五、轴心时代中与中国相关的史实再探讨

中国学者并没有停留在对"轴心时代"理论的介绍和评价阶

段，到了20世纪90年代，中国古代史的学者开始加入有关轴心时代理论的讨论中来，开始关注轴心时代所涉及的与中国古代史相关的一些细节问题。雅斯贝尔斯所谓的“轴心时代”在中国传统文化中究竟以什么时间段为主？这是有关“轴心时代”在中国的时期界定问题。早在1995年，陕西师范大学历史系教授朱本源（1916—2006）就认为，从中国文化自身的传统来看的话，所谓轴心时代应当是周公灭殷到秦统一的这段时间，而在其中孔子则是轴心中的轴心，是承先（周公）启后（诸子百家）的大师。[48]由于周朝灭殷是在公元前1046年，这显然跟雅斯贝尔斯所说的公元前800—前200年是不符的。曾经在中央大学时期师从著名哲学家方东美（1899—1977）的朱本源列举了周公和孔子的例子，认为：“周公时期，周人已把天意（神意）落实为民意。这是对周以前的原始宗教意识的大突破，是把宗教意识理性化和人道化，是世界文化史上的无与伦比的合乎理性的人道主义精神。”[49]而“孔子之世是周代礼坏乐崩的时代，他的理想是给‘礼’以道德的实质（即‘仁义’），从而建立‘德治’（导之以德，齐之以礼）”。[50]朱本源在此提出的是中国先秦历史中两次在分崩离析的旧文化废墟上重构新的文化精神，从而实现哲学的突破。雅斯贝尔斯轴心时代的论述因中国学者的参与变得更加具体了。

1997年李淑娟（1965—）、张艳茹发表题为《浅析轴心现象在中国出现的原因》一文，认为：

按照雅斯贝尔斯的理论，中国的轴心期便是春秋战国时期。在公元前770年至前220年间，中国的文化思想界呈现出异常的活跃气氛，儒、墨、道、法、兵、纵横、杂家等等诸子百家纷纷涌现，各家先哲竞相著书立说以成一家之言，出现了“百家争鸣，百花齐放”的局面。[51]

接下来，两位作者似乎对以上的时期界定不太满意，重新提出了轴心时代的上限：早在周人接替殷人统治之初，中国的人文精神，即所谓的人类精神就已开始觉醒。……如果说人类精神的觉醒是轴心期现象之一，那么中国的轴心期在周初便已开始。[52]

武汉大学哲学系教授赵林（1954—）也同样认为轴心时代中国文化精神演变发展过程具体表现在：从殷商时代的巫觋文化向封建社会的伦理文化的转变。这一过程产生于殷周之际，基本完成于春秋战国时期。[53]具体的两个阶段为：第一阶段是殷周交替之际发生的宗教—政治改革，这场改革使得隐忍的带有自然崇拜和血缘色彩的“帝”转化为周人的与宗法礼仪休戚相关的“天”，由此迈出了尊礼崇德、敬鬼神而远之的第一步。第二阶段是孔子及其弟子们所进行的文化思想革命，它的实质是把外在性的“天”内化为自觉的“仁”，直指每个人的道德本心，把外在的天命威慑转变为内在的道德律令，从而完成了从鬼神向人文精神的转化。[54]

金观涛（1947—）并没有细分中国轴心时代的两个时期，但他指出：“中国轴心时代前的古代文化是夏文化和商文化，他们具有超越突破前文化的特点。所谓‘秦后无古’所讲的，正是只有经轴心时代后形成的价值系统才能成为两千年中国的文化，它直到二十世纪仍是中国人终极关怀的组成部分。”[55]这一系列的论断与朱本源的看法基本上是一致的。

此外，有学者从老子、孔子、墨子的学说，来说明中国“轴心时代”思想文化存在“原结构”。[56]也有学者通过对《周易》中“神”

的观念从信仰意义的神，转化为《易传》中向天地、顺万物的圣人过渡，从而实现了对天地宇宙看法的根本性突破。[57]也有学者认为，轴心时代既是中国人性论的发轫期，也是高峰期。其中的原因无外乎两个方面：一是对人自身的兴趣乃是人的本能；二是轴心时代的中国为人性之辨的兴起和繁荣提供了充足的思维空间。[58]更有学者对中国哲学前轴心时期的神话渊源进行了探讨，指出："中华民族哲学精神核心可以概括为由上古神话所标志的阳刚进取的'夸父精神'与阴柔包容的'女娲精神'；到了轴心时期，才由哲学话语转换为《周易大传》的乾阳之德'自强不息'精神与坤阴之德'厚德载物'精神，进而演化出中国哲学传统的两大支柱——儒家哲学与道家哲学。"[59]

2009 年，德国哲学家罗哲海（Heiner Roetz, 1950–）的《轴心时期的儒家伦理》中文版得以出版。[60]在书中，罗哲海提到了"轴心时代"的三重特性：（1）同步性：从地中海到东亚的地理轴线上发生思想突破的时间相当；（2）历史性：此种突破为各文化圈后期的所有发展产生示范性的影响；（3）普遍性：它们都向"进行不受束缚之交流提出挑战"，罗哲海认为，雅斯贝尔斯通过轴心时代的观念第一次展示了人类的共同前景。[61]罗哲海这部专著的重要之处在于他对处于轴心时代的先秦诸子伦理，特别是儒家伦理突破性的有益探讨。他在"结论与展望"中指出：

> 我以系统性的阐释，重构了朝向启蒙新纪元突破性进展之古代中国道德哲学的形成，这种突破性乃是就脱离传统陈规的思想解放而言。尽管在相互竞争的学派之间，以及各学派的内部之中均存在许多歧异，但是我们仍然可以用科尔伯格的"后

习俗”这个术语来表达此一时期中所涉及的全面自觉。当时，中国迈进所谓的“轴心时期”，意味着超越习俗性伦理而向后习俗思维转变。通过个体发展学的启迪，我们可以看出这个突破是在国家和家庭领域中的伦理规范，以及既定生活方式陷入危机的情况下所产生的。[62]

除了轴心时代的理论之外，罗哲海在他的著作中还引进了美国儿童发展心理学家科尔伯格（Lawrence Kohlberg, 1927–1987）的“认知演进论”，认为先秦儒家及其他诸子各家的伦理学说已经从作为习俗层次的B进入了后习俗层次的C，也就是说，不仅实现了“道”的层面的诸多突破，也从道德他律阶段进入了道德自律的阶段。罗哲海后来在“中文版序言”中特别指出：“批判性的思维、启蒙性、普世性以及‘后习俗’规范的趋向，既非西方的成见，亦非其独有的特权。自从‘轴心时期’的哲学突破以来，这些也成为中国文化坚实的组成要素。”[63]因此在罗哲海看来，中国永远不是韦伯式话语（Weberian discourse）所描述的呈现排他性意识、遵守道德他律，与现代性普遍原则以及超越性形成对比的他者。

除了对轴心时代理论与中国史实之间的探讨外，李雪涛在《论雅斯贝尔斯“轴心时代”观念的中国思想来源》一文中，以文献学的方式考察了当时海德堡的印度学家齐默尔（Heinrich Zimmer, 1890–1943）向雅斯贝尔斯推荐的有关中国文化史的典籍，胡适（1891—1962）《说儒》的德译本，汉学家哈克曼（Heinrich Hackmann, 1864–1935）有关中国思想的著作，史陶斯（Victor von Strauß, 1809–1899）的《老子》译本等对雅斯贝尔斯在创立轴心时代理论时的影响。同时也从雅斯贝尔斯哲学本身出发，指出：雅斯贝尔斯认为中国文化的重要性不在其历史本身，而在于想借此考察中国是以何种方式达到“统摄”的。轴心时代的中国哲学家，如孔子、老子在达致终极真理的方式方面，给予了雅斯贝尔斯极大的启发。李雪涛认为，中国资源在“轴心时代”观念形成过程中起到了关键的作用。反过来，也正是借助于作为实存哲学大师的雅斯贝尔斯的“重构”，孔子和老子的思想才变得鲜活起来，从而更符合时代的要求。

六、有关第二轴心时代／新轴心时代

在论述欧洲人文在16—19世纪之间所取得的卓越成就时，雅斯贝尔斯在《论历史的起源与目标》中指出：“米开朗基罗、拉斐尔、列奥纳多、莎士比亚、伦勃朗、歌德、斯宾诺萨、康德、巴赫、莫扎特——使科学与技术相形见绌，它要求与两千五百年前的轴心时代相提并论。在这以后的几个世纪中真的能够看到一个第二轴心时代吗？”[64]不过之后，雅斯贝尔斯并没有对他的提问予以正面回答，他认为：“第一次轴心时代的诸世界的纯粹和清晰、自然和清新还没有再次出现。一切都处于严格的传统的阴影之下，动不动就陷入了歧途，尽管如此，那些伟大、孤独的人物还是在此之上获得了令人惊叹的成功。”[65]因此雅斯贝尔斯也没有否认第二轴心时代终有一天会到来：“这个第二轴心时代拥有第一轴心时代所不具备的可能性。因为第二轴心能够接受各类经验，继承各种思想，所以它从一开始就具有更多样的意义和更丰富的内容。”[66]雅斯贝尔斯并没有解释“第二轴心时代”（zweite Achse）“更多样的意义和更丰富的内容”的确切含义，因此从 20 世纪 80 年代后期杜维明在台湾鼓吹“新轴心时代”以来，进入 20 世纪 90 年代后，很多大陆学者同样开始宣扬第二轴心时代的到来。

前文提到，早在 1988 年春夏之交，杜维明在台湾大学哲学系和历史系所做的系列报告的最后一讲就曾以“新轴心时代的必要与可能”为题。杜维明在历数西方现代精神、工业文明的诸多弊端后，认为儒家文明对于解决世界性问题具有重大意义。他认为轴心时代尽管实现了思想上的突破，但“基本上都有它独立运作的轨迹，而没有明显互动的迹象”，[67]“新轴心时代”的到来，预示着“因为地球村的出现，所有以前轴心文明的资源都变成了天下的公器，是人类的共同记忆”。[68]后来杜维明在 2001 年 7 月为大陆版《杜维明文集》所写的“自序：新轴心时代的文明对话”中认为，新轴心时代的特质为：“也许一种符合生态原则，能满足女性主义的基本要求、充分肯定宗教多元性而且还能建构全球伦理的人文精神，才是新轴心时代的特征。”[69]

北京大学哲学系教授汤一介（1927—2014），一直尝试着从总体上提出中国哲学历史发展的概念、命题和理论体系。进入 21 世纪以后，他发表了一系列论文来谈新轴心时代，[70]后来结集成了《新轴心时代与中国文化的建构》一书。[71]汤一介认为，新轴心时代已经到来，它与公元前 500 年那个轴心时代的不同点可以概括为三个方面：（1）由于经济全球化、科技一体化、信息网络化的发展，世界已经连成了一片，在新轴心时代，世界文化发展的状况将不再是各自独立发展，而是在相互影响下形成文化多元共存的局面。（2）正是在这样的一个多元共存的局面之下，文化研究的跨文化性和跨学科性理应成为 21 世纪文化发展的动力。（3）新轴心时代文化将不再像轴心时代时期那样由少数几个思想家来主导，而是将由众多的思想群体来导演未来文化的发展。[72]

其实，汤一介在新世纪所拥抱的所谓“新轴心时代”仅仅是一个新时代的到来而已，确切地说是一个新技术时代的到来。如果我们仔细阅读《论历史的起源与目标》的话，就会发现这是雅斯贝尔斯所认为的“间歇期”——为他所谓的第二轴心时代的准备阶段：

> 我们现今仍然处于真实的技术和政治改造的时代，而不是一个永久的精神创造时代。我们宁可将我们大规模的科学发现和技术发明与发明工具和武器——亦即最初使用家畜和马匹的时代相比较，而不是孔子、老子、佛陀和苏格拉底的时代。[73]

汤一介所列举的三方面的条件显然没有构成新时代在思想上的真正“突破”，依然在历史上轴心时代文明的笼罩之下。这位中国当代著名哲学家一再强调对儒道佛诸家的哲学范畴、真善美、超越性与内在性、正义、和谐、和而不同等思想观念“进行现代诠释，使之适应现代人类社会生活的需求，‘苟日新，又日新’，这样中国文化不仅会得以复兴，而且将会对人类社会做出重大贡献”。[74]而这些与雅斯贝尔斯所谓的第二轴心时代完全没有关系，正如他所指出的那样：“对轴心时代可能性的回忆和重新复苏——复兴——引发了精神的飞跃。回归到这一开端，是在中国和印度乃至西方不断发生的事件。”[75]由轴心时代的思想家所奠定的宗教—伦理的价值系统依然是我们今天的价值尺度，并没有从根本上被动摇，它们仍旧影响着我们的行为准则。

南开大学哲学系教授李翔海（1962—）认为，1919 年的中国新文化运动，即五四运动是“中国文化走向第二个轴心时代的起点”。他认为：“虽然在鸦片战争之后，中国文化传统就被迫走出封闭的时代而直接面对世界，但是正是通过代表‘吾人之最后觉悟’的五四新文化运动，中国文化才得以在文化之器物、制度与理念的全幅层面以自觉而主动的姿态，参与到世界文化之现代化的历史进程之中，从而为人类文化第二轴心期推波助澜。”[76] 总的来讲，持以上各种观点的学者，并没能真正理解雅斯贝尔斯有关第二轴心时代的定义。

七、《二十一世纪》对“轴心文明与二十一世纪”的讨论

千禧之年的到来使得人们重新讨论人类文明及其发展的问题，在汉语世界中也特别开始讨论中华文明对于世界的意义。香港中文大学中国文化研究所主办的《二十一世纪》（*Twenty-First Century*）杂志，在2000年2月和4月分两期（总第57和58期），以较大的篇幅讨论了“轴心文明与二十一世纪”的主题。编者将此次的大讨论看作20世纪70年代史华慈主持的讨论，以及80年代艾森斯达特主持的讨论的延续，认为是在新的历史和知识的背景下，第三次对轴心文明的问题进行的大讨论。[77]

第一次亮相的是艾森斯达特、许倬云、金观涛与于国良的四篇重要文章。以色列希伯来大学社会学与人类学荣休教授艾森斯达特在题为《迈向二十一世纪的轴心》（*Axiality towards the Twenty-First Century*）一文中，认为启蒙运动和法国大革命开启了人类历史上“第二轴心时代”：正是历次大革命成为异端理想的具体表现，实

现了轴心文明内部发展起来的潜能。通过几次大革命，这些教派活动被转移到一般的政治运动及其中心场域，这种转移可称为第二轴心时代。[78] 艾森斯达特在文中还讨论了不同文化传统如何参与现代性建构的问题，他认为，通过众多宣扬和实施不同现代性理想的文化和政治行动分子的活动，形成了"多元的现代性"（multiple modernities），[79] 因此，社会秩序、本体论秩序和政治秩序的前提和正当性不再被视为理所当然。[80] 他认为，现代文明实际上只是轴心文明的变构：在西方发展起来的现代性文明从一开始就充满内在的二律背反和矛盾，它们是内在于轴心文明的二律背反和矛盾的彻底变形，产生出了持续不断的批判话语和政治争论。[81] 虽然目前世界上有某种"非轴心化"倾向，但他坚信，第二轴心文明时代并没有结束，多元的现代性要在 21 世纪才会真正展现自己的面貌。

时任香港中文大学当代中国文化研究中心主任的金观涛认为，中国文明跟西方文明实现突破的类型不同：在其后的发展中，西方的趋势基本上是宗教和文化逐步退出了政治和社会组织，发展成现代社会；而中国在超越突破后，文化依然强有力地参与到社会组织及政治中去，这就制约了20世纪中国革命和思想文化的现代形态。[82] 金观涛同时探讨了轴心文明形成后，中国文明演化呈现某种社会结构的动态停滞，也就是学界所说的一种"超稳定系统"（ultrastable system），他认为，中国文化超越突破的方式和社会组织的互相作用，造成其长久地束缚于某一种固定的社会结构。[83] 他在这篇题为《展望第三个千年》的文章结尾处写道："今天很多中国学者相信，只有进行新的文化创造，中国未来才有可能从这种建构与结构的震荡中解放出来。这似乎正好回到了雅斯贝斯在提出轴心时代假说时对未来的展望。"[84] 但是金观涛对 21 世纪的人类发展并不乐观，他认为“新的超越突破是什么？沉醉于个人主义和大众文化的消费社会之中的人能去追求一种新文化吗？”，等等，都不是人类能够预见的。[85]

时任香港中文大学当代中国文化研究中心研究助理的余国良（Yu Kwok-leung），在《轴心文明讨论述评》一文中，除了对以往两次讨论的基本观点进行了评述之外，他还在史华慈的论述上，对中国文化在轴心时代中最为关键的“超越”问题进行了探讨。史华慈认为，尽管在中国没有出现救赎的和他世取向的宗教，却同样存在着超越秩序和现世秩序的紧张关系。史华慈认为：“我们发现《论语》相当强调他（孔子）与天的关系，天不仅被视为自然与社会的内在的道，而且作为孔子救赎使命的一个超越意志……明显地，在孔子的想法中，道这个字不单是指社会及宇宙的客观结构，它更是人的内在之道。”[86] 在此论述基础之上，余国良认为，内在超越的一个重要特点是：超越秩序与现世秩序之间的紧张是以现世的方式表白，亦即以形而上的、伦理的而不是宗教的方式来区别。在中国，对超越与现世紧张的现世定义及理性化倾向，完全是以此世的方式解决。官方的儒家文明取向是这种紧张的解答，它由社会、政治及文化秩序的陶育以支撑宇宙的和谐。[87] 余国良认为，中国文化内在超越说力图用统一的轴心文明分析架构来讨论中国政治文化的性质。但是因为内在超越概念的含混不清，它没有讲清楚超越秩序和现实秩序的基本关系，这使得中国文化和社会的历史发展以及它的现代转型理论研究显得较为苍白无力。[88]

其后发表的四篇重要文章，包括了张灏（Chang Hao, 1937–）、余英时（Yu Ying-shih, 1930–）、陈方正（Chen Fong-ching）以及安德森（Perry Anderson, 1938–）的重要见解。

时任香港科技大学人文学部教授的张灏在题为《从世界文化看枢轴时代》的文章中，首先强调了轴心时代对于今天的意义："一方面它可以帮助我们走出西方文化中心的思想框架去认识人类文化的发展，另一方面也可以避免文化相对主义的陷阱，进而看到人类的一些共有经验在古代不同文化社会里形成内容不同的思想跃进，为此后人类文明的发展提供了一些新的思想前提，也因此开启了一个新纪元。"[89] 这位曾经作为《剑桥中国史》晚清部分的撰稿人之一的历史学家认为，史华慈和艾森斯达特所强调的"超越"意识的出现，并不能真正彰显出轴心时代的特征，因为超越意识的出现并不仅仅限于轴心时代。因此，他提出了"超越的原人意识"这一概念。张灏自己解释说："所谓'超越'是指在现实世界之外有一个终极的真实，后者不一定意味着否定现实世界的真实，但至少在价值上有一凌驾其上的领域。在'枢轴时代'这超越意识有一内化于个人生命的趋势，以此内化为根据去认识与反思生命的意义，这就是我所谓的'超越的原人意识'。"[90] 并以此为根据，对古希腊、印度和中国在轴心时代实现突破的前提和特点进行了梳理。

时任普林斯顿大学东亚研究系讲座教授的余英时，在题为《轴心突破和礼乐传统》的文章中指出，与其他文明不同，中国的轴心突破可以被称作"内向超越"（inward transcendence）。[91] 这位曾荣获"克鲁格人文与社会科学终身成就奖"的历史学家指出，中国突破发生的背景是三代（夏、商、周）的礼乐传统的崩坏，他同时对儒、墨、道三家对政治、社会制度，特别是礼乐崩坏而进行现世与超越的分判进行了分析。[92] 余英时也对"轴心时代"学说中的几个概念提出了他的看法："雅氏不但有'轴心时代'之说，而且更进一步提出'轴心民族'（axial peoples），以与'未经突破的民族'（the people without the breakthrough）对比。这种提法在过去视为当然，在今天多元文化的时代恐怕引起无谓的争议。”[93]

作为《二十一世纪》主办方的香港中文大学中国文化研究所，陈方正所长在文章中，对人类历史的整体结构进行了审视，同时将注意力转移到了对“未来文明的基础”、“未来文明的问题”以及“‘大同’的憧憬与疑惑”等问题的探讨上来。这位曾经的高分子物理学家认为，未来的文明形态无疑是“大同”（unity）。但“大同”对于我们来讲，不仅仅是美好的憧憬，“又无可避免会感到深刻的焦虑、困惑”。[94]

在新的千年到来之际，两期《二十一世纪》以“轴心文明与二十一世纪”为议题，汇聚了全球在世界文明史、中国史以及比较文明方面很重要学者的文章，除了接续以往轴心时代所涉及的问题做进一步的思考和研究之外，更重要的是对非欧洲的现代化过程及其相关理论问题的思考。实际上，按照雅斯贝尔斯“轴心时代”的理论，至今我们依然生活在轴心时代文明的滋养之中。借助于包括中国在内的非欧洲国家对现代性问题的反思，由轴心时代发展而来的“多元现代性”才真正显示出一种跨文化思想的潜质。

八、21世纪第二个十年对“轴心时代”的解读

进入21世纪的第二个十年，在汉语世界不论是接受还是主动地研究，逐渐摆脱了“实用主义”的方式，开始批判性地研究“轴心时代”的理论。

2015年，德国哲学家、汉学家罗哲海2012年的一篇英文文章

被翻译成中文《轴心时代理论——对历史主义的挑战，抑或是文明分析的解释工具？中国轴心时代规范话语解读》在《思想与文化》上刊出。[95]此文译自美国加州大学伯克利分校的社会学家贝拉（Robert N. Bellah, 1927–2013）和德国洪堡大学的社会学家约阿斯（Hans Joas, 1948–）合编的论文集《轴心时代及其重要性》之中。[96]贝拉和约阿斯都是社会学家，因此可以看出对"轴心时代"感兴趣的各个学科的学者中，还是以社会科学领域的学者居多，罗哲海引用沙伊特（Hubert Scheit）的观点认为："雅斯贝尔斯的理论并未在哲学界引起类似的反响，在历史学科中也是'几乎被人遗忘'，没有引起多大关注。"[97]

罗哲海在文中首先准确地指出了雅斯贝尔斯在1949年所提出的"轴心时代"的出发点、意义和背景。他认为，"轴心时代"是明确地反对黑格尔和兰克东方观的：要求"突破封闭的西方文化圈自然等同于世界历史"之类的看法，否认"世界精神"（Weltgeist）从落后的中国、印度等东方国家上升到开化的希腊等西方国家。因此，雅斯贝尔斯提出了真正普遍的世界史是有不同的独立根源所构成的统一体的看法。[98]按照雅斯贝尔斯的看法，世界历史在三个不同的地方实现突破，这一点就有力反证了西方历史特别明显的"声称唯有我掌握真理"。他认为人们可以借助于轴心时代而在他者之中认识自身，从而意识到相互理解的可能性，以及不同文化的相互交融。[99]从中我们可以看出文化的多样性乃至今天所谓的跨文化对于雅斯贝尔斯的意义。罗哲海认为，轴心时代学说的意义重大，在于它重新确定了西方学术研究的方向，[100]换句话说，战后为西方学术研究重新定位自身奠定了基础。有关这一理论产生的背景，罗哲海指出，"以二战时德国的罪行为背景，包含着强烈的规范性要求。

与大多数接受其理论的学者不同，雅斯贝尔斯的意图，不仅要解释历史的发展，而且还要从历史中吸取教训。他坚信，其中的一个教训就是要采取一种新的进路来理解历史。‘普遍历史的语言’必须避免‘排他主义’这一‘西方的灾难’”。[101] 对雅斯贝尔斯纳粹排他主义经验的指出，这对理解雅斯贝尔斯轴心时代理论是至关重要的。

罗哲海提出的问题是，正是在雅斯贝尔斯轴心时代理论被广泛讨论的社会科学领域，他的“规范性视角已经大体上被一种解释性与描述性的视角所取代，关注全人类的视角被关注伟大‘文明’之多样性的视角所取代，而面向未来的视角则被代之以回溯历史悠久的文明类型的形成过程的视角”。[102] 这样的讨论尽管能更丰富轴心时代的内涵，但却改变了雅斯贝尔斯观念的初衷。因为规范的要求常常与实证性（所谓描述性、解释性）的命题正相反，实证性一般主张对事实进行描述。

对轴心时代理论的批评主要来自两个方面：其一是研究埃及历史的文化人类学家艾蕾达·阿斯曼（Aleida Assmann, 1947–）以及作为埃及学家的杨·阿斯曼（Jan Assmann）夫妇。他们认为雅斯贝尔斯的理论试图以牺牲多元性的代价来实现统一，并且过于忽视轴心时代之前的埃及世界。他们认为雅斯贝尔斯实际上倡导了一种新的排他主义。其二是以犹太裔的德国哲学家、古典学家硕特兰德（Rudolf Schottländer, 1900–1988）为代表的学者，他们认为，轴心时代的立场就是排他主义，即重建希腊与犹太—基督教文明之独特性的排他主义。[103] 有关中国在轴心时代的作用，政治学家、哲学家沃格林（Eric Voegelin, 1901–1985）提出中国只有“不完全”的突破，因为和希腊不同，中国停留在“宇宙论文明”之中；汉堡的社会学家布劳耶（Stefan Breuer, 1948–）认为，中国并没有打破将万物融合为一个无所不包的单一整体的“本体连续统”（ontological continuum），[104]针对这一说法，罗哲海通过科尔伯格的认知发展理论，论证了中国轴心时代文献出现的“一种明显的认识论转变”。[105]罗哲海认为，至少可以从中分辨出以下几种不同的论证方式：逻辑论证、历史论证、经验论证、认识论论证、本体论论证、伦理学论证以及杜撰论证。[106]

罗哲海此文的目的并不是要去质疑用社会学方法研究轴心时代取得的成果，以及对轴心时代的诸多挑战，而是要重提雅斯贝尔斯思想的规范性本质。[107]也就是说，在罗哲海看来，“轴心时代”对雅斯贝尔斯来讲是他对人类古代历史“应然”（ought, Sollen）的总结。轴心时代的思维与现代思维并不能完全画等号，他认为唯有通过主体间性重构的“新古典”现代性，才能真正充分实现轴心时代的突破。[108]正是基于“轴心时代”引起的一系列的激烈讨论，才使得罗哲海认为，不论是在内容上，还是在结构上，“轴心时代”的真正“突破”并没有完成，他认为随着时代的发展，“轴心时代”理论理应转变为一种现代性理论，而源自艾森斯达特的“多元现代性”可谓是这一理论最具影响力的阐发。[109]

罗哲海的这篇论文的译文非常重要，它让中国学者了解到轴心时代理论在社会科学领域所产生的巨大反响。

2017年5月，复旦大学哲学学院的张汝伦（1953—）教授在《哲学动态》上发表了题为《“轴心时代”的概念与中国哲学的诞生》的论文，[110]对雅斯贝尔斯轴心时代的概念，其后的影响和接受，特别对在汉语世界以轴心时代的观念来论述中国哲学的诞生予以了批判。作为哲学家的张汝伦与大部分社会学家不同，他从雅斯贝尔斯“生存哲学”（Existenzphilosophie，我译作“实存哲学”）出发，通过“生存”（Existenz，我译作“实存”）、“现实存在”（Dasein）、“边境处境”（Grenzsituation，我译作“临界境况”）、“大全”（das Umgreifende，我译作“统摄”）等概念对作为历史哲学概念的轴心时代进行了解说：“他（指雅斯贝尔斯——引者注）对‘轴心时代’的阐述不仅最为充分，而且也最具哲学意味。他是从历史哲学，而不是从历史学或历史社会学的角度来论述这个问题的。”[111]

张汝伦认为，“轴心时代”是雅斯贝尔斯的理论假设，根本不是事实性概念。他在文章中同样谈到沃格林和杨·阿斯曼的观点，认为这一理论的假设都是以希腊和犹太文明为轴心标准，因此其概念本身存在着西方中心论倾向及其内在的种种其他问题。[112]在论及海外华人学者对“轴心时代”的研究时，他指出，许多学者错误地将一个解释性的概念作为了事实性的概念：“‘轴心时代’好像和新石器时代一样，是一个人类文明普遍客观存在的时代。”他举出了余英时《论天人之际》的例子，认为坚持认为中国也有“轴心突破”或“哲学突破”，要“从轴心突破的特殊视角探讨中国古代系统思想史（即先秦诸子）的起源”，是“削”中国本土思想之“足”，以“适”他们理解的西学之“履”。[113]

在论及“大全”与《庄子·天下》中“道术”的关系时，张汝伦写道：

> 任何不怀偏见的人都会看到，《庄子·天下》篇是主张道术之整全而反对“道术为天下裂”的。然而，在余英时那里却恰恰相反，他认为庄子恰恰是主张“道术裂”的，原因在于，“‘breakthrough’和‘裂’好像是天造地设的两个相对应

> 的字”。他想要证明的是：“中国古代的‘道术为天下裂’和西方现代的‘轴心突破’是两个异名同实的概念，在比较思想史或哲学史的研究上恰好可以交互阐释。”因此他断定“庄子不但是中国轴心时代的开创者之一，参与了那场提升精神的大跃动，而且当时便抓住了轴心突破的历史意义”。[114]

尽管张汝伦在之前不断用雅斯贝尔斯的哲学来论证轴心时代及其实存哲学的关系，但在余英时的这段论述中，所谈到的并非“统摄”（所谓“大全”）本身，而是实现“统摄”的“基本操作”（Grundoperation），张汝伦好像并没有真正懂得这一点。相比于西南德意志学派所使用的“主客体关系”（Subjekt-Objekt-Beziehung）概念，雅斯贝尔斯使用了“主客体分裂”（Subjekt-Objekt-Spaltung）一词。“关系”所指的是两个分离事物之间的联系，而“主客体关系”间接地表明了主客体起初就是分离的，而相互之间的关系是在之后建立起来的。而“分裂”却表明起初是一体的东西被撕裂开来的状态。雅斯贝尔斯希望用这个“主客体分裂”的概念，强调起初未被分裂的东西。[115] 作为“统摄”的存在（das Sein），不可能被理解为一个有限的存在物（das Seiende），因此不可能作为客体而被认识。但是雅斯贝尔斯却认为可以通过哲学的“基本操作”来澄明（erhellen）之。“统摄”是包容了分裂但其自身却不能成为客体的东西。雅斯贝尔斯认为，尽管我们的思维无法超出主客体的分裂，但由于我们意识到这种分裂，因此我们也就得到了对象性的前提（Bedingung）和临界（Grenze）。他认为，这个“临界”是以统摄为根据的存在物成为超越的场所（Ort），是统摄能够在有限物中获得一个显现方式的场所。[116] 而余英时认为，正是“道术裂”为显现未

“裂”的一体“道术”提供了场所，也使得“道术”获得了澄明。

2018年上海人民出版社出版了吾淳（1955—）的专著《重新审视“轴心期”——对雅斯贝斯相关理论的批判性研究》，[117] 这是作者2016—2017年发表在不同刊物上的相关文章的结集。作者系上海师范大学教授，从书后的《后记》可以知道，这些文章是作者为他的博士生开设的“中国哲学的起源”课程讨论的结果。[118]

在《序言》中，作者开宗明义，指出雅斯贝尔斯的《论历史的起源与目标》一书：“所论问题既属于历史学，也属于历史哲学，因此为研究历史与哲学两个领域（包括文明史与思想史研究各个分支）的学者所重视。”[119] 如上所述，实际上真正关心“轴心时代”这一理论的很少有来自哲学和历史学界的学者，更多的是社学学家、文化史学家、文化人类学家和考古学家。

在吾淳看来，尽管“轴心时代”理论最有价值或最为合理之处，在于其跳出西方中心观来看待世界历史和文明，但雅斯贝尔斯“毕竟是一个西方学者，他的知识与学术训练又必然导致他不可能完全摆脱西方中心论的观点”。[120] 接下来，作者对“轴心时代”提出了具体的质疑：[121] 其一，他认为，仅仅从精神方面来说明轴心时代及其之后人类文明史并不合理，因为中国、希腊、印度、犹太，这些轴心时代的精神并非一个“意思”；其二，轴心时代所涉及的并非只有精神，它实际上涉及宗教、伦理、社会结构、经济样态、政治制度、思维方式、知识范型等，因此不能用轴心时代精神这样笼统地予以概括；其三，雅斯贝尔斯对“共同因素”的强调有可能遮蔽不同轴心区域的差异性与多样性，在此吾淳特别指出：雅斯贝尔斯“未能给宗教这一特殊精神留出应有的位置或对宗教变化获得敏锐的洞察”；[122] 其四，轴心时代的表述过于粗疏，他认为犹太的理性与人性就完全不同于希腊的理性和人性；其五，雅斯贝尔斯的轴心时代理论，引起了很多的“误导”：“中国道德理性的自觉远远早于西方就没有被雅斯贝斯所注意；雅斯贝斯也没有关注知识理性问题；关于哲学登场的条件，雅斯贝斯的叙述也是粗疏的，并且也是由于这个粗疏遂造成了后来对于哲学产生的错误理解；与此相关，与理性或哲学密切相关的‘无神论’的意义显然被夸大了，事实上，目前国内外思想界对此问题普遍存在认识上的误区。”[123]

如果我们从布罗代尔（Fernand Braudel, 1902–1985）的长时段、中时段和短时段理论来看的话，“结构”（structures）、“局势”（conjunctures）、“事件”（evenements）分别属于不同的三个时段的内容，而轴心时代所涉及的是“地理历史”的结构，乃至结构背后的文化精神，而这正是“轴心历史”（histoire axiale）所展示给我们的。[124]

实际上，对雅斯贝尔斯来讲，之所以提出“轴心时代”的理论在很大程度上是对“特定的信仰”——基督教的一种反抗，因为信仰基督教的民族毕竟只是人类的一部分，他有意避开包括基督教在内的宗教，通过对不同民族的古典哲学形成阶段的考察——所谓的哲学的三个诞生地，创立一个适用于一切民族的自我理解的共同框架。[125]罗哲海也一再强调，雅斯贝尔斯的轴心时代是从哲学角度而非宗教角度来实现的。[126]

遗憾的是，作为哲学教授的吾淳并没有从雅斯贝尔斯哲学的角度对轴心时代理论进行阐释，在具体的十一篇“批判性研究”中，也是基于一般文化史意义上的批判，与哲学和历史的关系都不大。无论如何，在21世纪的第二个十年，汉语学界已经开始关注国际学术界对轴心时代的各种讨论，也着手结合中国文明史的深入研究，加入这一讨论之中去。

九、结论

改革开放前30年间，中国学术界没有办法系统、准确地了解西方学术界的新学说、新动态，反之亦然。由于意识形态的长期禁锢，即便到了20世纪改革开放的80年代以后，中国国内仍延续单一地运用马克思主义历史唯物主义和辩证唯物主义的方法对历史进行解说，这使得史学界和思想界缺乏应有的活力。中国史学界和思想界的学者需要新的理论和方法，需要与时俱进的史学和历史知识。此外，重新回归到世界中去的中国也需要对自己的文明有一套自己能够接受，别人能够认可的阐释系统。“轴心时代”的理论建构了一个真实且统一的历史，构成了包罗古今东西的开放的历史整体观念。雅斯贝尔斯将自己的历史观念建立在“人类具有唯一的共同起源和共同目标”这样一个信念基础之上，从而突破了经验主义的历史观以及传统的历史哲学观。同时，雅斯贝尔斯的历史观是在批判兰克（Leopold von Ranke, 1795–1886）等“世界历史是西方历史”的历史主义西方中心论的基础之上建立的，他将中国、印度和西方的文明进程同等对待。[127] 更重要的是，雅斯贝尔斯采用了比较文化的视角，站在了文化多元的立场上，从而在一定程度上突破了当时的西方文化中心主义的各种理论。因此，这样的一套理论，对于刚刚走出马克思主义历史观的中国史学界而言，无疑是很受欢迎的。金观涛对此指出：“鸟瞰下一个千年的前提是对人类历史进程有着整体的了解，而20世纪恰恰是一个无情粉碎各种整体史观和历史目的论的世纪，自马克思主义和唯物史观受到质疑以来，人类社会的变迁被普遍地理解为从传统到现代的进程。……就在这历史消失所带来的普遍失语中，轴心时代和文明动力学的研究或许对知识分子具有某种启发意义。”[128]1989年《论历史的起源与目标》正是在这样的一个历史条件下在中国大陆得以出版的。在此之后，尽管中国知识界以极大的热情接受了“轴心时代”的理论，这一理论也不断为中国学者所运用，但令人感到遗憾的是，中国大陆史学界一直到21世纪的第一个十年依然很少有对轴心时代的理论展开富于建设性和批判性的讨论。进入第二个十年后，我们惊喜地看到，除了罗哲海的重要论文被译成中文之外，中国学者也开始借助于中国哲学本身的特质，对轴心时代提出自己的看法。目前37卷本的《雅斯贝尔斯著作集》的翻译出版工作已经开始启动，[129]我们希望更多的雅斯贝尔斯的著作以及相关的研究著作能够被译成中文。唯有在此基础之上，不同学科学者的共同参与，对轴心时代的理论研究才可能进入一个新的阶段。

轴心时代与中国的研究，既要尊重文化特殊性的发展轨迹，同时也要破除中国历史研究“特殊论”的偏见。研究史华慈的专家朱政惠（1947—2013）在研究了他的档案之后指出：

> 史华慈的档案表明，他在1968年就提出重新认识雅斯贝斯“轴心时代”的问题，他认为意义的可比性“并不意味着某种粗糙的直线发展式的历史轨迹”，“而这种轨迹会忽略文化特性的重要性”。这份材料表明了他很重视不能“忽略文化特性”的思想，是他对于中国思想史研究的基本出发点，也是对于“西方中心论”的一种批评；他在晚年还提出了把中国文明看

作是了解世界文明重要实验室的观点，注意到对“全球主义”与“人类中心”思想的阐述……[130]

罗哲海的《轴心时期的儒家伦理》，其主要目的并非在于对先秦诸子的伦理学说有所说明，而在于通过雅斯贝尔斯的“轴心理论”和科尔伯格的认知演进论，对中国伦理学中的普遍性问题提出自己的看法。中国与欧洲文化传统之间自然存在着巨大的差异，但如果以此来宣称某一文化具有特殊的、其他文化所不具备的价值的本质主义特征的话，那么从一开始就会导致对这一文化的错误定位。罗哲海指出：

> 对这份“哲学遗产”的重新建构，应该是具有真正自由心灵的知识分子所能做出之卓越贡献。这并不意味着支持民族主义者的那种自我局限。重要的任务恰好就在于如何让一开始便已超越民族文化的“普遍性遗产”得以延续下去。在两千多年前的中国，这个启蒙事业就已经开始进行了，而在未来，不论遭遇多少艰难挫折，这个事业肯定不会失败。[131]

这是雅斯贝尔斯“轴心时代”给中国文化带来的新的启示和可能性。

1998年和2000年《代达洛斯》先后组织了两次专辑，分别探讨“早期现代性”（early modernities）与“多元现代性”（multiple modernities）的议题。[132] 这是接续1975年那次有关雅斯贝尔斯“轴心时代”讨论后，对现代性的深入探讨。艾森斯达特认为，现代性并没有使传统解体，这些传统反而是现代性永远建构与重构的源泉。雅斯贝尔斯的“轴心时代”理论被艾森斯达特转换成了多元现代性的观念，认为存在着由不同的文化传统和社会政治状况所塑造的不同文化形式的现代性。我们生活在一个有着不同的现代性的世界，既包括由古希腊逻各斯发展起来的西方现代性，也包括由印度文明和儒家思想发展而来的非西方现代性。每一种文化都有自己通往现代化的道路，其自身的文化条件和目标决定了发展的速度。因此，在这样的一个现代性中，除了“多元性”（plurality）之外，还有“混杂性”（hybridity）。[133] 这一由艾森斯达特所倡议的“现代性”（modernities）复数概念为社会科学各界人士广泛接受。[134] 多元现代性的多元世界构建了人们的活动，并创造了有效历史事件的框架，这是雅斯贝尔斯轴心时代理论逻辑发展的必然。

注释：

1 Karl Jaspers, *Vom Ursprung und Ziel der Geschichte*. Zürich: Artemis, 1949. / München: Piper, 1949.

2 Karl Jaspers, *The Origin and Goal of History*. Translated from the German by Michael Bullock. London: Routledge & Kegan Paul, 1953/ New Haven: Yale University Press, 1953. 布罗克主要将法文和德文的文学作品翻译成英文，一生翻译了近 200 部作品。雅斯贝尔斯的这部《论历史的起源与目标》英文版，并非其代表作。

3 カール·ヤスパース『ヤスパース選集Ⅸ · 歴史の起源と目標』重田英世訳，東京：理想社，1964 年。

4 中国社会科学院哲学研究所西方哲学史组编《存在主义哲学》（现代外国资产阶级哲学资料选辑 · 内部读物），北京：商务印书馆，1963 年。“前言”第 I 页。

5 Benjamin Schwartz, “The Age of Transcendence.” In: *Daedalus*. Spring 1975, Vol. 102, Number 2. pp. 1–7, here p. 2.

6 许倬云《论雅斯培枢轴时代的背景》（繁体字版），载《“中央研究院”历史语言研究所集刊》第 55 本第 1 分（1984 年 3 月），第 33—50 页，此处见第 33 页。（本书的引文出处均出自此版本。）1987 年 10 月，此文（简体字版）被收入鲁锦寰编《东西方文化研究》（1987 年第二辑，总第三辑），郑州：河南人民出版社，1987 年，第 39—64 页。此文后来也被收入在：1. 许倬云《中国文化与世界文化》（贵阳：贵州人民出版社，1991 年），“附录”（简体字版），第 96—119 页，此文的题目被改为《论雅斯贝尔斯枢轴时代的背景》；2. 许倬云《中国文化的发展过程》（香港：中文大学出版社，1992 年）一书的“附录 1”（繁体字版）中，第 67—98 页；3. 许倬云《中国古代文化的特质》（厦门：鹭江出版社，2016 年），“附录”第 122—153 页，此文中的“雅斯培”也被改为“雅斯贝尔斯”。一直到 21 世纪的第二个十年，这篇文章仍然一再被收入在许倬云的各种文集之中，可见其在汉语世界流传之广。

7 Eric Weil, “What is a Breakthrough in History?” , in: *Daedalus*, Spring 1975, Vol. 102, pp. 64–96.

8 前揭许倬云《论雅斯培枢轴时代的背景》，第 37 页。

9 出处同上。

10 出处同上书，第 41 页。

11 Benjamin I. Schwartz, “Transcendence in Ancient China”, in: *Daedalus*, Spring 1975, pp.57–68.

12 前揭许倬云《论雅斯培枢轴时代的背景》，第 42 页。

13 “The word ‘transcendence’ is a word heavy with accumulated meanings, some of them very technical in the philosophic sense. What I refer to here is something close to the etymological meaning of the word – a kind of standing back and looking beyond

– a kind of critical, reflective questioning of the actual and a new vision of what lies beyond." In: Benjamin I. Schwartz, "The Age of Transcendence" , in: *Daedalus*, Spring 1975, p.3.

14 前揭许倬云《论雅斯培枢轴时代的背景》，第 43 页。

15 出处同上书，第 50 页。

16 杜维明著《杜维明文集》第二卷，武汉：武汉出版社，2002 年，第 638 页。

17 杜维明著，岳华编《儒家传统的现代转化——杜维明新儒学论著辑要》，北京：中国广播电视出版社，1992 年，第 316 页。

18 杜维明《自序：新轴心时代的文明对话》，收入《杜维明文集》第 1 卷，武汉：武汉出版社，2002 年，"自序" 第 8 页。

19 杜维明《现代精神与儒家传统》，北京：三联书店，1997 年，第 36 页。

20 *Einführung in die Philosophie*, Zürich: Artemis, 1950. 英文版为：Karl Jaspers, *Way to Wisdom. An Introduction to philosophy*. Translated by Ralph Manheim. New Haven and London: Yale University Press, 1954. 后者至 1960 年已经出版了第 2 版。

21 田汝康、金重远选编《现代西方史学流派文选》，上海：上海人民出版社，1982 年。在书中，雅斯贝尔斯的史学思想是作为具有代表性的西方史学流派之一而被介绍的。根据此书的"编者的话"，实际上"人的历史"这一部分，早在 1964 年就已经翻译出来了，后来由于"文化大革命"而被耽搁了。一直到 1982 年 6 月才又重新整理出版。此书第 1 版就印了 1.3 万册，可见当时对此类现代西方史学流派文本的渴望程度。

22 前揭田汝康、金重远选编《现代西方史学流派文选》，第 39 页。

23 出处同上书，第 36 页。

24 雅斯贝尔斯著，柯锦华、范进译《智慧之路——哲学导论》(《现代社会与文化》第一批出版书目之一)，北京：中国广播出版社，1988 年 3 月。其实此书的第一个中文版早在 1969 年就在台湾出现了：雅斯培著，周行之译《智慧之路》，收入"新潮文库 ⑰"，台北：志文出版社，1969 年第一版 /1980 年再版。

25 前揭雅斯贝尔斯著，柯锦华、范进译《智慧之路——哲学导论》，第 69 页。

26 Karl Jaspers, *Was ist Philosophie? Ein Lesebuch*. Herausgegeben von Hans Saner. München, Zürich: Piper Verlag, 1976. S. 90.

27 雅斯贝斯著，魏楚雄、俞新天译《历史的起源与目标》(二十世纪文库)，北京：华夏出版社，1989 年。所据的版本系 1953 年布罗克的英译本。

28 例如在"译者序"中，两位译者提到"在纳粹统治时期，雅斯贝尔斯遭到迫害，被迫侨居瑞典，直至第二次世界大战结束后才回国"。("译者序" 第 1 页) 显然对雅氏的生平完全不了解。再如第 158 页译者对 de Groot 的注解："德 · 格鲁 (de Groot, 1583–1645)，荷兰学者，人文主义者，政治家。——译注"，完全是错误的。

29 前揭雅斯贝斯著，魏楚雄、俞新天译《历史的起源与目标》，"译者序" 第 11 页。

30 出处同上书，"译者序" 第 11 页。

31 韩震《西方历史哲学导论》，济南：山东人民出版社，1992 年。其中第九章为

"雅斯贝尔斯的历史轴心期理论"，第332—373页。
32 萨尼尔著，张继武、倪梁康译《雅斯贝尔斯》，北京：三联书店，1988年。
33 前揭韩震《西方历史哲学导论》，第370—371页。
34 出处同上书，第371页。
35 出处同上书，第372页。
36 出处同上书，第352页。
37 出处同上书，第353页。
38 陈少华《论雅斯贝尔斯的中国之思》，载《广东社会科学》2001年第5期，第155—160页，此处引文见第159页。
39 出处同上书，第157页。
40 许启贤主编《世界文明论研究》，济南：山东人民出版社，2001年。
41 出处同上书，"导言"第1页。
42 出处同上书，第3页。
43 出处同上书，第16页。
44 出处同上书，第17页。
45 出处同上书，第177—178页。
46 出处同上书，第178页。
47 出处同上。
48 朱本源《中国传统文化的轴心时代：从殷周之际到秦的统一》，载《陕西师范大学学报》(哲学社会科学版) 1995年第3期，第43页。
49 出处同上。
50 出处同上。
51 李淑娟、张艳茹《浅析轴心现象在中国出现的原因》，载《齐齐哈尔师范学院学报》，1997年第3期，第45—47页，此处引文见第45页。
52 出处同上书，第46页。
53 赵林《"轴心期"的文化精神变革》，载《江淮论坛》1996年第1期，第46—49页，此处见第49页。
54 出处同上。
55 金观涛《展望第三个千年》，载《二十一世纪》(双月刊) 2002年2月号 (总第57期)，第24页。
56 庄春波《中国思想文化"轴心期"与"原结构"》，载《济南教育学报》1999年第4期，第22—25页。
57 阳森《从〈周易〉"神"的观念看轴心期文明的转型》，载《太原师范学院学报》(社会科学版)，2005年第4期 (12月)，第9—12页。
58 于子静《危机中的突围——浅谈轴心时代人性之辨的思维空间》，载《柳州职业技术学院学报》2003年第2期 (6月)，第68页。
59 黄玉顺《中国哲学前轴心期之神话渊源》，载《合肥联合大学学报》2002年第1期 (3月)，第8页。

60 罗哲海著，陈咏明、瞿德瑜译《轴心时期的儒家伦理》，郑州：大象出版社，2009 年。
61 出处同上书，第 33 页。
62 出处同上书，第 338 页。
63 出处同上书，“中文版序言”第 1 页。
64 前揭雅斯贝尔斯著，李雪涛等译《论历史的起源与目标》，第 89 页。
65 出处同上。
66 出处同上。
67 杜维明“现代精神与儒家传统”，收入《杜维明文集》第 2 卷，武汉：武汉出版社，2002 年，第 637 页。
68 出处同上。
69 杜维明“自序：新轴心时代的文明对话”，收入《杜维明文集》第 1 卷，武汉：武汉出版社，2002 年，“自序”第 11 页。
70 “新轴心时代与中国文化定位”，载《跨文化对话》第 6 辑，上海：上海文化出版社，2001 年，第 18—30 页；“新轴心时代哲学走向的特点”，载《南昌大学学报》（人社版），2001 年 10 月，第 1—4 页；“关于文化问题的几点思考”，载《学术月刊》2002 年第 9 期，第 35—41 页（此文还发表在《云南大学学报》（社会科学版）2002 年第 1 期；《民主》2002 年第 10 期上）；《论新轴心时代的文化建设》，载《探索与争鸣》2004 年第 1 期，第 2—3 页；以及一系列的讲话中。
71 汤一介《新轴心时代与中国文化的建构》（东方文化丛书），南昌：江西人民出版社，2007 年。
72 《关于文化问题的几点思考》，载《学术月刊》2002 年第 9 期，第 40—41 页。
73 前揭雅斯贝尔斯著，李雪涛等译《论历史的起源与目标》，第 161 页。
74 《关于文化问题的几点思考》，载《学术月刊》2002 年第 9 期，第 41 页。
75 前揭雅斯贝尔斯著，李雪涛等译《论历史的起源与目标》，第 14 页。
76 李翔海《中国文化走向第二个轴心时代的起点》，载《理论与现代化》1999 年第 5 期，第 17—19 页。此处引文见第 18 页。
77 《二十一世纪》（双月刊）2002 年 2 月号（总第 57 期），第 161 页。
78 艾森斯达特《迈向二十一世纪的轴心》，载《二十一世纪》（双月刊）2002 年 2 月号（总第 57 期），第 4 页。
79 出处同上书，第 9 页。
80 出处同上书，第 5 页。
81 出处同上书，第 7 页。
82 金观涛《展望第三个千年》，载《二十一世纪》（双月刊）2002 年 2 月号（总第 57 期），第 20—27 页。
83 出处同上书，第 26 页。
84 出处同上书，第 28 页。
85 前揭金观涛《展望第三个千年》，第 28 页。

86 转引自余国良《轴心文明讨论述评》，载《二十一世纪》（双月刊）2002 年 2 月号（总第 57 期），第 40 页。

87 出处同上。

88 出处同上书，第 41 页。

89 张灏《从世界文化看枢轴时代》，载《二十一世纪》（双月刊）2002 年 4 月号（总第 58 期），第 6 页。

90 出处同上书，第 8 页。

91 余英时《轴心突破和礼乐传统》，载《二十一世纪》（双月刊）2002 年 4 月号（总第 58 期），第 19 页。

92 出处同上书，第 21—28 页。

93 出处同上书，第 20 页。

94 陈方正《全球未来文明展望：憧憬与疑惑》，载《二十一世纪》（双月刊）2002 年 4 月号（总第 58 期），第 37 页。

95 罗哲海著，刘建芳、胡若飞译，刘梁剑校《轴心时代理论——对历史主义的挑战，抑或是文明分析的解释工具？中国轴心时代规范话语解读》，载杨国荣主编《思想与文化》第十六辑（2015 年 6 月），上海：华东师范大学出版社，2015 年，第 1—24 页。

96 Bella, Robert N. & Joas, Hans ed., *The Axial Age and Its Consequences*. Cambridge, Massachusetts and London, England: The Belknap Press of Harvard University Press, 2012. pp. 248–273.

97 前揭罗哲海著，刘建芳、胡若飞译，刘梁剑校《轴心时代理论》，第 6 页。2015 年 11 月 27 日，我在北大参加中德高等研究院组织的题为“传统与现代”的研讨会，其间做了有关雅斯贝尔斯及其轴心时代的报告。弗莱堡大学的德国近代史教授沃尔夫冈 · 莱因哈特（Wolfgang Reinhard, 1937–）认为，雅斯贝尔斯的轴心时代理论只是作为理论现象（als theoretisches Phänomen）而从来就没有作为历史学的实证现象（als empirisches Phänomen）而存在。他在提问的时候特别使用了 Konstrukt 一词，认为不论是韦伯的新教伦理和资本主义精神，还是雅斯贝尔斯的轴心时代，都是为了描述一个历史现象而臆想出来的一种观念。这些观念与历史学一点关系都没有。之后，赖因哈特教授转寄给我 2008 年 7 月他在埃尔福特的马克斯 · 韦伯研究院（Das Max-Weber-Kolleg）的有关轴心时代的发言提要，这篇题为《轴心断裂》（*Achsenbruch*）的文章从根本上解构了轴心时代的概念。

98 出处同上书，第 2 页。

99 出处同上书，第 4 页。

100 出处同上书，第 3 页。

101 出处同上。

102 出处同上书，第 6 页。

103 出处同上书，第 7—9 页。

104 前揭罗哲海著，刘建芳、胡若飞译，刘梁剑校《轴心时代理论》，第 9 页。

105 出处同上书，第 15 页。

106 出处同上。

107 出处同上书，第 7 页。

108 出处同上书，第 18—19 页。

109 出处同上书，第 19 页。

110 张汝伦《"轴心时代"的概念与中国哲学的诞生》，载《哲学动态》2017 年第 5 期，第 5—14 页。

111 出处同上书，第 6 页。

112 出处同上书，第 8 页。

113 出处同上书，第 8 及第 5 页。

114 出处同上书，第 12 页。

115 Cf. Hans Saner, *Karl Japsers*. Reinbek bei Hamburg: Rowohlt Taschenbuch Verlag, 1970. S. 85.

116 Ibid., S. 86–97. 实际上，雅斯贝尔斯的《哲学》第二卷是专门用来讨论"实存之澄明"（Existenzerhellung）这个问题的。Cf. Karl Japsers, *Philosophie. II. Existenzerhellung*. Vierte Auflage, 1932/1973. 此外，也请参考：Wolfgang Stegmüller, *Hauptströmungen der Gegenwartsphilosophie. Eine kritische Einführung*. Band 1. Stuttgart: Alfred Kröner Verlag, Sechste Auflage, 1978. S. 201ff.

117 吾淳著《重新审视"轴心期"——对雅斯贝斯相关理论的批判性研究》，上海：上海人民出版社，2018 年。

118 出处同上书，第 179—180 页。

119 出处同上书，《序言》第 1 页。

120 出处同上书，《序言》第 2、6 页。

121 出处同上书，《序言》第 7—8 页。

122 出处同上书，《序言》第 8 页。

123 出处同上。

124 请参考：腊碧士（Alfons Labisch）、李雪涛《从普世史、世界史到全球史》，收入：李雪涛编《东亚研究与全球史建构：德语东亚文化史的几个研究路径》，上海：华东师范大学出版社，2018 年，第 1—17 页，此处见第 13 页。

125 前揭罗哲海著，刘建芳、胡若飞译，刘梁剑校《轴心时代理论》，第 4 页。

126 出处同上书，第 5 页。

127 Cf. Leopold von Ranke, *Weltgeschichte*. Leipzig: Duncker & Humblot, 1888. Bd. 9/II., S. 3.

128 金观涛《展望第三个千年》，载《二十一世纪》（双月刊）2002 年 2 月号（总第 57 期），第 20 页。

129 "雅斯贝尔斯著作集"（37 卷本）已经开始由华东师范大学出版社陆续出版，并且第一批的 11 卷获得了 2019 年度国家出版基金的资助。

130 朱政惠著《美国中国学发展史——以历史学为中心》，上海：中西数据，2014

年，第 27—28 页。

131 前揭罗哲海著，刘建芳、胡若飞译，刘梁剑校《轴心时期的儒家伦理》，第 356—357 页。

132 "Early Modernities", in *Daedalus*, Vol. 127, No. 3 (Summer 1998). "Multiple Modernities", in *Daedalus*, Vol. 129, No. 1 (Winter 2000).

133 参考郭绍棠《中译本前言》，载萨赫森迈尔、理德尔、艾森斯达德著，郭绍棠、王为理译《多元现代性的反思——欧洲、中国及其他的阐释》，北京：商务印书馆，2017 年，第 xii 页。

134 其后出版了：*Reflections on Multiple Modernities: European, Chinese and Other Interpretations.* By Dominic Sachsenmaier, Jens Riedel, Shmuel N. Eisenstadt. Leiden: Koninklijke Brill NV, 2002. 此书中文版：萨赫森迈尔、理德尔、艾森斯达德著，郭绍棠、王为理译《多元现代性的反思——欧洲、中国及其他的阐释》，香港：香港中文大学出版社，2009 年 / 北京：商务印书馆，2017 年。

第五章　范式的创造者

——雅斯贝尔斯对孔子思想的认识

2011 年 1 月 12 日，在国家博物馆北门广场上立起了一座 9.5 米高的孔子像，当时就引起了中国学者的普遍关注。著名历史学家、中山大学历史系教授袁伟时（1931—）撰文指出：“先秦其他思想家有没有位置？老子、庄子、墨子能不能、何时出现在长安街上？如果长期不让他们在长安街上散步，只剩下孔子供人顶礼膜拜，这就严重扭曲了先秦的历史，体现了对轴心时代中国文化状况的无知，从而成为不能不令人忧虑的文化象征。”[1]同年4月这尊青铜雕像被移到了国家博物馆内部。实际上，近代以来，孔子已成为世界哲学史界的重要人物。

1973 年，当“批林批孔”运动如火如荼地在华夏大地进行的时候，我还是个三年级的小学生。虽然我受到当时的革命教育，根本不可能知道孔子究竟是谁，但这并不能阻止我上台去批判这位“四体不勤、五谷不分”的奴隶主阶级的代表，我跟着老师和同学们大骂这位“想复辟奴隶制迷梦”“十足的反革命老顽固”的孔老二。[2]记得有一天我跟哥哥在家里翻出一本 1958 年出版的《新知识词典》，[3]找到“孔子”条，发现上面写着“我国古代伟大的思想家、教育家，儒家学派的创始者”等字样时，[4]我们简直笑翻了，觉得当时的人真是愚不可及，竟然将反动透顶的孔老二说成是什么家。“拨乱反正”之后，中学课本里竟然选了《论语》的段落。在我考大学的前一年，高考卷子有一题是“‘子曰’中的‘子’指的是谁？”。标准答案上说，凡是答“孔老二”的一律算错。其后孔子的身价不断攀升，随着1984年“孔子基金会”的成立，以及与此相关的儒学国际会议的举办，孔子真正成为中国文化的“一面旗帜”。特别是2005年以来孔子学院在世界各地的广泛建立，充当“软实力”载体的孔子更令世人刮目相看。我想，在天之灵的孔子，如果知道自己的身世在殁后二千余年后依然时而一落千丈，时而显赫辉煌，也会感叹“古今一梦尽荒唐”（曹雪芹《自题红楼梦·甲戌本》）吧！顾颉刚（1893—1980）提出的，每一个历史时期都有一个属于自己的孔子的说法，[5]在20世纪的中国也许比任何世纪都更妥帖。

在德国六八年学生运动中曾经的叱咤风云人物——汉学家施克尔（Joachim Schickel, 1924–2002）在“文化大革命”还没有结束之前选编了一本不到300页的小册子，这是由在法兰克福的著名“岛屿出版社”（Insel Verlag）出版的《孔子——百年论争资料集》。[6]施克尔在书中从西方对孔子的解读入手，通过中国历史上的思想家对孔子的解读，以及现代中国和当代中国（20世纪50—70年代）对孔子的批判，向德国读者展示了一幅云谲波诡式的孔子图像。施克尔清楚地认识到，他所收集到的这些资料，实际上与孔子本人及其学说根本没有什么关系。尽管施克尔在德国被作为毛主义者来看待，但他对当时在中华大地上开展的、工农兵都参加的轰轰烈烈的“批林批孔”运动依然像是摸不着头脑的丈二和尚。因为在西方，不论是柏拉图（Platon, 前 428/427– 前 348/347）还是康德（Immanuel Kant, 1724–1804），都只是大学研讨班的话题。而在孔夫子逝世 2500 年之后，在中国的每一个角落都响彻着这位哲学家的名字，人们争先恐后地表明自己跟他不同的立场，仿佛老夫子根本就是隔壁的王二。[7] 这些全都让这位当时激进的汉学家如雾里看花。

“我是在这样的一个时代中长大的，那时孔子不论是在中国的理论家还是在德国的汉学家那里都遭到唾弃。人们不一定要喜爱孔子，但是应当严肃地对待他。卡尔·雅斯贝尔斯这样做了，并且不仅限于孔子……孔子被认为是‘范式的创造者’，进而与苏格拉底、佛陀以及耶稣并列，处于人类历史的开端。在 20 世纪，很少有人给孔子如此崇高的地位。”[8] 这是顾彬为《大哲学家》（*Die großen Philosophen*, 1957）中文版撰写的序中的一段话，我想，“严肃地对待”应当是理解的前提吧。作为 20 世纪上半叶最伟大的哲学家之一的雅斯贝尔斯，正是通过严肃地对待孔子、老子以及佛陀这样的东方哲学家，并且对他自己的哲学思想进行反哺，进而建构了他的哲学的世界史的。

一、雅斯贝尔斯对孔子思想认识的资料来源

从雅斯贝尔斯在《大哲学家》德文版书后所列的“参考文献”中，我们可以找到与“孔子”一章有关的“原始资料”（Quellen）和“研究资料”（Literatur），从中可以看出雅斯贝尔斯对孔子思想认识的资料来源。下面我们来看一下具体有哪些“原始资料”：

Die fünf kanonischen Bücher: Schu-king, Schi-king, I-king, Liki, Tscun-thsiu.

（“五经”:《书经》《诗经》《易经》《礼记》《春秋》）

Die konfuzianischen Schriften: Ta-hio, Lun-yü, Tschung-yung, Schriften des Meng-tse.

（“四书”:《大学》《论语》《中庸》《孟子》）

Schi-king; das kanonische Liederbuch des Chinesen, deutsch v. V. v. Strauß, Heidelberg 1880.

（《诗经》。施陶斯的德译本。海德堡，1880 年）

I-king, das Buch der Wandlungen, deutsch v. R. Wilhelm, Jena o. J. (1923)

（《易经》。卫礼贤的德译本。耶拿，无出版年代，应为1923年）

Kung Fu Tse, Gespräch (Lun Yü), deutsch von R. Wilhelm, 2. Aufl. Yena 1914.

（《论语》。卫礼贤的德译本。第 2 版，耶拿，1914 年）

Li Gi, das Buch der Sitte (darin: *Ta-hio, Tschung-Yung*), deutsch v. R. Wilhelm, Yena 1930.

（《礼记》。其中包括《大学》《中庸》。卫礼贤的德译本。耶拿，1930 年）

Schu-king, englisch übers. v. J. Legge, Oxford 1879.

（《书经》。理雅各的英译本。牛津，1879 年）

Haas, Hans:

Das Spruchgut Kung-tsze's und Lao-tsze's in gedanklicher Zusammenordnung, Leipzig 1920.

（哈斯:《孔子和老子箴言分类》。莱比锡，1920 年）

Se-ma Tsien:

Les mémoires historiques, traduites et annotés par E. Chavannes, 5 vol., Paris 1895–1901.

（司马迁：《史记》。沙畹的 5 卷本法文译本。巴黎，1895—1901 年）

在德语世界中选择卫礼贤（Richard Wilhelm, 1873–1930）的译本是理所当然的，首先他的译本是最全的，几乎涵盖了儒、道等中国文化的所有最根本的经典。其次作为受过西方传统新教神学训练的同善会的传教士，卫礼贤在中国生活了 20 多年，他的大部分译作都是跟中国学者共同完成的。《易经》的译本就是他跟前清遗老劳乃宣（1843—1921）共同研究《易经》10 余年的结晶。尽管他的翻译受到一些专业汉学家如福兰格（Otto Franke, 1862–1946）、佛尔克（Alfred Forke, 1867–1944）的指责，但这丝毫不能减弱它们在德语国家乃至整个西方世界的影响。对卫礼贤的翻译，雅斯贝尔斯也并非一味地盲信，一次他在引用完卫礼贤的译文之后加上了这样一句话："如果卫礼贤的翻译是恰当的话。"[9] 这说明他是以一种批判的态度来运用译本的。在英译本当中，雅斯贝尔斯选择了理雅各（James Legge, 1814–1897）的《书经》译本，尽管里雅各的译本在雅斯贝尔斯时代已经是比较老的译本了，但实际上并未过时。理雅各于 1861—1886 年间分 28 卷出版的"四书""五经"的译本 *The Chinese Classics*（《中国经典》），迄今已逾一个世纪，但在很大程度上仍被认为是标准的翻译，特别是在英语世界，一直沿用至今。沙畹（Emmanuel-Édouard Chavannes, 1865–1918）是 19 世纪末 20 世纪初法国汉学界的巨擘。雅斯贝尔斯所征引的《史记》（130 卷之中的 47 卷）译本，实际上是在当时清政府驻法的外交官唐在复（1878—1962）的帮助下完成的。[10] 尽管这部巨著的翻译后来并没有全部完成，但沙畹的这部 2353 页的译著在欧洲汉学界和学术界依然产生了巨大影响，为欧洲的中国古代史研究奠定了坚实的基石。法国汉学界的很多学者认为，法国汉学之所以到第二次世界大战之前居于世界领先地位，应当归功于沙畹及其培养出来的一批弟子的共同努力。

相关的“研究资料”如下：

Chantepie de la Saussaye:

Lehrbuch der Religionsgeschichte: vierte, vollständige neu bearbeitete Auflage, hrsg. v. A. Bertholet u. E.

Lehman, 2 Bde., Tübingen 1925.

（索赛：《宗教史读本》。蒂宾根，1925 年）

Crow, Carl:

Konfuzius, Staatsmann, Heiliger, Wanderer (Original: *Master Kung*), Deutsch Berlin 1939.

（科兰：《孔子、政治家、圣人、漫游者》。从英文翻译，柏林，1939 年）

Forke, Alfred:

1. *Geschichte der alten chinesischen Philosophie*, Hamburg 1927.

2. *Geschichte der mittelalterlichen chinesischen Philosophie*, Hamburg 1934.

3. *Geschichte der neueren chinesischen Philosophie*, Hamburg 1938.

（佛尔克：《古代中国哲学史》，汉堡，1927 年；《中世纪中国哲学史》，汉堡，1934 年；《近代中国哲学史》，汉堡，1938 年）

Franke, Otto:

Geschichte des chinesischen Reiches, 4 Bde., Berlin 1930–1948.

（福兰阁：《中华帝国史》，四卷本，柏林，1930—1948 年）

Gabelentz, Georg von der:

Confuzius und seine Lehre, Leipzig 1888.

（甲柏连孜：《孔子及其学说》，莱比锡，1888 年）

Granet, Marcel:

1: *La civilisation chinoise*, Paris 1929.

（葛兰言：《中国的文明》，巴黎，1929 年）

2: *La pensée chinoise*, Paris 1934.

（葛兰言：《中国的思想》，巴黎，1934 年）

Groot, J. J. M. de:

Universismus – Die Grundlagen der Religion und Ethik, des Staatswesens und der Wissenschaften Chinas,

Berlin 1918.

（高延：《天人感应说——中国的宗教与伦理、国家制度以及学术的基础》，柏林，1918 年）

Grube, Wilhelm:

Geschichte der chinesischen Literatur, Leipzig 1909.

（格罗贝：《中国文学史》，莱比锡，1909 年）

Hackmann, Heinrich:

1. *Chinesische Philosophie*, München 1927.

（哈克曼：《中国哲学》，慕尼黑，1927 年）

2. *Der Zusammenhang zwischen Schrift und Kultur in China*, München 1928.

（哈克曼：《中国文字与文化间的关系》，慕尼黑，1928 年）

Wilhelm, Richard:

1. *Kungtse*, Stuttgart 1925.

（卫礼贤：《孔子》，斯图加特，1925 年）

2. *Kungtse und der Konfuzianismus*, Berlin 1928.

（卫礼贤：《孔子和儒家学说》，柏林，1928 年）

3. *Chinesische Philosophie*, Breslau 1929.

（卫礼贤：《中国哲学》，布莱斯劳，1929 年）

Zenker, E. V.:

Geschichte der chinesischen Philosophie, 2 Bde., Reichenberg 1926–1927.

（岑克：《中国哲学史》，2 卷本，莱辛贝尔格，1926—1927 年）

在以上的“研究资料”中，雅斯贝尔斯列举了 19 世纪末 20 世纪初德国、奥地利、法国、荷兰、英国著名汉学家、比较宗教学家、语文学家有关中国思想和哲学的名著。佛尔克的三卷本《中国哲学史》基本上是从中文原始文献出发，对三千余年的中国哲学做了系统的梳理。书中除了对孔子、老子等哲学大家做了重点介绍之外，还介绍了中国历史上鲜为人知的许多其他哲学家的思想，共计 150 多人。这三部哲学史的特点之一在于同西方哲学的比较研究，佛尔克将中国传统哲学分为逻辑学与认识论、形而上学、自然哲学、心理学、伦理学、国家哲学与法哲学几个部分，并且常常在相应的范畴直接与古希腊的哲学进行互释。例如他认为孔孟的地位类似于柏拉图和亚里士多德在欧洲经院哲学中的地位，同时也指出了中国哲学世俗性的一面，几乎完全没有宗教的内容。特点之二在于书中收入大量中国著名典籍原文的译文，这对于想借助于原文进一步思考的西方读者来说，至关重要。这套 2000 页之多的巨著在学界产生了巨大的影响。福兰阁的《中华帝国史》在德国汉学史上也是一部划时代的历史巨著。此书从儒家哲学和历史的角度出发，对中国几千年以来的政治、思想史进行了系统的阐述。本书的前四卷叙述了从上古一直到 1368 年明王朝建立前的历史。它改变了以往以编年等为主的叙述方式，更多地从儒家意识形态方面，写出了中国历史的连续性，而并非变迁和交替。一直到今天，法国科学院院士、著名汉学家巴斯蒂夫人（Marianne Bastid-Bruguiére, 1940–）依然认为这部著作是“欧洲中国史研究的里程碑”。[11] 葛兰言（Paul Marcel Granet, 1884–1940）所重视的并不是以往传统法国汉学家所热衷的文献学和历史学，由于受到当时法国主流社会学家涂尔干（Émile Durkheim, 1858–1917）的影响，他将社会学的方法成功地引进到汉学研究。雅斯贝尔斯列举的《中国的文明》和《中国的思想》可以说是葛兰言在这方面的代表之作。曾于 1891—1911 年、1912—1921 年间分别担任荷兰莱顿大学以及德国柏林大学汉学教授的高延（Jan Jakob Maria de Groot, 1854–1921），是中国宗教问题的专家。他认为，中国的宗教、整体思想应当称之为“天人感应说”（Universismus），因为在这之前经常使用的“儒家学说”（Konfuzianismus）一词仅仅是构成中国整体宗教思想的一部分而已。除了在“孔子”一章中，雅斯贝尔斯在“老子”一章也同样使用了“天人感应说”的概念。德国汉学家格罗贝（Wilhelm Grube, 1855–1908）的《中国文学史》尽管出版于 1909 年，但由于这部著作所征引的大部分例子均来自中文原文，一直到今天仍然具有重要的参考价值。[12] 与卫礼贤同为德国同善会（AEPM, Allgemeiner evangelisch-protestantischer Missionsverein）传教士的哈克曼（Heinrich Friedrich Hackmann, 1864–1935）曾在上海居留多年，他于 1914—1934 年间任荷兰阿姆斯特丹大学汉学教授。他对中国宗教特别是佛教有深入的研究。《中国哲学》与《中国文字与文化间的关系》这两部著作为雅斯贝尔斯全面了解中国文化提供了重要的背景知识。

这些原典译本和研究著作的获得在很大程度上应归功于雅斯贝尔斯在海德堡的朋友——印度学家海因里希·齐默尔（Heinrich Zimmer, 1890–1943）博士。[13] 齐默尔是德国当时著名的印度学家，同时也是南亚艺术史专家，他的研究涉及印度艺术、文明和哲学中的神话和各种象征物。齐默尔是继麦克斯·穆勒（Max Müller, 1823–1900）之后，在印度语文学领域最重要的德国学者。齐默尔于1924—1928年在海德堡大学印度学系任职，在此期间他成为雅斯贝尔斯的同事。由于他妻子也是犹太人，他于1938年遭到纳粹当局的解职。之后他移民到英国，在1939—1940年间，他在牛津大学的巴利奥尔学院（Balliol College）教书。1940年，他接受了哥伦比亚大学哲学系的客座讲师职位。遗憾的是，1943年这位才华横溢的印度学家意外死于肺炎。雅斯贝尔斯于1937年以后开始研究远东文化，这对他来说是一个全新的领域，而作为印度学和佛教专家的齐默尔则为哲学家提供了重要的参考文献，尽管他当时已经离开了德国，但依然与雅斯贝尔斯在这一崭新的思想世界中通过书信不断进行着对话和讨论。他们两人留下的写于1929—1939年间的十几封通信，是这些互动的珍贵史料。[14] 顺便一提的是，精神分析学家荣格（Carl G. Jung, 1875–1961）也与齐默尔建立了长期的友谊，并在齐默尔去世后为他编辑了《通向自我之路》（*Der Weg zum Selbst*, 1944）一书。两人第一次见面是在1932年，之后齐默尔成为荣格为数不多的男性朋友之一。

雅斯贝尔斯之所以没有使用中国典籍较新的英文译文和研究著作，在于他依然固守着在他之前多年以来所形成的德意志哲学传统。[15] 尽管这些德、法文的文献有个别的已经有些过时，并且大部分都是用西方哲学史的方法和概念对中国思想史进行类比、比附，但我们不得不承认，其中大部分在很大程度上反映了当时汉学界对中国思想和哲学的研究水平。雅斯贝尔斯能够通过译本和研究著作，而不用通过研读原文，迅速把握这些经典的精髓所在，是跟他所选择的这些资料有很大关系的。此外，这当然还需要一个人的智慧和禀赋，而雅斯贝尔斯的确兼备这两者。1949 年雅斯贝尔斯前往巴塞尔大学任教，接替他在海德堡大学的哲学教授席位的伽达默尔（Hans-Georg Gadamer, 1900–2002），在论述到雅斯贝尔斯的这一特征时写道：

> 一个人在不掌握那种思想所依赖的母语的情况下能摸到这种思想的哲学轮廓，他一定具有某种特殊的天赋。我想把这种天赋称为相貌学思想，因为这种思想不是来自语词，而是懂得从轮廓里读出东西。无疑，这种释读方式无法掌握细节上独到的东西，但他能推断和描述出大致的线条，而这个线条蕴含在所有人的思想运动中。[16]

只有大手笔者才可以做到这一切，即通过阅读译文迅速把握住思想的精髓所在，而不拘泥于枝节末梢。

在这里需要指出的是，雅斯贝尔斯对孔子的研究显然并非出自严格意义上的汉学兴趣，他对中国哲学的认识是构建其“哲学的世界史”蓝图的一个重要步骤，而将孔子作为范式的创造者，正是他运用“轴心时代”的思想，排除特定信仰内容，使之成为让西方人、亚洲人乃至全人类都可以信服的尺度的有益尝试。

二、孔子——范式的创造者

雅斯贝尔斯将孔子列入了“范式的创造者”的行列之中，进而将他跟苏格拉底、佛陀、耶稣并列，这是因为孔子在人类历史上产生过巨大的影响，而这一影响的深度与广度都是无与伦比的。孔子与其他三位一道创造了对后世哲学具有尺度作用的规范。

（一）获得孔子真实面目的方法

有关孔子的著作都是在他死后才出现的。雅斯贝尔斯反对用文字历史学的批判方法来获得孔子的所谓历史的真实面貌。“因为并不存在完全可信的历史记载。几乎流传下来的每一点在历史上都可能是值得怀疑的。这种思维的结果很可能会使我们怀疑到这些大师的真实存在——像是在佛陀与耶稣身上发生过的一样——因为要去除所有神话和传说的话，那在他们身上几乎是一无所剩了。这一结论的荒谬性产生了对批判方法的怀疑。”[17]“单纯批判的结果不会使我们认识到任何的东西，并且会使他们的实在性消失得无影无踪。”[18]既然不能通过文本批判的历史学方法来获得历史的真实面貌，捕捉住哲学大家们的思想真谛，那么究竟用什么样的方式才能够达到我们的目的呢?

雅斯贝尔斯指出：“这些大师们的历史真实只可能通过他们的存在对其周围的人和事所产生的不同凡响的威力，以及对后世的震撼中认识到。只要是后世人们的论述明确是针对这些大师的，那么这一影响就是有据可查的。这些伟大的形象从一开始也就依稀可辨了。”[19]也就是说，他要通过孔子的影响和作用来溯源和重构一个真实的孔子。

不过雅斯贝尔斯并不是一味地批判“历史批判法”，在讲到四福音书与耶稣的真实生平的关系时，他认为，历史批判的方法至少可以防止简单地将所有福音书的内容作为历史真实而全盘吸收的企图。[20]

雅斯贝尔斯提出运用批判的怀疑态度再加上对传统的感情，这才是“激励我们随时冒险、不顾一切地去塑造一幅历史真实的图像”的前提。[21] 所谓对传统的感情是因为在传统中“一个不足挂齿的小人物是不可能在别人的想象中变得如此光焰万丈的，也不会有高贵的灵魂让人们感受的。这些想象的根源，其自身也必定是不同凡响的”。[22]

尽管这四位大师的一切都是值得我们怀疑的，但他们每一个又都形象鲜明地显现在我们面前。跟其他三位相比较，雅斯贝尔斯认为，孔子是一位客观、冷静的思想者。[23]

批评者认为，这四位哲学大师往往只是由于偶然的境遇而产生重大影响，并进一步认为，他们实际上只是他们所处时代中一种流行的类型而已。具体到孔子而言，他只不过是当时周游列国的文人和谋士中的一员罢了。针对这样的批评，雅斯贝尔斯回答道：“他们（指这四位大哲学家——本书作者注）并不是通过类型化而有个性特征的，而是由于他们那唯一的，并且是不可替代的本质使然。”[24] 在雅斯贝尔斯看来，孔子等四位大哲学家有些类似艺术史上的杰作，它们是不可替代且独一无二的。每一创造范式的大哲学家都有自己独特的心路历程，孔子自然也不例外，而哲学正是在每一个单独的个体之中获得整体性的一种尝试。

那么究竟如何才能重塑这些大哲学家呢？雅斯贝尔斯认为，重塑的前提是要为他们的真实性所感动。对历史的认识应当以唤起对经验的回忆为前提。[25] 早年作为病理学家和心理学家时，雅斯贝尔斯在两个方面都取得了相当的成就。他所写的人物传记在很大程度上是借助于广义的心理学方法，将历史上的哲学大师作为心理考察的对象来描述。由于引进了以理解为主的“主观心理学”，哲学家们总是直接对我们说话，我们变成了与哲学大师们共同进行哲学思考的人。他们所关心的问题，对我们来说也都成为当下的问题，因为做哲学的意义只在当下。哲学史从而不再是用所谓科学方法描述的学问，而是要借助于体验性的思维活动。所谓体验性的思维是说我们应当介入历史事件中去，去跟思想家们一道体会他们思维的力度，分享他们获得发现时的喜悦。

面对无限叠加而来的对孔子的无限神化，雅斯贝尔斯清楚地认识到，重要的是如何去挖掘隐藏在变化了的学说背后的、尚未完全遗失的学说的原貌，并将之作为一种尺度来把持。[26] 雅斯贝尔斯进一步指出，如果我们过分强调那些很可能是出于后世的僵化的、乏味的陈述的话，那必然会失去这幅真实描述的画像。而依据实质性的选择，并整理出孔子的言论与有关他的记述，就能把握住孔子思想真实的核心，从而获得一幅不可替代的真实的孔子画像。[27]

（二）何以孔子也能列入范式的创造者

雅斯贝尔斯认为，在人类历史上并没有任何的人，其思想的深度与广度是可以与这四位大哲学家相提并论的。[28] 这四位伟人以他们的行为、举止、实存的经验以及要求，为后人立下了思想的范式，成为后人仰止的楷模。从社会学的观点可以确定，跟苏格拉底、耶稣一样，孔子也出身于平民阶层。在他身上显现出了男性的阳刚之气。尽管他结过婚，但从《论语》等的记载中，明显地可以感觉到他并不受婚姻的束缚。他将对家庭成员的感情，转移到了弟子们的身上。[29]

作为实存哲学大师的雅斯贝尔斯强调指出，哲学家生命的真实性胜过他们的著作或思想，并进而认为，正是这种真实性促成了人类在世间转化的起点。对孔子来说，他转化的前提是不仅仅局限于学习的一种全面的教育。

在面对死亡方面，雅斯贝尔斯认为孔子视死如归，[30]他跟苏格拉底一样，直面死亡，以致死亡在他面前失去了意义。据雅斯贝尔斯在“生平”一节中所引的句子，孔子在感到自己不久将与世长辞的时候，他在庭院之中独自吟诵道：“太山坏乎！梁柱摧乎！哲人萎乎！”[31]尽管他临死不惧，不过从中也能感受到他对自己一生未受君主重用、没有实现自己人生价值的失落之感。

除了死亡这一临界境况之外，孔子也展示给我们以普通的人类之爱，他认为应当“以德报德，以直报怨”。[32]

在论及人类与世界的关系时，雅斯贝尔斯认为孔子想要借助于教育在他的世界中塑造人类，并使这一世界按照他预设的永恒秩序发展。他期望在世俗的条件下，使人类存在的自然理念获得实现。不过与佛陀不同，孔子并没有采取抛弃尘世的做法，他希望在无序的世界中借助于一套规则，建立一个合理的世界。正如雅斯贝尔斯在第二节的标题中所显示的那样：“孔子的根本思想是借对古代的复兴以实现对人类的救济。”[33]而所谓的“对古代的复兴”，实际上是希望借此建立一个新世界。想要恢复周礼的孔子，是要将外在的礼建立在内在的礼的基础之上，也就是说，孔子并非像我们所认为的那样是一个想复辟周礼的守旧派，而是一个由于对礼崩乐坏感到失望，希望建立一个新世界的革新人士。雅斯贝尔斯认为，孔子的局限性以及他的世界理想之所以没有成功，在于面对罪恶和失败时，他只知道感慨并体面地承受这一切，而没有从苦难的深渊之中得到推动的力量。[34]

孔子也很重视思想的传达，认为他自己的使命在于影响他人。尽管在政治抱负方面他没有很大的成就，但他用大半辈子的精力去从事教育和古代文献的整理工作，借此来最大程度地传播自己的学说。

根据以上几个方面的内容，雅斯贝尔斯认为，与苏格拉底、耶稣和佛陀一样，孔子理所应当成为人类范式的创造者之一。

三、孔子的思想

雅斯贝尔斯认为，孔子的思想并非一套完全知识状态的哲学，进而认为孔子本人也从未认为自己有一套完全的知识，或者说也不认为这种知识的存在是可能的。雅斯贝尔斯在 1922 年正式成为海德堡大学的哲学教授之后，很快便与海德格尔结成了反对传统哲学特别是学院派哲学的阵营。他认为学院派哲学体系并非真正的哲学，他们所讨论的事物对于人的实存的基本问题并没有重要的意义。雅斯贝尔斯的实存哲学的动机并不是要建立一种学说体系，而在于表达对各种学说的不满。就拿他的三卷本《哲学》来说，这部书表面看来并不成系统，往往过于强调个别细节的描述，而对整体性的重视不够。但这也反映了雅斯贝尔斯反理性主义、反学院哲学体系的一贯的哲学立场。在论及儒家思想在孔子之后由于概念化和系统化的结果，远离了孔子原本思想的时候，雅斯贝尔斯写道："以系统的方式对这些语录进行加工，必然会随着概念的增加而使原本丰富的思想源泉变得贫乏起来。因此在孔子后代传人的著作中，他的思想变得更清晰，但同时已经受到更多的局限了。”[35]

（一）古代思想对孔子的重要性

雅斯贝尔斯认为，孔子的根本思想在于想借助于对古代的复兴以实现对人类的救济。他认为，在帝国即将解体的困境之中，在战乱和动荡的时代，孔子想将流传下来的文献转变成有意识的根本思想，产生一种源于传统的新哲学。“自己的思想并不通过其自身而展现：犹太的先知们宣告了上帝的启示，孔子则宣告了古代之声。”[36]雅斯贝尔斯在“关于我的哲学”（Über meine Philosophie）的第二节“将传统化为己有”（Aneignung der Überlieferung）中指出：“我们尽管可以朝根本的方向提问，但我们永远也不能站在起始的地方。我们如何提问和解答，这当中一部分取决于我们所处的历史传统。我们只有从各自的历史的处境出发、从自己的根源处才能把握真理。”[37]对于孔子思想的探讨，也可以算是雅斯贝尔斯“从自己根源处把握真理”的尝试。

孔子说他自己是“述而不作，信而好古”。[38]雅斯贝尔斯对此非常清楚地认识到，孔子的哲学实际上是将新东西在古代的形式中予以表达。[39]雅斯贝尔斯主张：“我们存在的本质乃处于历史之中。孔子勾画出了一幅应当能够使得这唯一的真理发挥更好效果的历史画卷。”[40]他进一步认为，孔子对古代的复兴的方法是通过学习，而孔子所谓的“学习绝非仅仅是有关于什么的知识，而是成为自己的知识。已经具有的真理并不是要熟记它们，而是从内心去领悟，从而从外部去实现”。[41]

跟西方哲学的传统不同，中国哲学家习惯于在早期大师们著作的注释和疏证之中阐述自己的思想，因此注疏之中常常蕴含有一种全新的、独特的哲学，不过它往往被那古老的光环所笼罩。实际上西方哲学也是通过证实或批判而继承或拒绝以往的传统的。难怪怀特海（Alfred Whitehead, 1861–1947）有一句名言说，欧洲的哲学也无非是柏拉图哲学的注脚，这也是不无道理的。[42] 不过按照欧洲哲学的三分法：古典、中世纪以及近现代三个时段的标准来看，中国以往的哲学显然缺少近现代部分。因为西方文艺复兴和人文主义的结果是在一个启蒙和自然科学的时代产生了近现代哲学，这是一种完全不同于古希腊柏拉图和亚里士多德，也不同于中世纪基督教会传统的哲学，而是由另外一种科学精神所主导的拥有独特的语言和术语体系的“新”哲学。形象地说，新酒并非一定总能装入老瓶之中，而是需要另造新瓶。但一直到 19 世纪末的中国哲学主流基本上都没有超越孔子所谓“述而不作”的范畴。

在“孔子”一章中，雅斯贝尔斯设计了三个步骤来阐述孔子的哲学，具体是：

首先讨论的是道德—政治伦理规范，以及这一伦理的登峰造极之处——“君子”理想；进而追问支配根本知识的观念究竟是什么；最后通过孔子对临界的自觉意识从而使这一思想进入无限的开放之中。[43]

（二）道德—政治伦理规范

社会的秩序乃是依靠礼俗（礼是行为的规定）而得以维系的。而礼俗之中最根本的是礼和乐。它们的本质是陶冶人的本性，而不是抹杀之。雅斯贝尔斯认为孔子对一切自然的东西都表示出了赞同。他给万物以应有的秩序、程度、地位，并且不去否定它们。他主张“克己”而不是做苦行僧。本性会通过陶冶而变得完美，而强势暴力只能带来无穷的灾祸。[44]

孔子非常强调与人的交往，这也是他自己生活的要素。[45]雅斯贝尔斯在他的实存哲学中强调个人的自由。只有借助于交往，自由才可能得以实现。他一再指出，在哲学上交往的问题并非枝节和局部的问题，而是做哲学的核心问题。因为只有在同他人的交往中，个别的、不可替代的意义才能显现出来。“如果我只有我自己的话，那么我就会变成荒芜。”[46]“唯有在交往中，一切其他的真理才得以实现。唯有在交往之中，我才不仅活着，而且生命得以充实。上帝只是间接地，并且是通过人与人之间的爱才显示其自身；令人信服的确定性是特定的、相对的，并且从属于整体的。”[47]而在孔子与其弟子之间的交往中，雅斯贝尔斯发现了自己存在哲学中“交往”的意义所在。

孔子认为好的政府只会在这种状态下产生：凭借礼和互利的音乐以及人们交往的方式来铸造出健康的共同生活。对于政府来说，有些事情要去做，而有些事情则必须听由其自然发展。[48]

孔子一生一直期待着有一位明君来发现他，用他的理念辅佐国君治国，但他的这一理想始终没能实现。孔子认为作为恢复和加强伦理与政治的整体状态的前提有二：其一，是让有能力的人必须处在相应的位置上。“虽有其位，苟无其德，不敢作礼乐焉；虽有其德，苟无其位，亦不敢作礼乐焉。”[49]其二，公共的政治环境必须使得革新行为成为可能。雅斯贝尔斯认为这两条原则中隐藏着跟柏拉图思想相类似的地方：如果不是哲学家做国王或国王做哲学家的话，人类的状态并不能得到改善。[50]

读书人（知识分子）的最高理想是成为一个君子。在孔子看来一切的善、真、美都蕴藏在君子这一理想人格之中。在这一理想之中融进了高贵的人格思想、高贵的出身与天性，同时也融入了绅士的举止以及先哲的心境。在这里雅斯贝尔斯提醒大家值得注意的是，孔子认为君子是与圣人不同的，前者是可以通过自我教育而成就的，而后者则是天生的，是改变不了的。[51]而由孔子开始，以“志于道”为使命，以传承文化为谋生手段的士阶层开始走上了历史舞台，由此开始了中国文化独立传承发展的“道统”。

（三）根本知识

孔子以格言的形式表达了作为伦理政治来宣讲的道德规范。据此雅斯贝尔斯则描绘出了作为根本知识（Grundwissen）的一些概念特征。

孔子意识到自己所面临的重大抉择：是像道家信徒那样从世间退隐到孤独之中，还是同世人一道生活，从而去刻画、塑造这一世界？尽管他对在乱世时的隐居者持宽容的态度，但依然认为自己不应当出世。在概括孔子的思想时，雅斯贝尔斯认为，孔子的“思想所涉及的首先是人的本性；其次是社会秩序的必要性；再次是我们思维的基本方式，真理的根源与分支问题，根源的无制约性以及表象的相对性问题；最后是统摄万物并且同万物都有关联的一以贯之的大‘一’”。[52]雅斯贝尔斯最后下结论道：“无论在什么样的场合，孔子在本质上所关心的都是人类及其社会。”[53]

雅斯贝尔斯认为，人的本性是仁。在论述人与禽兽的区别时雅斯贝尔斯说：禽兽生来如此，并且完全由其本能支配其存在而没有任何思维意识。对于人自身来说，仁仍然是他的一项使命。[54]

在分析孔子强调“正名”的原因时，雅斯贝尔斯认为由于语言经常被滥用，造成名不副实的情形，存在与语言相分离。因为如果语言一旦陷入混乱状态的话，那所有的一切都将变得无可救药了。

（四）极限意识

终极事物从来没有成为孔子探讨的主题，雅斯贝尔斯认为孔子在谈到“临界境况”（Grenzsituationen）这一话题时，总是小心翼翼。孔子很少谈到生死、命运、纯粹之品德。在不可避免地谈到有关死、自然以及世界秩序的时候，他对这些问题的回答是开放的。[55]雅斯贝尔斯认为，人们完全没有可能客观地谈论这些终极的问题，它们永远不会以适当的方式成为一种对象。[56]从本质上看，人类的有些境况如死亡、痛苦、奋斗、罪责等是无法逃避或改变的。这些失败的经验带给人生存在的严肃性和超越意识。在各种临界境况之中，人类将摆脱或超越一切瞬间的世间存在，他或者从中感觉到虚无，或者感觉到真实存在。实际上，即使绝望只能存在于世间，但它所指向的却是超乎世间之外：“临界所表达的是：有另外的东西……”[57]对终极问题的探讨并不能用所谓的科学的方法，因为科学家只会把它们作为跟其他对象一样来看待的客体，而一旦它们客体化了之后，便不再是原本作为主体的自身了。于是就产生了雅斯贝尔斯所谓的主客体分裂的状态。主体的认识所把握的并不是“自在之存在”（An-sich-Sein），而是“为我之存在”（Für-uns-Sein），而后者被雅斯贝尔斯称作“现象”（Erscheinung）。很显然，“自在之存在”是从康德的“自在之物”（Ding an sich）而来，“为我之存在”来自“为我之物”（Ding für sich）。在康德看来，人的认识的极限是“自在之物”，在这个极限之内是现象界，是可以被认识的；而超出这个界限，即自在之物人是不可能认识的。在康德看来，人所能认识的自在之物，并非其“自在”的样子，而是“为我”的样子。因此在雅斯贝尔斯看来，孔子之所以对终极事物保持着开放的姿态是因为他不想将它们变成客体化了的“现象”。

雅斯贝尔斯认为，孔子从来没有过对无限的事物以及不可知事物探寻的冲动，因为这两个问题足以让伟大的形而上学家耗尽毕生的精力，不过我们在孔子对礼俗虔诚的执行之中，以及在窘迫情况下所回答的问题之中——虽然并没有很清楚地表达出来，但却为人生指明了方向，我们还是可以感觉得到他对人生终极状况的关怀的。[58]

四、孔子的人格

雅斯贝尔斯始终认为思维本身与思维实践是密不可分的。第二次世界大战之后，他对海德格尔的哲学所做的鉴定也是从对政治态度的评价中推论出海德格尔的哲学思想的。雅斯贝尔斯同样认为孔子的哲学思想跟他的政治态度是相辅相成的。孔子坚持着他自己的使命，要在世间建立一种人的道德秩序。成功与否并不重要，人性意味着要对社会群体的状况共同负起责任。[59]

孔子并不是一位宗教家、一位神秘主义者，他没有宗教的原始体验，不知道启示，不相信生命的转世。但他也不是一位理性主义者。雅斯贝尔斯认为，在孔子的思想中，引导他的是人间社会的统摄理念，只有在这样的社会中，人才能成为人。[60]孔子所关注的是世间，他热爱世间的美、秩序、真诚以及幸福，而这一切并不会因为失败或死亡而失去意义。[61]孔子并不是身怀绝技、飞檐走壁，具有超自然能力的宗教领袖，他本人拒绝对他个人的任何神化。而他的伟大之处就在于他生活在市井，作为人他有他的弱点，但他所面临的实存问题也正是我们这些凡夫俗子所要面对的。雅斯贝尔斯进而指出："在中国，孔子使理性在其全范围与可能性之中首次闪烁出看得见的耀眼光芒，并且这些都表现在一位来自百姓的男子身上。"[62] 而正是在这一点上，中国历史上没有任何一个人可以与他相提并论。

五、影响史

柳诒徵（1880—1956）曾经指出："孔子者，中国文化之中心也。无孔子则无中国文化。自孔子以前数千年之文化，赖孔子而传；自孔子以后数千年之文化，赖孔子而开。"[63] 因此孔子对中国文化史的影响可谓深远，无论怎样评价都不为过。雅斯贝尔斯认为儒家思想在中国统治长达两千多年，其中的发展可以分为三个阶段。第一阶段：在孔子殁后的几个世纪中，儒家通过孟子和荀子而形成了理论的形态，儒家学说从而变得更概念化、个性化以及系统化了。原因是《论语》中的文字，尽管较接近孔子，并且有些话果真出自孔子之口，但它们往往很简短、很零散，有各种可能性对其进行阐释。[64] 雅斯贝尔斯进而将这时的思想定位在发生期（in statu nascendi），原因是"就如同苏格拉底之前的一些哲人的思想，尽管已经得到了完成，但其内容却有着无限展开的可能性"。[65] 第二阶段：汉朝时儒家学说发展成为一套正统派理论，几近盲目迷信。儒家以事实上的统治权力赢得了新的思维形体，其学说成了训练官员的工具。这一全新的国家权力的构成，其产生的动机和情形，对孔子本人来讲都是陌生的。[66]第三阶段：宋代在形而上学和自然科学方面成就尤著。在这一方面，雅斯贝尔斯并没有进行深入论述。他只是提到正统派确立了孟子的学说为其基础。[67]实际上理学本身的发展也是一个悖论，注重"性命义理"之学的宋代理学家最初是想从已经意识形态化了的第二阶段的学说中挖掘一些长久以来被遗忘了的东西。但让他们始料不及的是，他们对部分儒家典籍的重新解释，很快便又成为新的国家教条。中国的官员阶层实际上是靠着一套考试制度来维持的。古代的知识在从前是一种规范，人们以一定的方式去继承吸收，但到了后来却变成了儒生们只知死抠的古代典籍。而作为权威的学者们也在模仿着古代，而不是从中继承最本质的东西。从这种学问之中产生了正统之学，却与生命的整体失去了一致性。[68]雅斯贝尔斯认为，儒家思想跟基督教与佛教一样也经历了自身的变化，并认为如同天主教的托马斯·阿奎那（Thomas Aquinas, 1225–1274）时代那样，儒家在朱熹（1130—1200）时代也登上了精神上的顶峰。[69]理学跟中世纪的经院哲学的产生和发展的确有诸多相似之处，经院哲学是借助于古希腊哲学的概念对基督教教义重新阐释，而理学则是为了应对佛教的挑战，借助于佛教和道教的哲学，特别是在形而上学、宇宙论和人性论上的建构，而成立的一种"新"的儒学。

自赫尔德、黑格尔以来，中国在西方的形象一改莱布尼茨、伏尔泰等的理想化了的范式，形成了平庸化的、妖魔化了的中国负面形象，中国被西方主流社会渐渐遗忘掉了。雅斯贝尔斯清楚地认识到，儒家第三个阶段的国家教条化形成了西方对中国的负面看法。欧洲人认为，中国自古以来就是这样。"这一情况一直到汉学家们对中国的真实历史进行大曝光之后，才得到改变。"[70] 也就是说，他认为发生在20世纪两次世界大战间的将中国与西方平等看待的这一范式转换，其前提是汉学家们对中国的真实历史的介绍。与莱布尼茨相比，雅斯贝尔斯对中国思想价值的认识则更值得我们倍加珍视。莱布尼茨是在耶稣会士和其他哲学家对中国文化的一片赞扬声中，认识到中国的独特价值的。而雅斯贝尔斯则是在赫尔德、黑格尔、马克思等对中国文化批判的这一传统中，重新发现了中国思想的价值所在。而将孔子置于"范式的创造者"的行列，进而与苏格拉底、佛陀和耶稣并列，处于所有人类历史的开端，这在当时无疑是非常勇敢的举动。

六、结论

汉学家福兰阁认为，孔子将过去绝对化，不是让人们面对未来，而是想使民众再回到历史之中去。他进而认为，在有序的人类社会中，人们永远不应当超越此岸的界限，由此他将自然的、形而上学的需求令人失望地搁置了起来。[71] 针对福兰阁的看法，雅斯贝尔斯认为，这样的评价对那些脱离了正道的儒家在很大程度上是正确的，但对孔子来说显然是不合适的。[72] 鲍吾刚（Wolfgang Bauer, 1930–1997）在《中国人的幸福观》（德文版1971/1974，英文版1976）[73] 中对西方流行的观点"中国一直都在向后看，他们的全部理想都是从过去中吸取的，他们对未来不感兴趣"进行了批驳，他指出：

在中国产生的几乎所有世界观中，与过去保持和谐一致的那种重要性广为人知。但是，这种现象最根本的含义却仍然没有被充分理解。很显然，其所扮演的角色和西方思想里的那种尚古——最显著的是在沙漏这种形象中——完全不同，它形成一种和未来的关联，而且永远和被压缩的、基于一点的“现在”相连。在中国，过去就像是现在的拓展；它几乎总是构成了某种基础，在此基础之上，将此时此世作为自己筹码的思想彼此冲突着。在这个意义上，过去实际上就是现在。[74]

实际上，中国人对现实和未来的憧憬是以和西方人不一样的方式进行的。雅斯贝尔斯尽管没有像几十年从事汉学研究的鲍吾刚一样对此认识得那么清楚，但已经充分意识到了这一点。在雅斯贝尔斯看来，“孔子更像是一种一往无前的生命力，因为即使是在被固定了的各种形式之中，他也是当下存在的”。[75]在雅斯贝尔斯对孔子的阐释中，明显地可以感觉到蕴含着一种对于当代西方人心灵危机的关怀。

注释：

1 袁伟时《辩证看待天安门广场树立孔子像》，载《南方人物周刊》2011 年第 4 期。

2 这是当时的小儿书《孔老二罪恶的一生》（编文：萧甘，绘画：顾炳鑫、贺友直，上海：上海人民出版社，1974 年）中的话，后来知道这本连环画的编者“萧甘”就是著名作家巴金（1904—2005）。

3 《新知识词典》编辑室编辑《新知识词典》，上海：新知识词典出版社，1958 年。

4 《新知识词典》第 154 页，“孔子”条下。

5 1926 年顾颉刚在《春秋时的孔子和汉代的孔子》一文中指出：“各时代有各时代的孔子，即在一个时代中也有种种不同的孔子呢（例如战国时的孟子和荀子所说的，宋代的朱熹和陆九渊所说的），……”1926 年 10 月 3 日在厦门大学演讲，收入顾颉刚编著《古史辨》第二册，北京：朴社，1930 年，第 131 页。

6 *Konfuzius, Materialien zu einer Jahrhundert-Debatte*. Gesammelt von Joachim Schickel. Frankfurt a. M.: Insel Verlag, 1976.

7 *Konfuzius, Materialien zu einer Jahrhundert-Debatte*. S. 12ff.

8 顾彬《“紧随你自己！”——卡尔·雅斯贝尔斯对中国可能具有的意义》，收入雅斯贝尔斯著，李雪涛等译《大哲学家》（北京：社会科学文献出版社，2010 年修订版），“中文版序”第 1 页。

9 雅斯贝尔斯著，李雪涛等译《大哲学家》，第 150 页。

10 戴密微著，胡书经译《法国汉学研究史概述》，载阎德纯主编《汉学研究》第 1 辑（1996 年 7 月），第 42 页。胡书经在此处误作“唐复礼”，后经宁波大学马骥博士指出，应当是唐在复、唐在礼（1880—1964）两兄弟中的兄长唐在复。唐在复可以算作沙畹的私淑弟子。

11 巴斯蒂著，胡志宏译《19、20 世纪欧洲中国史研究的几个主题》，载任继愈主编《国际汉学》第 8 辑（2003 年 5 月），郑州：大象出版社，第 286—296 页，此处见第 293 页。

12 顾彬（Wolfgang Kubin）教授在谈及由他主持编纂的十卷本《中国文学史》（*Geschichte der chinesischen Literatur*）时，依然一再强调格罗贝的这部文学史的价值所在。

13 Cf., Karl Jaspers, *Philosophische Autobiographie*. München: R. Piper & Co. Verlag, 1977. S. 75–76.

14 《雅斯贝尔斯 / 齐默尔：1929—1939 年间来往书信集》，收入《奥地利卡尔·雅斯贝尔斯协会年鉴》，1993 年度。(Karl Jaspers/Heinrich Zimmer: Briefe 1929–1939, aus den Nachlässen zusammengestellt von Hans Saner und Maya Rauch, in: *Jahrbuch der Österreichischen Karl-Jaspers-Gesellschaft*, hrsg. v. Elisabeth Hybašek und Kurt Salamun, Jahrgan 6 [1993], VWGÖ-Wien, S. 7–24.）

15 1957 年 2 月 24 日雅斯贝尔斯在写给汉娜·阿伦特（Hannah Arendt, 1906–1975）的信中，在谈及施美美（Mai-Mai Sze, 1909–1992）所著的《绘画之道》（*The Tao*

of Painting, New York 1956）一书的参考书目时写道："当我看到参考文献时，感到异常悲哀，在世界上我们德文的东西已经不复存在了，最著名的、难以望其项背的施陶斯的《老子》译本和评论，竟然在本书中没被引用，反之所有引文均为英文和法文。"见 *Hannah Arendt/Karl Jaspers. Briefwechsel 1926–1969*, hrsg. von Lotte Köhler und Hans Saner, München, Zürich: Piper Verlag, 1993, 2001(2. Aufl.), S. 349。

16 伽达默尔著，陈春文译《哲学生涯——我的回顾》（*Philosophische Lehrjahre*），北京：商务印书馆，2003 年，第 197 页。

17 前揭雅斯贝尔斯著，李雪涛等译《大哲学家》，第 189 页。

18 出处同上书，第 191 页。

19 出处同上书，第 189 页。

20 出处同上书，第 190 页。

21 出处同上。

22 出处同上书，第 191 页。

23 出处同上。

24 出处同上书，第 192 页。

25 出处同上。

26 出处同上书，第 154 页。

27 出处同上。

28 出处同上书，第 193 页。

29 出处同上书，第 194 页。

30 出处同上。

31 司马迁著《史记》，北京：中华书局，1959 年，第 1944 页。

32 前揭雅斯贝尔斯著，李雪涛等译《大哲学家》，第 196 页。

33 出处同上书，第 128 页。

34 出处同上书，第 196—197 页。

35 出处同上书，第 159 页。

36 出处同上书，第 128 页。

37 Karl Jaspers, *Was ist Philosophie? Ein Lesebuch*, München, Zürich: Piper Verlag, 1976. S. 391.

38 杨伯峻译注《论语译注》，北京：中华书局，1980 年，第 66 页。

39 前揭雅斯贝尔斯著，李雪涛等译《大哲学家》，第 132 页。

40 出处同上书，第 129 页。

41 出处同上书，第 130 页。

42 转引自 Ram Adhar Mall und Heinz Hülsmann, *Die drei Geburtsorte der Philosophie: China, Indien, Europa*, Bonn: Bouvier Verlag, 1989. S. 147。

43 前揭雅斯贝尔斯著，李雪涛等译《大哲学家》，第 132 页。

44 出处同上书，第 134 页。

45 出处同上书，第 135 页。

46 Karl Jaspers, *Philosophie II. Existenzerhellung.* Vierte, unveränderte Auflage. Berlin,

Heidelberg, New York: Springer-Verlag, 1973. S. 56.

47 Karl Jaspers, *Was ist Philosophie? Ein Lesebuch*, München, Zürich: Piper Verlag, 1976. S. 44.

48 前揭雅斯贝尔斯著，李雪涛等译《大哲学家》，第 136 页。

49 《中庸》第二十八章之四，见朱熹撰《四书章句集注》，北京：中华书局，1983 年，第 36 页。

50 前揭雅斯贝尔斯著，李雪涛等译《大哲学家》，第 139 页。

51 出处同上书，第 139 页。

52 雅斯贝尔斯在论述“贯穿万物的‘一’”时写道：“‘我的整个学说贯穿着一个基本概念’：中（中庸）——必要时或许也可以解释为另一个词：恕（平等、相互性、慈爱）。”（雅斯贝尔斯著，李雪涛等译《大哲学家》，第 147 页）雅斯贝尔斯的这一解释的根据不知道是什么。依据《论语》里仁 15：“曾子曰：‘夫子之道，忠恕而已矣。’”在这里，“忠”无论如何是不可能解释为“中庸”的“中”的。孔子给“恕”下的定义是：“己所不欲，勿施于人。”而“忠”则是“恕”的积极一面，乃是“己欲立而立人，己欲达而达人”。参考笔者在《孔子》译文中的注释：《大哲学家》，第 147 页，注 4。

53 出处同上书，第 141 页。

54 出处同上。

55 出处同上书，第 148 页。

56 出处同上。

57 Karl Jaspers, *Philosophie II. Existenzerhellung.* S. 203.

58 前揭雅斯贝尔斯著，李雪涛等译《大哲学家》，第 149 页。

59 出处同上书，第 153 页。

60 出处同上书，第 154 页。

61 出处同上。

62 出处同上书，第 155 页。

63 柳诒徵《中国文化史》（上），北京：东方出版社，2008 年，第 226 页。

64 前揭雅斯贝尔斯著，李雪涛等译《大哲学家》，第 158 页。

65 出处同上书，第 158—159 页。

66 出处同上书，第 159 页。

67 出处同上。

68 出处同上书，第 161 页。

69 出处同上书，第 159 页。

70 出处同上。

71 出处同上书，第 160 页。

72 出处同上。

73 Wolfgang Bauer, *China und die Hoffnung auf Glück*, München: Carl Hanser Verlag, 1971/1974; Wolfgang Bauer, *China and the search for Happiness*, NY: The Seabury Press, 1976.

74 鲍吾刚著，严蓓雯等译《中国人的幸福观》，南京：江苏人民出版社，2004 年，“前言”第 5 页。

75 前揭雅斯贝尔斯著，李雪涛等译《大哲学家》，第 161 页。

第六章　道及统摄

——雅斯贝尔斯对老子思想的认识

德国哲学家对老子的阐释，有着其独特的问题意识和研究方法，因此尝试分析和挖掘其方法论与问题视角是很有意义的。而德国哲学家所处的德意志文化和历史氛围，决定了他们的老子研究是通过对作为客体的异质文化的分析，为理解自己提供一面镜子。实际上，对德国哲学家老子研究的再认识，重要的不仅仅在于分析其所使用的方法，更重要的是关注其观点背后的问题意识及思想源泉。德国哲学家由于在不同时代所关注的核心问题都是不同的，因此，他们对老子研究的问题意识也随着时代思潮的变迁而不断变化。

与孔子比较起来，老子在德国更受到读者的欢迎，《道德经》的德文译本超过了100种。较早对老子做哲学研究的是德国哲学家，包括黑格尔、谢林（Friedrich Wilhelm Joseph von Schelling, 1775–1854）等著名哲学家，都对老子哲学做了阐述。[1] 其中尽管不乏今天看来很粗疏的研究，但作为当时主流思潮中的哲学家，他们将老子研究纳入了他们的学术视野和哲学体系之中，这本身说明了他们对老子思想的重视。作为20世纪上半叶实存哲学巨擘的雅斯贝尔斯，也曾深入地探讨过老子的学说，在1957年出版的《大哲学家》一书中，[2]他将老子归在了“原创性形而上学家”（Aus dem Ursprung denkende Metaphysiker）的范畴之中，进而与阿那克西曼德、赫拉克利特、巴门尼德斯、安瑟尔谟、斯宾诺萨以及龙树并列。这说明，在雅斯贝尔斯看来，老子虽然没有创造影响世界的思想范式，但老子独具原创性的哲学思考方式，也能够用来表述深层次的哲学问题。“由于永恒之物与非历史之物是这一思想的意义之所在，由于它是超出一切历史的，所以形而上学家们的相近之处就不局限于一个文化圈，不局限于西方。我从亚洲选取了老子和龙树。”[3]正是这种对“永恒之物”（das Ewige）和“非历史之物”（das Ungeschichtliche）的追求，使得雅斯贝尔斯将视野拓展到了欧洲以外的世界。跟以往的哲学家不同，雅斯贝尔斯对老子的研究已经不再局限于勾勒出老子思想的大概，而是在史陶斯、卫礼贤等人的译本和阐释的基础之上，尝试对老子进行全新的诠释。[4]雅斯贝尔斯以其哲学方法深入了老子的文本之中，他在很多具体的细节方面常常有突破性的新理解。他以独特的方式对老子的思想进行了深度的挖掘，同时，这项研究本身也完善了他的哲学思想，使他的实存哲学观中有了新的内涵。

一、雅斯贝尔斯对老子思想认识的资料来源

从雅斯贝尔斯在《大哲学家》书后所列的“参考文献”中，我们可以找到与“老子”一章有关的“原始资料”和“研究资料”，

从中可以看出雅斯贝尔斯对老子思想认识的资料来源。下面我们来看一下具体有哪些“原始资料”：

Tao te King, deutsch mit Kommentar und Einleitung v. V. v. Strauss, 1870, Neudruck Leipzig 1924.

（《道德经》。史陶斯译成德文，并附有评论与导论）

Tao te king, aus dem Chinesischen übers., mit Einleitung versehen und erläutert v. J. Grill, Tübingen 1910.

（《道德经》。格里尔译自中文，并附有导论和解释）

Tao te King, deutsch v. R. Wilhelm, Jena 1915.

（《道德经》。卫礼贤德译）

Tao te King, deutsch v. J. S. Weiß, Leipzig o. J.[5]

（《道德经》。J. S. Weiß 德译）

Laotse, herausgegeben v. Lin Yutang; aus dem Englischen ins Deutsche übers., Frankfurt a. M. O. J. (1955).

（《老子》。林语堂著，自英文翻译成德文）

从上述“原始资料”我们可以看出，雅斯贝尔斯选取了当时德语世界中最重要的老子译本。除了史陶斯的译本之外，他还使用了包括格里尔（Julius Grill, 1840–1930）、卫礼贤、魏斯（John Gustav Weiß, 1857–1943）、林语堂的译本。

作为图宾根大学新教神学的旧约学学者，格里尔的《道德经》译本更多的是从哲学上阐述老子的主张。有关老子他指出：“就老子作为一种伦理世界观的创立者而言，在这位中国智者那里，我们可以获得最高的意义尺度。”[6] 由于他本人也是印度学家和比较宗教学学者，他一直将不同的宗教和哲学进行比较，在这个译本中，格里尔也一再对耶稣和老子的思想进行了比较。

卫礼贤实际上早在1911年就出版了《道德经》的德文译本，这一译本不仅对后来的雅斯贝尔斯，同样对作家布莱希特（Bertolt Brecht, 1898–1956）也产生过非同一般的影响。[7]这部译本除了有长达32页的“前言”（Vorwort）和“导论”（Einleitung）之外，正文部分分为：“第一部分 道”（Erster Teil: Der Sinn）、“第二部分 德”（Zweiter Teil: Das Leben）以及“解释”（Erklärungen）。后来卫礼贤在很多著作中都选编了他翻译的《道德经》的内容，[8]因此他的《道德经》译本的传播可谓极广。

曾担任过内卡河畔的艾博巴赫（Eberbach am Neckar）市的市长34年之久的魏斯，对历史、哲学有着浓厚的兴趣。他的这本《道德经》并不是一个新的译本，而是将以往的德文、英文和法文的译本相比较之后产生的结果。他在前言中指出，他的目的在于从不同的译本中捋出一个头绪来。魏斯在学术方面基本上没有什么大的成就，雅斯贝尔斯选择他的这个译本的原因，很可能是因为这位政治家曾经在海德堡大学学习哲学，[9]并且在那里获得哲学博士学位。

林语堂的书曾经有一段时间在德国是非常流行的。这位后来在美国成为英语畅销书作家的学者，曾于1921—1923年在德国学习，并在莱比锡大学获得博士学位。1935年，林语堂在美国出版了他的《吾国与吾民》，此书一年后便被翻译成了德文。[10]后来林语堂的几本重要的英文畅销书都被译成德文。在哲学家雅斯贝尔斯看来，这部德文版《老子》[11]则为自己提供了中国人对老子哲学理解的视角。

雅斯贝尔斯之所以选取了《道德经》的诸多不同译本，他曾通过第六章的一个例子予以了说明：“我想规劝大家的是，只读唯一的一种译本是不可取的做法。”[12]在这里，雅斯贝尔斯实际上秉承了德国《圣经·新约》文本批判之父格里斯巴赫（Johann Jakob Griesbach, 1745–1812）“同观福音”（Synopsis）的传统。作为信义宗新约学家，格里斯巴赫用语文学的批判方法来研究新约：1776 年他将马太、马克、路加三福音书中的用词、顺序、材料选择进行对比研究和阐释，认为这种方法是研究圣经新约的不可或缺的辅助手段。格里斯巴赫的研究直接影响了圣经诠释学（Exegese），产生了最著名的“两个来源理论”（Zweiquellentheorie）的学说，认为马可福音的材料跟路加和马太福音不同。[13]雅斯贝尔斯正是运用了这一方法，对不同德文译本的《道德经》进行了研究和阐释。

相关的“研究资料”如下：

Chantepie de la Saussaye:

Lehrbuch der Religionsgeschichte: vierte, vollständige neu bearbeitete Auflage, hrsg. v. A. Bertholet u. E. Lehman, 2 Bde., Tübingen 1925.

（索赛：《宗教史读本》，蒂宾根，1925 年）

Forke, Alfred:

1. *Geschichte der alten chinesischen Philosophie*, Hamburg 1927.

2. *Geschichte der mittelalterlichen chinesischen Philosophie*, Hamburg 1934.

3. *Geschichte der neueren chinesischen Philosophie*, Hamburg 1938.

（佛尔克：《古代中国哲学史》，汉堡，1927 年；《中世纪中国哲学史》，汉堡，1934 年；《近代中国哲学史》，汉堡，1938 年）

Granet, Marcel:

1. *La civilisation chinoise*, Paris 1929.

（葛兰言：《中国的文明》，巴黎，1929 年）

2. *La pensée chinoise*, Paris 1934.

（葛兰言:《中国的思想》，巴黎，1934 年）

Groot, J. J. M. de:

Universismus – Die Grundlagen der Religion und Ethik, des Staatswesens und der Wissenschaften Chinas,

Berlin 1918.

（高延:《天人感应说——中国的宗教与伦理、国家制度以及学术的基础》，柏林，1918 年）

Grube, Wilhelm:

Geschichte der chinesischen Literatur, Leipzig 1909.

（格罗贝:《中国文学史》，莱比锡，1909 年）

Hackmann, Heinrich:

1. *Chinesische Philosophie*, München 1927.

（哈克曼:《中国哲学》，慕尼黑，1927 年）

2. *Der Zusammenhang zwischen Schrift und Kultur in China*, München 1928.

（哈克曼:《中国文字与文化间的关系》，慕尼黑，1928 年）

Wilhelm, Richard:

Chinesische Philosophie, Breslau 1929.

（卫礼贤:《中国哲学》，布莱斯劳，1929 年）

Zenker, E. V.:

Geschichte der chinesischen Philosophie, 2 Bde., Reichenberg 1926–1927.

（岑克:《中国哲学史》，2 卷本，莱辛贝尔格，1926—1927 年）

在以上的“研究资料”中，雅斯贝尔斯列举了 19 世纪末 20 世纪初德语和法语的汉学名著，整体上来讲是西方有关中国思想、哲学、宗教史和文化史最重要的著作。索赛（Chantepie de la Saussaye, 1848–1920）可以说是现代宗教学的创始人之一，他曾任阿姆斯特丹和莱顿大学的宗教史教授，2 卷本的《宗教史读本》系第四版，其中收入了汉学家福兰阁（Otto Franke, 1863–1946）所写的“中国人的宗教”（Religion der Chinesen），对包括道教在内的中国宗教进行了详细的论述。这些对雅斯贝尔斯理解作为道教的老子思想，都是非常重要的文献。

跟一般欧洲汉学家对中国历史的分析类似，佛尔克认为从三代到秦是“古代”，从汉到唐末是“中世纪”，而自宋代以来是“近代”。因此有关老子的研究，被归在了《古代中国哲学史》的第三章“道家”（Die Taoisten）之中。而有关老子又分为四部分：其人格、《道德经》、老子的学说（形而上学、伦理学和政治学）、对老子的评价。[14] 佛尔克的这部哲学史，在论述过程中引用了丰富的原始文本的译文，并依据文本分析得出其结论。

有关葛兰言、高延、哈克曼的中国研究著作，本书在第五章中予以了论述，此处不再重复。柏林大学格罗贝的《中国文学史》尽管是文学史的一种，但其实是一部文化史，其中第四章是“老子及道教”（Lao-tszĕ und der Taoismus），格罗贝用了 30 多页的篇幅对《道德经》及其他道教代表人物的思想做了介绍。[15] 卫礼贤的《中国哲学》尽管是一本仅有 128 页的小册子，[16] 但却对作为中国哲学的道家学说做了详细的介绍。卫礼贤将“道”译作 Sinn（指称的内容），这是与 Bedeutung（指称的对象）相对的词，一般被认为是“真谛”，相当于黑格尔的“绝对知识”（das absolute Wissen）概念。卫礼贤认为，老子所谓的“道”既非精神现象、亦非物质现象，既非存在、亦非不存在，是一种无法用语言来表达的直接经验，或者说是某种超验的东西。岑克（Ernst Victor Zenker, 1865–1946）是奥地利的记者和政治家，他最重要的著作是1895年出版的《无政府主义理论批评史》，[17]该书也被翻译为英语和俄语出版。由于岑克有关中国哲学史的两卷本著作的标题为《首次从原典来论述的中国哲学史》，[18]这可能是雅斯贝尔斯选择这部书的原因。但岑克并没有正式学习过汉学，佛尔克认为岑克的著作中的翻译是非常成问题的，而他的分析却是建立在这些译文基础之上的。但他同时认为，这两部著作对于那些已经比较熟悉中国哲学的读者来讲，会有一些启发和教益的。[19]除了在这部书的上卷中有有关老子和《道德经》的翻译和论述外，岑克后来在1943年还写过一篇《早期的道家》的文章，[20]对此雅斯贝尔斯并没有予以关注。

二、史陶斯的《老子》译本

（一）对史陶斯老子译本的评价

作为哲学家的雅斯贝尔斯尽管使用了史陶斯以来《老子》的各种译本，但他并没有将他的探索局限于早期汉学家研究的基本立场和理解框架，而是突破了传统语文学汉学研究的藩篱，以哲学特别是实存哲学的问题意识和方法论达成了对老子的独特理解。而基于语文学传统的史陶斯《老子》译本，无疑为雅斯贝尔斯的哲学阐释奠定了基础。其实文本的翻译和转换，会不断产生新的、多元的视角，同时也增加了看问题的深度。不同时代的《老子》译本以及各种不同的阐释，对雅斯贝尔斯来说既是挑战，同时也是讨论各类问题的出发点。

雅斯贝尔斯在《大哲学家》中对史陶斯的《老子》译本大加赞赏：

史陶斯所作的注释在于把读者引向翻译中的难点问题，中文原句的意义以及词句的多种含义。此外，他受过传统的德国哲学训练，因此他的阐释透彻、审慎，有时也带点奇特的哲学味道。即便是译文晦涩难懂，也会在注释中找到他之所以这样做的原因。在使用这一杰出的译本同时，我还参照了其他新出的一些译本。在发现这些新译本跟史陶斯的译本有偏差时，再读史陶斯的注释，真令人信服不已，他会告诉你他这么译的理由，并且他常常事先就能认识到后来才出现的异议。史陶斯这本乍读起来令人费解的译本，也许正因为此才是最好的译本。这一译本不易读懂，需要借助于注释的帮助才能理解那简短、含蓄的背后所隐藏的真意。[21]

雅斯贝尔斯并不认为，一个一眼就可以看明白的译本，是所谓的好译本。只有经过反复阅读之后，才能认识到其中的真谛，这才是好的译本。此外，雅斯贝尔斯也深深地知道，仅仅通过译本的比较研究来达到对老子思想的整体把握并不是一件容易的事情。因为：

对于那些不是汉学家的人来讲，对这本书的研究只能是通过对为数众多的译本以及评注比较来进行。如果像读康德、柏拉图、斯宾诺莎那样来读老子，他将一无所获。译文毕竟不像使用自己的语言那样直截了当，而像是透过含混不清、雾气蒙蒙或过于直接让人领悟的中间媒介才能理解其中的含义。况且，单音节的汉语语言以及汉语文字语言的特征，对我们来说都是极为陌生的，因此不是汉学家的人是不可能确定其确切性的。（参阅：如哈克曼）[22]

雅斯贝尔斯能通过译本和研究著作，而不用通过研读原文，迅速把握住这些经典的精髓所在，这是跟他所选择的这些资料有很大关系的。在这里，他对《老子》译本的研读，很像是东晋时期道安（314—385）"合本会译"方法的运用，即以不同的般若系经典译本，互相参照补充。道安的弟子僧叡（约354—约420）后来参加了鸠摩罗什（344—413，或350—409）的译场，他在《大品经序》中认为道安对性空的理解是符合般若思想的："标玄指于性空，……亹亹之功，思过其半。"[23]通过译本和研究著作，而不用通过研读原文，快速把握住这些经典的精髓所在，这当然需要一个人的智慧和禀赋。

史陶斯认为，欧洲人在意义的理解方面长于中国人，但中国人对词语含义细微之处的理解却有着许多值得欧洲人学习的地方。《道德经》文本的内容大多短小简练，一个字往往蕴含多层的含义，史陶斯在释意的前提下也尽量追求与中文原文的对应，并且在此基础之上做到德文的言简意赅以及词语押韵。在论及"道"这一老子思想的基本概念时，卫礼贤将其转译作"Sinn"，其他的德语译者还尝试把"道"翻译为"理性"（Vernunft）、"逻各斯"（Logos）、"上帝"（Gott）、"道路"（Bahn）、"正确之道"（rechter Weg）等。雅斯贝尔斯认为，"如果把道看作是人格化了的神——男性或女性——的话，那么可以把它称作'der Tao'（阳性的道）或者'die

Tao'（阴性的道）。不过译作'das Tao'（中性的道）无疑是最恰当的"。[24]毫无疑问，对于"道"这种难以翻译的哲学概念，史陶斯的直译方式给予了读者最大的想象空间。

（二）汉学家史陶斯以及其他学者对"轴心时代"观念形成的影响

史陶斯的《道德经》译本不仅为雅斯贝尔斯论述老子思想提供了底本，同时也为他"轴心时代"（Achsenzeit）观念的形成提供了史实。

雅斯贝尔斯除了对史陶斯的《道德经》译本倍加赞赏外，他在《论历史的起源与目标》一书中，还援引了史陶斯在《老子》译本中有关"轴心时代"史实的评论：

> 在中国老子和孔子生活的前后几个世纪中，所有的文化民族都经历了一场神奇的精神运动。在以色列，耶利米、哈巴谷、但以理、以西结在预言着，从巴比伦归来的囚徒以重新复兴的一代的身份（公元前521至公元前516年）在耶路撒冷建立了第二座神殿。在希腊人中，泰勒斯依然活着：阿纳克斯曼德、毕达哥拉斯、赫拉克利特、色诺芬纷纷登场，巴门尼德已经出生。在波斯人当中，查拉图斯特拉对古代教义的重大改革，似乎也得到了实施。在印度则出现了佛教的创始人——释迦牟尼。[25]

在这里，作为汉学家的史陶斯所谓"在中国老子和孔子生活的前后几个世纪中"的"神奇的精神运动"其实可能包括两次较大的突破：一是周灭殷商之后，周人从殷商神权崇拜和天命观的禁锢中苏醒过来，历史意识获得了解放；二是老子、孔子生活的春秋时代，周王室已经式微，礼乐文明一蹶不振，孔子因此提出了“仁”、老子提出了“道”等著名的学说，从而使历史意识再次获得解放。正是这两次的突破，构成了中国智者终极关怀的觉醒。尽管在雅斯贝尔斯的著作中只提到了春秋战国百家争鸣阶段的突破期，但无疑这是接受了汉学家史陶斯以上的看法。正是史陶斯和其他历史学家对轴心时代史实的描述，促使雅斯贝尔斯深层次地去思考这样的一个问题：纵观轴心时代的全貌，亦即中国、印度和希腊的先哲在这一时期都开始意识到整体的存在，自我以及自我的局限，[26]而这些不可能是历史的巧合所造成的幻觉游戏。雅斯贝尔斯确信，这背后隐藏着某种深刻的共同的东西，即人之存在的本源（Ursprung des Menschseins）。[27]

而轴心时代更为精确的共时性，以及跟有意识、有思想的整个人类精神史的密切关联，[28]也使雅斯贝尔斯开始探究：究竟是什么造成了轴心时代的史实呢？史陶斯对这一现象的解释，无疑对雅斯贝尔斯极具启发性。史陶斯认为：

> 历史上并不缺乏这一类似现象，并且通过它们可以推测出非常神秘的法则。这一现象一方面由于其共同根源，可能有人类的整个有机体方面的原因，而另一方面则具有更高的精神潜能的影响力作为其前提，这就好像是自然的花茎只有通过生机勃勃的阳光的反复照射才能展现其壮丽景色一般。[29]

尽管雅斯贝尔斯认为，与其说史陶斯是在解释“轴心时代”的原因，毋宁说他是用另一种方式来说明这一神秘现象。史陶斯的错误在于，通过整个历史上的类似的例子，轴心时代类似现象的历史事实的独特性降低了。[30]尽管如此，史陶斯所列举的史实对雅斯贝尔斯“轴心时代”观念形成的影响却是无疑的。

三、道与统摄

在老子这一章中，雅斯贝尔斯分三部分来阐述老子：首先是对老子的生平及著作做了简单的介绍；在第二部分，雅斯贝尔斯通过对“道”以及“道”与世界、生命的实践和驾驭人类社会的实践做了论述，这也是雅斯贝尔斯对其自身观点在老子哲学中反映的论证；而最后一部分——独特性与批判，雅斯贝尔斯总结了老子哲学观点的特色及其局限性。

（一）对《道德经》的评价

雅斯贝尔斯对老子的《道德经》有非常高的评价：

> 展现在读者面前的是一部卓越的和谐之作。相同思想以多种多样的变通的方式予以重复，它是事实上的而并非靠文字假名所阐明的一贯的体系，我们能明显地感觉得到这一特征。尽管书中并没有条理清晰的术语，但是从中依然可以把握住对事物整体性进行阐述的方法。它那充满悖论的语句所产生的说服力（不包括那些在智力上随意的诙谐游戏话），它那缜密的态度以及它那被引向似乎是神妙莫测境界的思想深度，使这部书

成为一部不可替代的哲学著作。[31]

雅斯贝尔斯的哲学努力在于改变学院派哲学的体系传统，建立一种真正对人的实存有实质意义的新哲学。而老子对问题的阐述方式，让雅斯贝尔斯感到耳目一新。

按照从古希腊流传下来的哲学分类传统，西方将哲学分为形而上学、宇宙起源说、伦理学以及政治学。当雅斯贝尔斯带着这些标签想对老子的思想做分类时，他却没能成功：

> 在老子那里，所有这一切都包容在“一”之中，这是老子敏锐深刻的基本思想。在一短短的章节、有限的几句话中，就同时包罗了所有以上四个方面的要素。在对这些章节不得不进行阐述及逐一进行论述时，会涉及这一哲学中的一种基本思想或对生活的认识。只有当这个“一”在现实中相继为人们所认识时，这一阐述才算是达到了目的。[32]

雅斯贝尔斯在使用西方的哲学术语来研究老子时，明显地感到了其局限性。“一”是跟雅斯贝尔斯的“统摄”非常接近的概念，因此，老子在阐述“道”时所使用的否定式的表达方式（negative Formulierung），也为雅斯贝尔斯认识统摄提供了很好的借鉴。雅斯贝尔斯认为，去进行思想的尝试表明，一切存在的思想（alles Denken des Seins）仅仅是存在和最终真理究竟是什么的“失败的表达”（der scheiternde Ausdruck）。[33] 如何用有形的哲学概念来表达无形的“一”，为了避免人们将之误解为有限的存在物意义上的东西，必须用一种无限的统摄的抽象思想来代替对周围一切有限事物的想象。与“统摄”一样，老子的“一”也不在分裂之中，中国智者对它的认知方式，无疑是极具启发性的。

（二）道乃统摄

如果要研究雅斯贝尔斯对老子的认识，我们就无法脱离他所处的德国思想语境。作为20世纪上半叶最重要的实存哲学家之一，雅斯贝尔斯对老子的研究在很大程度上是考察在人类历史上中国文明是以何种方式达到“统摄”的，老子在达至终极真理的方式方面，给予了雅斯贝尔斯极大的启发。同时，雅斯贝尔斯一直有建立世界哲学的雄心，这也奠定了他理解欧洲以外哲学的兴趣。他开始以崭新的视角来审视欧洲以外的文明和哲学。因此，雅斯贝尔斯在研究老子时的思考路径和分析方法，是非常值得我们关注的。

实际上，雅斯贝尔斯是在西方和中国思想传统的对比之中认识作为哲学家的老子的，老子对生命和社会的思考也使得雅斯贝尔斯对他哲学中的一些既定概念和范畴做了反思。

雅斯贝尔斯在对老子哲学进行阐述时，一开始便提出了三个问题：“第一，道是什么；第二，宇宙万物是如何从道中产生、又如何归于道的；第三，作为个体的人以及国家统治状态下生活的人，是如何在道中生活的，又是怎样失去道，又重新赢得它的。”[34]随后，雅斯贝尔斯对这几个问题进行了实存哲学式的解答。关于“道是什么”的问题，雅斯贝尔斯很自然地将“道”与实存哲学中的“统摄”概念结合起来予以阐释。在雅斯贝尔斯看来，“统摄”是那样一种东西，其自身并不显现，而一切别的东西却在它的里面对我们显现出来。而老子在《道德经》中所描述的道也正符合“统摄”的这一特性：“道可道，非常道；名可名，非常名。无名，天地之始；

有名，万物之母。”[35]“道”是不可言说的，是看不见、听不到、摸不着的，只可能通过世间的“存在物”（das Seiende）让我们感受到它的存在。雅斯贝尔斯通过《道德经》中老子对道的表述，对道的定义、特性、表现形式等进行分析，说明作为物质本源概念存在的“道”便是他实存哲学中的“统摄”：“道存在于充满一切可能性的虚空而不是世界的所有纯粹现实性之中——我们可以如是解释道，跟存在相比它更多地存在于非存在之中；与所有具体的可以区别的、被规定了的存在物相比，它更多地存在于无差别的基础之中。”[36]雅斯贝尔斯在“道”与“统摄”中找到了共同之处，而作为对事物本源性探讨的“统摄”便是老子所提出来的“道”。

雅斯贝尔斯从老子的“道”中看到了他自己哲学中的核心概念“统摄”，他不仅认为这两者可以相互比较，甚至认为在某种程度上可以互为解释。“道”自身尽管是一个绝对肯定的整体，但并不能用语言予以直接定义，而必须通过否定性的表述予以说明。“统摄是那一直在昭示着的东西……其自身永远不会成为对象或地平线。它是这样一种存在，其自身不出现，但其他一切皆从中向我们显现。”[37]雅斯贝尔斯一再强调，“统摄”跟“存在”一样，都是不可以被揭示为对象物的。[38]因为“统摄”存在于主客体的分裂之前。它是一切对象物的根本、源泉，一旦用肯定的方式予以定义，那么它就成为对象化。雅斯贝尔斯在解释“道”的时候说：“如若要谈论道，那必然要用否定的陈述形式……如果想要肯定地说出其存在的话，这就意味着只是暂时的、有限的描述。”[39]“道乃统摄。”[40]

显然，世界是处于主客体分裂之中的，而“统摄”尽管包含了这一分裂，但其自身是不可能成为客体的。一旦我们进行思考，势必落入分裂的状态之中，但正是通过分裂后的对象性的临界状况，我们才会得到有关“统摄”的暗示，进而达到“统摄”本身。跟“道”一样，“统摄”也不可以成为思考的对象，且它成为思想的内容，就不再是真正的、没有分裂的“统摄”了：

> 道是先于世界之生成而存在的，故而它先于一切的差别。它是作为自在而被想象出来的，因此既不能与他物相比照，也不能在自身之中被分裂。因而在道之中，譬如实然（Sein）与应然（Sollen）是同一的；世界中被分离的，相互对立的一切在先于世界之时是一体的；万物发生发展所遵循的法则，跟其所应当遵循的法则是同一个；自古以来就一直存在的秩序，跟真正合乎道德规范的行为所产生的秩序并无两样。但是这一对立的一体存在（Einssein）不能随即被理解为世界之中的一个特殊存在，也不可能是世界的全部。它是先于世界而存在的，也是世界的终极。世界的形成意味着分离与区别，分裂与对立。[41]

表面上雅斯贝尔斯是在这里叙述先于世界生成而存在的“道”，实际上这一切正暗合了他的“统摄”的观念。

雅斯贝尔斯认为，跟人类社会上所有最伟大的哲学家一样，老子并没有把自己的思想囿于已知的事物上，而是从“统摄”中捕捉着思考的源泉。他那延伸至最深远处的思想真可谓无所不包。老子本人并不能被归于神秘主义者、伦理学家、政治家。老子的“道”乃是在超越了所有有限性时达到的最深层次的宁静，而有限本身，只要它们是真实的、现时的，也都充满着“道”。这一哲学思考便活在了世间，进入了世界的根源之中。[42]

雅斯贝尔斯同样认为：

> 这些哲学思考之局限性只有通过那些被超越之物出现或不出现时，通过作为在时间性意识中的现实性中不可避免的中间环节时，才显露自身。因为这些中间环节乃是进行超越的阶梯，或者说是使现实得以成为当前的方式，也正是借助于现实，根源才会被体验得到。这些中间环节在超越之中予以保留，并赋予如果没有它们的存在就变成空虚的超越以内容。在老子那里所感觉得到的局限并非在他哲学思想之巅峰，而是在这些中间阶段之中。[43]

我们知道，雅斯贝尔斯在探究终极的真理时，很少谈及存在，他所关注的是存在的方式；很少谈及“统摄”，他所关注的是接近或达到“统摄”的方式。因此对他来讲，在“得鱼”之前，“筌”依然是至关重要的。

（三）作为世界和一般意识的道

在将“统摄”运用到对“道”的诠释之后，雅斯贝尔斯便可以基于其实存哲学的观念体系来对“道”与世界、人等的关系进行考察。雅斯贝尔斯认为，统摄的出现有两个基本方式：“其一是存在本身（Sein selbst）在其中得以显现的统摄，称作世界。其二是我存在（ich bin）和我们存在（wir sind）的统摄，称作一般意识（Bewußtsein überhaupt）。”[44]在“道与世界”中，雅斯贝尔斯考察了“道”显现而成之世界，他通过《道德经》中的论述分析总结了“道”存在于世界之中的各种特征，从“它是作为虚无而存在的”

到“它既有作用又好似不起作用”直到最后认为“道出脱于善恶之外却能给予世界帮助”。[45] 雅斯贝尔斯以他自己对老子在《道德经》中对道描述的理解，表述了作为万物本源的“道”是如何显现于世界的。之后，基于其统摄的观念，雅斯贝尔斯并没有详细论述老子之“道”是如何创造世界万物的，但却详细地描述了世界之生成与“道”的存在和作用，即“道原本是一分为二的”，“道具备世界存在的基本要素”[46] 等。

世界形成之前对作为本源存在的“道”的探寻实际上就是对“统摄”的澄明，而统摄出现的第二种基本方式“一般意识”，是对人意识和个体实践的探究，这在老子哲学中体现为道与个体的人、道与国家之统治是如何相互作用的。雅斯贝尔斯认为人是不可以被限定的，所有个人的形态表现都是其无限而未知的全体的局部现象而已，因此他特别尊重“每一个个体的无限性”。[47] 在他看来，“实存并非真实存在（Sosein），而是存在之可能（Sein-können），也就是说，我不是实存，而是实存的可能，我并不拥有自身，而是趋向自身”。[48] 对于人的关注一直是雅斯贝尔斯实存哲学中的重要部分，道与个体的人这一部分所谈及的便是生命的实践——作为人的基本特征：通过“无为”来起作用，以“无”获得“有”，依靠“柔”达到“刚”。[49] 但这一切并非总是必然发生的，人可能发生对“道的背离”：“最为本质的背离乃是自我意志，与此相同的尚有行为的蓄意，其中包括对自我的审视，以及存心的、有目的的钻营。”[50] 雅斯贝尔斯通过老子《道德经》对“德”的描写得出了人背离道的原因及影响，雅斯贝尔斯认为老子所说的“德”即高尚的品德，也即真正的生活，而这种生活是与道共存，并与道息息相关的——因“道”而可“德”，因“德”而得“道”，亦如雅斯贝尔斯所说“人也只有遵循着道才可能走上正确的道路”[51]。雅斯贝尔斯认为，“蓄意”（Absichtlichkeit）和“自我意志”（Sichselbstwollen）则表现在对事物某一方面的过度关注而忽视了对立中的统一，缺少整体的眼光，从而导致了道的背离。这种背离使人失去了包容性统摄，也失去了道，同样也可能失去德。[52]

如何才能从道的背离中回归呢？如果我们从雅斯贝尔斯实存哲学观来看这个问题的话，也就是如何能实现超越？雅斯贝尔斯认为老子是通过“无为”来实现的：“这一无作、无为，可以理解为所达致的无心境界的起源。”“无为乃是起源的自发性行为本身。”[53] 雅斯贝尔斯认为，唯有通过无为才能达到与道一体之存在。就像是“临界境况”所指向的是虚无或超越一样，尘世间的生命实践所展示给我们的同样是“无或永恒”（Nichts oder Ewigkeit）。[54]

除了生命的实践之外，雅斯贝尔斯也论述了驾驭人类社会的实践，亦即道与国家之统治。在此，雅斯贝尔斯认为老子依旧以“无为”为其根本指导思想。统治时“无为而治”，战争上“以柔克刚”，刑罚方面也是“天网恢恢，疏而不漏”。[55] 雅斯贝尔斯认为，道是根源性的真理（die Wahrheit des Ursprünglichen）——“它触及人类最高可能性的源泉”。[56]

雅斯贝尔斯在最后一部分具体分析了老子哲学的独特性及其局限性。雅斯贝尔斯认为“老子的思想所针对的是在我们之中以及在我们之外的统摄一切的始源。这一思想提醒我们记起在有目的的意志和有限的悟性之空间中常常被忘却了的东西。……老子提醒我们，如果人类不愿沉沦于虚无的话，那就不应该与这一根源分离”。[57] 这样的一个根源当然是没有分裂之前的“统摄”。各种效仿老子的人物，雅斯贝尔斯提到的有隐者、生活艺术家、文学家、术士和暴力政治家，他们完全没有理解老子的思维方式，从而将老子词句中对象化内容直接作为能够认知的东西并作为行为规范，对老子传达中的思维方式产生误解，“不仅不朝着不可言说的方向发展，更多地被理解为对存在对象性的认识，或者作为伦理行为的规定或者正确的国家制度的构想”，[58]因此雅斯贝尔斯得出了这样的结论：“最为深刻的思想家也会遭到最为极端的颠倒。”[59]

雅斯贝尔斯从老子的哲学中也发现了其局限性：“在任何的苦痛中老子保持着乐观的心境。”[60]他也将老子对现世的肯定与佛教和基督教做了比较：

> 人们既不知道佛教轮回给人构成的威胁，因此也没有想要逃出这痛苦车轮的内心的强烈渴望，也没有认识到基督教的十字架，那种对回避不了的原罪的恐惧，对以代表着成为人类的上帝的殉道来救赎的恩典的依赖。[61]

正因为没有像佛教和基督教那样在现世和天国间存在着巨大张力的存在，因此在老子那里缺乏进行超越的阶梯。但雅斯贝尔斯也指出：“在老子那里所感觉得到的局限并非在他哲学思想之巅峰，而是在这些中间阶段之中。”[62]

如果从雅斯贝尔斯的“交往”理念来看，老子思想在这方面显然也是不足的。在雅斯贝尔斯看来，个人只有与他者进行交往时才能成为真正的自我，而真理虽然源于统摄，也只有在交往中才可能走向通向真理之路。强调无为、顺应自然等观念的老子，缺少的正是交往：

充满生机的问答，以及新的提问，选择、决定、决断、这一悖论的基本现实性即在时间中判断何谓永恒等的重要性。因此老子缺乏与道之中的终极之虚静不同的、在时间之中不停运动着的、自我反省的开端；缺乏自我澄明，自我交往，无法驱除一再硬要出现的自我欺骗，隐蔽及颠倒。[63]

雅斯贝尔斯通过时代的问题意识，通过做哲学而使得包括老子在内的哲学家们成了我们同时代的人。

四、结论

对老子和道教常常会有宗教史的研究，而对老子进行哲学研究的，在西方哲学史上雅斯贝尔斯是其中重要的一位哲学家。他在史陶斯译本，在卫礼贤、哈克曼、佛尔克乃至岑克阐释的基础之上，尝试对老子进行了全新的诠释，在很多方面都取得了突破性的新理解。从对老子思想的概括性论述到具体而微的深入分析，雅斯贝尔斯对老子研究的问题意识以及研究视角背后的哲学渊源，也是理解雅斯贝尔斯哲学的一个绝佳的路径。雅斯贝尔斯是在西方思想传统和中国的对照中，去认识老子思想性质的，其中也包括对他自己哲学中的一些既定概念和范畴的自觉反思。

通过以上的考察，我们可以清楚地认识到，老子的学说与雅斯贝尔斯的哲学观念构成了一种不断相互激荡、相互交错的动态关系。一旦将这二者连接到了一起，就可以发现雅斯贝尔斯的“统摄”“实存”“轴心时代”等观念，因老子乃至中国哲学的存在而彰显了其世界性的维度；同时，正是借助于作为实存哲学大师雅斯贝尔斯的复述，老子等中国思想才变得鲜活起来，从而更符合时代的要求。作为主流思潮的哲学家，雅斯贝尔斯将老子的思想纳入其学术视野，可以说是非常重要的“事件”。正是经过康德、黑格尔、谢林、布伯、雅斯贝尔斯、海德格尔的哲学式的接受，[64]老子逐渐成为德国哲学的一部分，与包括雅斯贝尔斯、海德格尔这些哲学家不断进行着富有创造性的对话。从中国的角度来看的话，雅斯贝尔斯对老子思想阐释的意义在于，中国文化自身的潜力是否能够迎接西方的挑战，而同时避免切断与传统的关联，走出传统 / 现代、东方 / 西方的二元对立。实际上，正是在雅斯贝尔斯的努力之下，欧洲哲学与中国哲学才真正进入一种相互影响、互为转化的动态过程之中。

注释：

1 请参考 R. 艾尔伯菲特（Rolf Elberfeld）著，朱锦良译《德国哲学对老子的接受——通往“重演”的知识》，载《世界哲学》2010 年第 6 期，第 7—28 页，此处请参考第 11—14 页。

2 Karl Jaspers, *Die großen Philosophen*. München: Piper Verlag, 1957. 此书中译本为：卡尔·雅斯贝尔斯著，李雪涛等译《大哲学家》，北京：社会科学文献出版社，2005 年第一版 /2010 年修订版。

3 前揭雅斯贝尔斯著，李雪涛等译《大哲学家》（下），第 552—553 页。

4 有关雅斯贝尔斯对老子的研究，请参考 R. 艾尔伯菲特著，朱锦良译《德国哲学对老子的接受——通往“重演”的知识》，载《世界哲学》2010 年第 6 期，第 16—17 页；哈·赫尔茨（Harald Holz）著，张慎译《谢林和雅斯贝尔斯哲学中道的概念以及我的几点哲学评论》，载《中国哲学史》（季刊）1995 年第 3、4 期（1995 年 12 月 25 日《95 西安国际老子研讨会专辑》），第 113—123 页，此处请参考第 115 页及以下多页。

5 雅斯贝尔斯此处将 John Gustav Weiß 的名字错误地缩写为：J. S. Weiß，应当为：J. G. Weiß。

6 *Tao te king*, aus dem Chinesischen übers., mit Einleitung versehen und erläutert v. J. Grill, Tübingen 1910. S. VI.

7 相关的研究见：顾彬《布莱希特与中国》，收入顾彬著，李雪涛、张欣编《德国与中国：历史中的相遇》（听顾彬讲汉学），桂林：广西师范大学出版社，2015 年，第 195—235 页，此处见第 219 页及以下多页。

8 这包括《中国的生活智慧》（*Chinesische Lebensweisheit*, 1922）、《老子和道家》（*Laotse und der Taoismus*, 1925）、《中国文学史》（*Die Chinesische Literatur*, 1926）、《歌德和老子》（*Goethe und Laotse*, 1928）等等。Cf., Salome Wilhelm, „Vorwort“ zur 11. Auflage. In: Richard Wilhelm, *Laotse. Tao Te King. Das Buch des Alten vom SINN und LEBEN*. Überarbeitet Auflage. Jena: E. Diederichs, 1957. S. 8.

9 Cf., Helge Dvorak, *Biographisches Lexikon der Deutschen Burschenschaft*. Band I: Politiker. Teilband 6: T–Z. Heidelberg: Winter, 2005, S. 242.

10 这部译本一直到 2015 年依然不断再版：*Mein Land und mein Volk*. Aus dem Engl. von Wilhelm Süskind. Hrsg. und bearb. von Thomas Heberer, unter Mitarb. von Nora Frisch. Esslingen: Drachenhaus-Verlag, 2015.

11 英文版：Lin Yu-tang, *The Wisdom of Laotse*, translated, edited and with an introduction and notes by Lin Y. Modern Library, New York, 1948.

12 前揭雅斯贝尔斯著，李雪涛等译《大哲学家》，第 754 页。

13 Bernhard Rudolf Abeken, „Johann Jakob Griesbach, Doktor der Theologie und erster Professor derselben in Jena“. In: Friedrich Christian August Hasse: *Zeitgenossen. Ein bi-*

ographisches Magazin für die Geschichte unserer Zeit. Leipzig: F. A. Brockhaus, 1829, 1. Bd., S. 3–64.

14 Alfred Forke, Geschichte der alten chinesischen Philosophie. Hamburg: L. Friederichsen and Co., 1927. S. 243–283. 有关佛尔克的这三部中国哲学史的巨著，1939 年方志浵曾撰文专门做了详细的介绍：方志浵《佛尔克教授与其名著〈中国哲学史〉》，载《研究与进步》第一期（1939 年 4 月），第 32—39 页。

15 Wilhelm Grube, Geschichte der chinesischen Literatur, Leipzig: C. F. Amelangs Verlag, zweite Ausgabe, 1909. S. 139–172.

16 Richard Wilhelm, Chinesische Philosophie, Breslau: Ferdinand Hirt, 1929.

17 Ernst Victor Zenker, Der Anarchismus. Kritische Geschichte der anarchistischen Theorie. Fischer, Jena 1895.

18 E. V. Zenker, Geschichte der chinesischen Philosophie zum ersten Mal aus den Quellen dargestellt. Erster Band. Das klassische Zeitalter bis zur Han-Dynastie (206 v. Chr.), Reichenberg: Stiepel 1926. Zweiter Band. Von der Han-Dynastie bis zur Gegenwart, Reichenberg: Stiepel 1927.

19 Cf., Bernhard Führer, Vergessen und verloren. Die Geschichte der österreichischen Chinastudien. Bochum: projekt verlag, 2001, S. 126–128.

20 E. V. Zenker, „Taoismus der Frühzeit. Die alt- und gemeinchinesische Weltanschauung“. Sitzungsberichte der Kaiserlichen Akademie der Wissenschaften in Wien / Österreichischen Akademie der Wissenschaften, phil.-hist. Klasse 222.2, Wien: Hölder-Pichler-Tempsky, 1943.

21 前揭雅斯贝尔斯著，李雪涛等译《大哲学家》，第 754 页。

22 出处同上书，第 754 页。

23 《大正藏》55-52c。

24 前揭雅斯贝尔斯著，李雪涛等译《大哲学家》，第 757 页。

25 前揭雅斯贝尔斯著，李雪涛等译，《论历史的起源与目标》，第 16 页。

26 出处同上书，第 9 页。

27 出处同上书，第 19 页。

28 出处同上书，第 22 页。

29 出处同上书，第 23 页。

30 出处同上。

31 前揭雅斯贝尔斯著，李雪涛等译《大哲学家》，第 753—754 页。

32 出处同上书，第 755 页。

33 Karl Jaspers, *Philosophie I. Philosophische Weltorientierung.* Vierte, unveränderte Auflage. Berlin: Springer-Verlag, 1973, S. 278.

34 前揭雅斯贝尔斯著，李雪涛等译《大哲学家》，第 755 页。

35 陈鼓应著《老子注译及评介》，北京：中华书局，1984 年，第 53 页。

36 前揭雅斯贝尔斯著，李雪涛等译《大哲学家》，第 757 页。

37 Karl Jaspers, *Von der Wahrheit. Philosophische Logik*. Erster Band, München 1947 (4. Aufl. 1991). S. 38.

38 Ibid., S. 37.

39 前揭雅斯贝尔斯著，李雪涛等译《大哲学家》，第 755 页。

40 出处同上书，第 757 页。

41 出处同上。

42 出处同上书，第 780 页。

43 出处同上。

44 Karl Jaspers, *Existenzphilosophie. Drei Vorlesungen gehalten am Freien deutschen Hochstift in Frankfurt a.M. September 1937*. Dritte Auflage. Berlin: Walter De Gruyter & Co., 1964. S. 16.

45 前揭雅斯贝尔斯著，李雪涛等译《大哲学家》，第 758—759 页。

46 出处同上书，第 760 页。

47 Karl Jaspers, *Allgemeine Psychopathologie*. Berlin: Springer-Verlag, 1913, S. 2.

48 Karl Jaspers, Der philosophische Glaube angesichts der christlichen Offenbarung. In: *Philosophie und christliche Existenz*. Hg. von G. Huber, Basel-Stuttgart 1960. S. 29.

49 前揭雅斯贝尔斯著，李雪涛等译《大哲学家》，第 760 页。

50 出处同上书，第 761 页。

51 出处同上书，第 760 页。

52 出处同上书，第 761—762 页。

53 出处同上书，第 762 页。

54 出处同上书，第 768 页。

55 出处同上书，第 770—771 页。

56 出处同上书，第 774 页。

57 出处同上书，第 775—776 页。

58 出处同上书，第 777 页。

59 出处同上书，第 779 页。

60 出处同上书，第 780 页。

61 出处同上。

62 出处同上。

63 出处同上书，第 781 页。

64 请参考 R. 艾尔伯菲特著，朱锦良译《德国哲学对老子的接受——通往“重演”的知识》，载《世界哲学》2010 年第 6 期，第 7—28 页。

第七章　哲学的信仰

——雅斯贝尔斯对佛教思想的认识

一、雅斯贝尔斯与佛教最早的接触

雅斯贝尔斯跟佛教的接触可以追溯到他在海德堡期间与印度学家齐默尔博士的交往："一直到1939年的春天，我很幸运地与印度学学者海因里希·齐默尔建立了友谊，在当时的压力之下，他和他的家人被迫移居国外，先是去了英国，之后到了美国。在海德堡，他是最后一位与我进行既有广度又有深度谈话的人。我从他广博的知识中获益匪浅，他总是设法让我获得我想要的东西，带给我许多中国与印度世界的文献和翻译。"[1]

1937年以后雅斯贝尔斯开始研究亚洲文化，这对这位当时已经功成名就的实存哲学家来说是一个全新的领域，而作为印度和东亚文化专家的齐默尔则为他提供了重要的参考文献，并一直与他在这一崭新的思想世界中进行对话、讨论。雅斯贝尔斯在研究、写作"佛陀"、"孔子"、"老子"和"龙树"时，齐默尔一直是他重要的助手。他们两人在1929—1939年间现存的十几封通信中，有几封非常集中地探讨了中国哲学和佛教，并且一再提到汉学家卫礼贤创办的《汉学》（*Sinica*）杂志、孔子、佛教、寒山与拾得，也提到哈克曼等汉学家的名字和著作。[2]

二、欧洲哲学传统与人类的中心问题

欧洲哲学理性主义的发展有悠久的历史，它始自希腊神话，经苏格拉底、柏拉图、亚里士多德、中世纪基督教神学、近代笛卡尔的理性主义、英国的经验主义，到康德和黑格尔的德国观念论。黑格尔哲学将理性主义发挥到了极致。尽管在哲学思潮方面一直存在着理性与非理性之间的对抗，但顺着黑格尔理性思想而登上哲学舞台的则是克尔凯郭尔和尼采。面对以往从未出现过的人类的新问题，他们开始否定庞大的哲学体系，认为哲学的目的并不在于扩充自己的知识，而在于阐明生命的意义。因此，被理性主义者认为是毫无意义的佛教，在克尔凯郭尔、尼采乃至雅斯贝尔斯看来，却指向了人类的中心问题。在20世纪，这样的转变对近代的意识当然也有所冲击。

尽管雅斯贝尔斯的哲学思想与佛教没有直接的关联，但他对理性主义所提出的质疑，显然跟佛教的根本问题有着密切的联系。因此，他的哲学观点与佛教有诸多契合之处。但是，我们无论如何不能认为，雅斯贝尔斯的思想是反理性的，因为他在任何情况下都不会藐视理性。他正是以理性与实存共同构建了他的超越（Transzendenz）理论。不过雅斯贝尔斯认为，理性的范围是低于哲学的，并且唯有当理性使我们失望时，哲学才真正得以开始。[3]

雅斯贝尔斯正是在意识到理性的极限时，才从印度和中国发现了哲学思想的新途径。他在《有关我的哲学》中写道："由于从巴门尼德斯到黑格尔以来的相互关联的哲学失去其安全性，我们现在也就只能在"人之存在"的深厚基础上来做哲学，这一人之存在从某种意义上来讲，系为西方现已终结的几千年的思想之源泉。以另外的方式来认识这一基础，我们便会认识到将印度和中国作为另外两个哲学思想的本源性途径。"[4] 作为印度哲学的重要组成部分，佛教的思维方式无疑启发了雅斯贝尔斯以根源性的方式重新思考人类的存在问题。实际上，雅斯贝尔斯一生中所探究的问题，都可以归结为一个问题：什么是哲学？[5]

三、哲学的信仰与佛教

作为实存哲学的巨擘，雅斯贝尔斯一直同基督教保持着一定的距离。他认为，人只有在无助的"临界境况"（Grenzsituationen）中才能接触到超越（Transzendenz），从而实现自己的真实存在。"临界境况"包括死亡、痛苦、奋斗、机遇、罪恶等人类无法逃脱或改变的境遇。正是为了改变当下自我的境遇，人才会努力寻求突破与超越，从而达到个人真实自我的实现。雅斯贝尔斯认为，临界境况是哲学的根源，正是在这样的境况中，人们才能找到关于真实存在的启示的根本冲动。雅斯贝尔斯说："在临界境况中，人类要摆脱或者超越一切将要消失的世间存在，或者指向虚无，或者感觉到真实存在。即便绝望就其事实而言，只能存在于世间，它却指向了世间之外。"[6] 正是这些失败的经验，给人带来了超越的意识。雅斯贝尔斯认为，超越是一切具体概念、逻辑、理性所无法达到的。但有了这样的超越经验后，日常的经验也可以成为超越的“密码”（Chiffre）。密码是世间超越的形象，透过理性人们无法直接认知世界的本质，而必须通过密码来解读。雅斯贝尔斯之所以提出“密码”的概念，是因为密码永远不会有固定的意义。临界境况只有凭借密码才能转化为超越。人的理性在密码中寻求意义，这才是哲学信仰的开始。[7]

雅斯贝尔斯将“哲学的信仰”（philosophischer Glaube）与一般的信仰（宗教）区分开来。他认为哲学与宗教有着紧张的关系，对此他有过很精彩的论断：“面对宗教来讲，哲学与其的紧张关系是绝对的：真正的虔信者可以成为神学家，但不经过断裂的话，不会成为哲学家，一位哲学家不经过断裂也不会成为虔信者。”[8]作为信仰“统摄”的实存哲学家，雅斯贝尔斯认为超越是“绝对”隐蔽的，而每一种启示都将其讲得很清楚（verdinglichen）。[9]这一点是雅斯贝尔斯绝对不能容忍的。

哲学的超验性在宗教之中，特别是在天启宗教之中，常常被具体地理解为历史性的事实：“在宗教中，天启的客观性被看作是历史上唯一的事实，并且最终被固定为可以被认识之物，而不再作为表达历史性超越的象征特质，僵化为上帝直接的话语。”[10]雅斯贝尔斯认为，这种对天启宗教的唯一性的理解，是哲学的信仰所不允许的。基督教过于具体地表达“超越”本身，一个可以认识的具有人格的神，并且信仰中的许多具体概念又过于系统化，这使得雅斯贝尔斯无法“接受这个具体的信仰和传统的权威”。[11]这对雅斯贝尔斯来讲，同时意味着个人自由和尊严的丧失。

在雅斯贝尔斯看来，哲学的信仰不是皈依。这一信仰既没有教条，也没有权威。它既不是建立在启示基础之上，也不认同任何所谓的圣典，没有任何的组织，也不采用任何的强制方法。它不知道所谓普遍有效的、极具说服力的科学。它既非现代科学意义上的理性，亦非感觉或狂热意义上的非理性。对于雅斯贝尔斯来讲，最关键的在于哲学的信仰是其自身的源泉："我在做哲学中体验到超越的现实性，并没有媒介，是通过我自己而不是非我体验到它的。……哲学信仰是人们赖以把握现实的东西，但由于它不是教条的，不能成为信仰的东西。对哲学信仰来说，思想是从黑暗的起源到现实的过渡；因此思想如果仅仅是思想，那就毫无价值，思想有意义的原因在于其具有澄明的、可能性的作用，在于其具有内在行为的性质，在于它具有召唤的力量。"[12]雅斯贝尔斯在佛教，特别是大乘佛教中看到了这一信仰，其中人与作为超越者的"统摄"有着天然的关联。

雅斯贝尔斯认为："哲学信仰要求完全投入世界之中的事情，要求在世界中全力以赴去做当时有意义的事情（以便在其中，并从在那里产生的现实中弄明白有关超越的、至今含义未明的话语），同时对整个世界在超越之前所显现的那种将要消逝的空无性永志不忘。"[13]这显然是与龙树在《中论》中提到的"涅槃与世间，无有少分别；世间与涅槃，亦无少分别"[14]的大乘思想相符的，同时也让我们想到了《五灯会元》中的著名偈语："一切佛法，自心本有。将心外求，舍父逃走。"[15]

在论述哲学的信仰与迷信的区别时，雅斯贝尔斯认为，将对象物看作本真的存在，这是一切教义学的实质，特别是将象征物的物质确实性看作是实在的，这是迷信的实质。因为迷信是对客体的束缚，而信仰则是以"统摄"为基础的。[16]

四、与佛陀一起做哲学

在今天看来，佛教研究的根本目的在于追寻两千年前的佛教思想或由此发展而来的佛教教义，它究竟对现代人具有怎样的意义？它在整个文化史上究竟占有什么样的地位？将佛教作为历史、宗教、文本来研究的学者们，常常会将佛教看作一堆死的历史、文化知识，他们的研究往往是为了满足个人追求知识的欲望。而信奉佛教的研究者，很多会转向佛教的教义，以求安身立命，进而希望借此宗教，有益于国家、众生。不论是所谓学士派所运用的"客观的科学方法"，亦即将佛教作为研究对象来客观地进行分析、研究，检讨其中的内容，还是所谓信奉派强调戒定慧的修持，并一再声称唯有自己的解释才符合两千多年前的佛陀本意，这两者都跟我们所提到的佛教研究的目的并不完全相符。那么这些研究对我们现代人的生存来讲究竟有什么意义？"做哲学的历史性传统，其整体性，以及无穷真理的积淀，都指明了做哲学之路。传统就是以往思考过的深邃真理，人们可以对它怀着无尽的期待；是存在于少数伟大著作中的深不可测性；是怀着敬畏之心从大思想家那里接受下来的现实性。"[17] 实际上对雅斯贝尔斯而言，哲学史本身从来不是研究的目的所在，它仅仅为当代哲学思考提供素材而已，通过把握哲学的历史，才能真正把握我们自身。雅斯贝尔斯认为："对哲学仅仅作理论上的观察，是远远不够的。做哲学是实践活动，这意味着我们必然要对从事哲学史的方法有所要求：要从文本中灵活地将其内涵化为己有，这样的理论态度才是真实的。"[18]"如果必须在哲学史中认识概念的话，那么只有参与到这些已经过去的思想背后的崇高生命实践之中去，才有意义。"[19] 雅斯贝尔斯以其实存哲学的视角，为我们展示了佛教对于人类的启示。对于雅斯贝尔斯来讲，佛教研究理应对我们人类当前存在的特殊境遇提供令人信服的解释，它应当是一个我们能投身于其中的行动，而不应当是一系列关于佛教的历史知识而已。雅斯贝尔斯在具体解释佛教觉悟的意义时写道："这一认识本身绝非仅是有关某一事物的知识，而且是一种行动，并且是包含一切的行动。"[20]

与佛陀一起做哲学意味着进行"哲学沉思"（philosophische Besinnlichkeit）。雅斯贝尔斯认为，与宗教的沉思不同，哲学的沉思没有神圣的对象，没有神圣的场所，没有固定的形式。我们为这种沉思而为自己定下了秩序，这并不能成为规则，相反应保持着自由运动的可能性。这种沉思区别于集体式的礼拜，它要求孤独。[21]雅斯贝尔斯认为，哲学沉思包含三个方面的省察：1. 自我反省，对日常生活的反省；2. 超越式的反省，设法对存在本身予以了解；3. 对当下所应当做的进行反省，这实际上是将以上两方面的反省转化为行动。[22]

雅斯贝尔斯同时强调读者的参与和能动性，他认为哲学的历史知识是无法打动今天的读者的，读者应当与作者一道将自己的身心投入其中："确切地说，人在做哲学中可以作为可能性去同实存进行交往，去认识在历史中出现过的那最绝对之物以及最光亮之物。他与以往最受人尊重的思想家进行交流，并且可以向他们询问，只有这样做，哲学研究才会获得意义。"[23]只有透过我们自身现实的存在，才能使哲学家所提出的问题成为当下的。因此，唯有在这样的互动中，佛陀的问题才能成为我们同时代的问题。同样，他的人生智慧，也从来不会过时。哲学的根本问题既然源自生活，那么这些根本问题的形式与佛陀时代就不可能相去甚远。

雅斯贝尔斯认为，佛教并不是什么神秘的宗教，正相反："佛陀却说：真正的奇迹是让他人产生正信，内心纯洁，使自己获得禅定、觉悟，从而得以解脱。与此相反，使自己的形态变成各种各样，遨游于空中，飞行于水上，看透他人的思想，这一切都只是虔信之徒与江湖骗子们的鬼把戏。"[24] 这是以理性手法"驱魅"（Entzauberung）的过程，雅斯贝尔斯认为，宗教的妖魔化剥夺了人的自由，使人窒息。[25] 正因为此，佛陀所面临的实存问题跟我们类似，故而有启发性。如若佛陀果真是遨游于空中、飞行于水上的神人，那他的生存经验对我们来说，显然没有任何的意义。

五、佛教——关于人的学说

实际上，原始佛教的教义是彻头彻尾有关人的学说。佛陀讲世界、讲宇宙，归根到底是讲人，强调人生的内在价值。与西方为了满足自己的知识欲而探索世界不同，原始佛教系纯从人的立场去推陈世间万物，并将之化作人生之主观评价材料。不仅如此，佛陀本人甚至认为以理论方式处理形而上学的问题都是有害的。[26]

雅斯贝尔斯认为，最深刻的真理无法以肯定的、直接的方式说出，只能以间接的方式予以传达。因此佛陀惯常用譬喻，在某些时刻又沉默不语，对于他认为不适当的问题，明白地予以拒绝。[27] 并且在原始佛教中，佛陀的教义并非仅为形而上学的玄理，而更是一种解脱之道，一种与你我，或者说与真实的生存相关的解脱之道。佛陀常常拒绝回答弟子们所提出的诸多形而上学的问题，是希望借其沉默的智慧，巧妙地让这些终极性形而上学的问题保持开放性。

他让自己的沉默像远处巨大的背景一般被人目视着，而不让它神秘地消失。“在知识无法达到的地方，不应当浪费时间做没有结果的思考。甚至在重要的问题上，知识也不是必需的，如果灵魂的救赎不完全依赖于它的话。”[28] 从另一个方面来讲，佛陀并不认为这些哲学问题是人类可以解决的，因此人们实在不应该枉费时间和精力去探讨它们，因为这些对真正的解脱之道并没有更多的益处。雅斯贝尔斯同样认为，佛陀所讲授的不是形而上学，而是解脱之道：“佛陀摈弃了对解脱来说并不是必要的知识。他不愿意对他已拒绝了的命题做任何解释，诸如：‘世界是永恒的’以及‘世界不是永恒的’，或者‘世界是有限的’、‘世界是无限的’，或‘死之前可以成佛’、‘死之后可以成佛’。”[29]除此之外，佛陀甚至认为从理论上来解决形而上学的问题是有害的。他拒绝回答各类形而上学的问题，也是因为这些问题无助于我们的修行以及向涅槃方向的努力。

很显然，佛陀的教义是以修持为中心的，因此与以纯粹逻辑为中心的形而上学的论证是完全不同的。雅斯贝尔斯指出：“我们阅读这些经文，可以看出，这一学说是以修持为中心，并且以不断重复的形式出现：正是在这反复变化过程中，形成了与其内容相符的自己的独特氛围。很少能从中找出纯粹逻辑性的东西，明确的有秩序的形式，精练的形式则更少见。”[30]在修行的过程中，一切的论证，其自己扬弃了自己。[31]

雅斯贝尔斯认为，大乘佛教继承了佛陀的真正精神，龙树的反形而上学的立场正是佛陀真正精神的发展：“龙树摒除了一切形上学的思维方式。他反对谈创世之说，到底是通过神（Isvara 自在天），还是通过神我（purusa），通过时间，通过其自身而创造了世界，这一切他全都避而不谈。他反对谈论对诸规定、自我存在以及极微表象的执着，反对谈论一切断灭见、常见，他还反对谈论我见。”[32] 龙树同样对绝对本体论提出了疑问，他所重视的是有关证悟的修持本身。

根据雅斯贝尔斯的实存哲学，人是永远无法穷尽自身的，其本身并不是被给定的，而是一个过程。他有意志的自由，能够主宰自己的行动，这使他有可能按照自己的愿望塑造自我：我们始终从事着创造自己的工作。“但由于人绝不可能仅仅是手段，而同时永远是终极目标，因此做哲学的人在面对那双重的可能性前，在虚无的不断威胁之下，总想要体验到来自根源的充实。”[33] 佛陀的一生便是这样一个事实，他证明这种生命是可能的。今天在亚洲国家的众多佛教徒依然重复着这一古老而又具有生命力的教义，它显示了人类不确定的本质。“他自身尚必须做出抉择——透过无数个体的抉择——，来决定自己能成为什么。”[34] 雅斯贝尔斯所认为的自由的观念，亦即人按照自己潜在的可能性去决定自己的命运。一个人不只是他目前偶成的状态，他是开放的。对他来讲，并不存在任何唯一的正确解释。雅斯贝尔斯著作的深度并不在于其所擅长的哲学分析，因为每一个个体都是独特的，从哲学上来讲不可能给予可能的描述，而只能希望透过他对“实存之澄明”（Existenzerhellung）或“呼唤”（Appellieren）对读者的处境有所启发，“并要求读者尽可能地以高贵的情操去面对这一人类处境”。[35]

六、实存之澄明

雅斯贝尔斯认为，作为主体的人在试图认识其自身时，势必把自己对象化成为客体，借助科学方法来加以研究。人尽可以从生物化学家、解剖学家、心理学家或社会学家的观点去研究自身，但作为主体的人与对象化的人不是同一的，对象化的人是被限定、被贬抑了的人，他不再具有自由，而只是被束缚和被规定的概念而已。换句话说，他已经不再具备作为主体的人的本质了。因此，人将自己对象化为客体而获得的对自身的认识，是对于一个已失去本质的非人的概念的认识，而不是对于活生生的人自身的认识。雅斯贝尔斯将这种思维的基本状态称作“主客体分裂”（Subjekt-Objekt-Spaltung）。[36]主客体分裂说明起初是一体的东西被撕裂开来了，雅斯贝尔斯想要强调的是未分裂前的根源状况。[37]人只要试图以某种规定性，或以某些范畴来认识自身，他就已把自身当作僵化了的东西，就已失去了认识它的意义。人是不可以被当作对象来认识的，他是作为一切对象之根据，本身并不是客体的东西。人永远也不可能对其自身做出任何绝对的规定，永远也无法彻底理解存在之谜。依据雅斯贝尔斯的观点，我们不能再像以往的哲学家那样，把人看作是客观存在物了，而应当且必须把人理解为活生生的存在。

按照雅斯贝尔斯的观点，实存是永远不会成为客体的东西，是人类思维和行动的源泉，人只有在什么都不被认识的思维过程中，才能涉及这一源泉。实存属于其自身，因而是属于自己的超验的东西。[38]

究竟用什么方法才能说明存在呢？雅斯贝尔斯称之为：实存之澄明，并强调说：这种澄明不是认识本身，而是诉诸实存的可能性。[39]所谓实存之澄明，是要通过内心的体验去把握诸如信仰、自由、交往、孤独、幸福、生灭等不可能通过普通的理智来确定的多重可能性。雅斯贝尔斯强调实存的活动性，以避免将“实存之澄明”变成关于实存的学说，而将实存当作对象来研究的错误。这一方法在佛教中的运用便是禅定，佛陀本人便是通过禅定而发现自身实存的意义的。

尽管认识产生于主客体的分裂，但为了阐明“统摄”，就必须克服这一分裂。雅斯贝尔斯将科学性的方法与哲学性的方法区分开来，他认为前者是“对象性认识思维”（gegenständlich erkennendes Denken），而后者是“超越性的思维”（transzendierendes Denken），并且只有后者才是雅斯贝尔斯所谓的哲学的“基本操作”（Grundoperation）。如果用前者来认识哲学的问题，就像禅宗所说的：譬如挥剑斩虚空，毫无意义。雅斯贝尔斯认识到了分裂以及对象性的界限：“这一界限是以‘统摄’为基础的将存在物变为透明的场所，是‘统摄’能够在有限物之中找到一种显现方式的场所。……它之所以是基本操作是因为它进入了有限物的基础，同时也为‘统摄’的确定打下了基础。”[40] 这样的基本操作便超越了所有的对象性思维。在佛教思维中，特别是以龙树一系为主的大乘中观之中，即便有对象性的思维，也仅仅是俗谛层面的言筌而已，最终还会归于超越性的思维。后来主要继承龙树大乘空宗的中国佛教，如三论、天台、禅宗等，都是不允许有任何对象性的思维存在的，他们所强调的达到的境界，也只能用超越性思维来理解。

这样的一个立场构成了雅斯贝尔斯佛教研究的出发点，对佛陀及其教义的研究，当然不应当以上述对象化、客体化的方式来进行。雅斯贝尔斯指出，每一个哲学家都是完全属于自己而不被包含于任何一种安排或规则之中。因此，在对待伟大的哲学家方面我们只能以热忱去洞察他们的思想，以此而进行的描述是没有限定的。重要之处不在于采取一种有力的观点去纵观他们的作品，对他们指手画脚，而是要以崇敬的心态去用心体会他们言辞背后的真理。作为人类历史上伟大的哲学家之一的佛陀，他首先是活生生的人。同样，今天我们要研究佛陀的教义，所关心的绝不仅仅是有关佛教的历史知识，而是对今天的人依然有所启发和帮助的、来自佛陀的极生动的哲学、宗教思想。这位历史上的哲学家能够完全摆脱时空上的差异，同我们一起思索那些永恒的事物，并帮助我们回归自我。可我们又如何能与这位两千多年以前的大哲学家对话呢？如果仅仅将佛陀的思想视为认知的客观存在，即我们采用观察者的立场，将这一大堆的材料作为科学的客观物来看待和处理的话，这种看似客观的立场实际上是不可取的。只是依赖于观察的方法，必定理解不了什么。雅斯贝尔斯认为：描述者应当参与其描述的对象，参与愈多，其描述也必然愈加深入。描述不是在寻求一种可供理解的普遍客观知识，而是一种行动，是一种追求真理的行动。

在如何真正理解佛教方面，雅斯贝尔斯提出了改变自己的思维方式去适应佛陀的方法，甚为深刻。因为我们已经习惯于理性和形而上学层面的思维，所以并未做好理解佛教的准备："我们切不可忘记，因为在佛陀与佛教中有着我们尚未发现的源泉，这也正限制了我们的理解范围。我们必须看到对佛教认识的巨大差异，所以应当打消一切迅速、简洁地领悟它的念头。为了真正获得佛陀真理的本质，我们必须改变自我。这一差别并不只限于理性层次方面，而是整个生命观念和思维方式的更新。"[41] 在这里，雅斯贝尔斯提出了规范性宗教研究的问题：在宗教研究中，更加侧重于宗教体验、命题和信念等的真实性和可接受性。正是通过对佛教的理解，个人的潜能才会充分地被发掘出来。

七、大哲学家王国中的佛陀

作为精神病理学家和心理学家的雅斯贝尔斯，在心理学方面也做出了重大贡献。他对“解释”（erklären）和“理解”（verstehen）做了区分，从而创立了进行理解的主观心理学。在解释这一心理学跟传统心理学的区别时，雅斯贝尔斯的传记作者、他晚年的秘书汉斯·萨纳尔指出：“一位心理学家不仅仅问：‘可以认识什么？’而是问：‘如果我以理解的方式观察时，能认识到什么？如果以解释的方式观察时，又能认识到什么？在其中我又能认识到什么？’”如此，便引进了心理学中心理学家的认知方式，从而使得对自我具有相对性的反思。如果他接受主观理解是真正的认识方法的话，把同感（Mitempfinden）当作方法的组成部分，明晰（Evidenz）作为认识的基础，那么这位心理学家就不仅仅是作为记录者、整理者以及对方法具有反思的理解者来看待，而是作为重新体验的个体（nacherlebendes Individuum）。[42] 因此，雅斯贝尔斯的《大哲学家》一书，在很大程度上，是借助于理解的主观心理学的方式，考察人类历史上的大哲学家是如何面对存在的问题的。

正是从上述的方面，雅斯贝尔斯进入了他的大哲学家的王国，在那里，大哲学家们都对着我们言说。雅斯贝尔斯认为，大思想家们处在超越了时代的时代。因此他并非将时间的进程而是将理性的空间作为他们与我们联系的媒介：“这一理性的空间真正拥有无垠的广度，一切思想都能包容其中。在这里面，前后、长幼、师徒之间的关系不再管什么用。”[43]“在哲学家的空间里，我们变成了一同做哲学的人，因此也就成为这些人的（尽管并不重要）同时代人。我们想通过做哲学，将我们在历史上变成一切本源的思想家的同时代人，或者将同样的意思用另外一句话表达：将一切本源的思想家变成我们的同时代人。”[44]

在具体谈到历史上佛陀的形象时，雅斯贝尔斯写道：“一幅完美的佛陀形象之前提是以感情去体验这些经典，尽管这些经典并不一定完全可靠，但在本质上还是确实的，并且可以直接追溯到佛陀那里。仅以感情体验我们便可以深入到佛陀内心深处。在此存在一个透过反照而来的、具有人格的、卓越的现实，它说明，只要反照存在，这里就一定曾放射过光芒，其光亮之剧烈，足以使他物生辉，这是不言而喻的事实。”[45]也就是说，雅斯贝尔斯并不以一位20世纪的哲学家的身份来审视佛陀，而更多的是去同情地理解，与佛陀进行新的交流，从而开辟了考察以往哲学家的一种新方法。

从以往哲学家的生命和思想中获得感动和震撼，这是对每一位哲学家理解的前提。雅斯贝尔斯指出：“……这些哲学家至少在活着的时候就已经产生了影响。这种影响力最初是由活生生的人那里产生的，并非来自想象。并且我们在体验这一无可置疑的影响力时，自己的身心也会深深受到震撼。这一渗透到我们内心的影响力，对于我们来讲至今仍然是这样一个事实，即它不是理性所能证明的，而是一个在心灵上令人信服的暗示。这些伟人依然依稀可见，因为他们仍在发挥着自己的影响力。”[46]包括佛陀在内的大哲学家的影响力之所以深厚，是因为他们的学说能感动我们，并且渗透到我们的内心之中。

雅斯贝尔斯认为：“塑造的前提是要为他们的真实性所感动。……表明了对历史的认识应当以唤起对经验的回忆为前提，不然的话，这些认识本身是毫无意义的。”[47]仅仅以客观冷静的方式把过去的东西陈述一遍，对雅斯贝尔斯来讲，显然是不够的。同样，以观念为指导原则，用图片、结构和逻辑关系将说过的东西重新梳理，依然是不足的。理解者应当做的是，“进入探寻哲学史的感动之中，在为真理的奋斗中体会到，历史知识是关乎其本人的”。[48]因此，对于雅斯贝尔斯来讲，发现佛陀，为佛陀的生平和教义而震撼，并因此而一道去思考。这个理解的过程，对于雅斯贝尔斯来讲，也就成为获取真理的过程。[49]而哲学也只能从像佛陀一样的思想家的经验以及人格的现实中得到灵感。[50]

八、佛陀的教义与“统摄”

“统摄”是雅斯贝尔斯哲学中的一个中心概念，他认为真实的存在只能是存在于主客体分裂之前，为了否定其与具体存在的逻辑性关联，雅斯贝尔斯特别强调其非客体性。他认为，就像康德所认识到的那样，世界并不是我们的认识对象，而是一种观念，也就是说，我们所认识的一切事物都在世界之中，绝不就是世界本身。[51]“统摄”是人们平常的理解所无法达到的，不可能作为认识的对象，“我们对‘统摄’进行哲学思考，这意味着深入于存在自身内部。这只能间接地进行，因为我们一旦谈论它，我们便进入了对客体的思维中。我们必须通过客体性思维，获得‘统摄’的非客体性指涉”。[52]“统摄”本身不是对象，但任何对象之物却都在“统摄”之中，我们无法客观地说认识它，但却可能从哲学上去把握它。

雅斯贝尔斯认为，佛陀所教授的并非是知识体系，而是一种解脱之道。并进一步认为，“教义中的这种错综复杂的关系，可以直接导入‘统摄’这一不可言说的知识内涵之中”。[53]他认为，禅定诸阶段所体验到的，……是超越一切正常意识之上的最彻底的觉悟，在这一觉悟中事物尽呈于眼前，而不是专念于它。[54]禅定超越了主客体的分裂状态，真正能唤起无意识中的一切。

雅斯贝尔斯认为，佛陀教义的陈述特别之处在于，其根源原本是被提升了的意识——禅定，因此，通过逻辑和理性来领悟他的学说仅能得到一个大概的轮廓，或者说只是一种暗示。[55]雅斯贝尔斯将从存在者向“统摄”的过渡称作哲学的“基本操作”，这在上文已有交代。他认为，借助于这一基本操作，我们可以摆脱自己那局限于某种特定知识的对存在的意识。[56]而禅定正是这样一种哲学的基本操作。

佛陀对于其自身的认识是通过禅定之关照而实现的。禅定是雅斯贝尔斯所认为的超越了主客体的状态。禅定曾使佛陀在菩提树下开悟，在禅定中，佛陀认识到了自己的真如本性与尘世万象及存在的矛盾；在禅定中，他“用神圣的、视界清晰的超感官法眼”去观察。文字虽然便于陈述，抽象的命题虽然便于思考并形成教义，但佛陀所欲揭示的道理却无法负载于言筌。

正是在禅定中，“人能够超越‘主客体分裂’而达到主客体完全合一的状态，在其中一切对象性都消失了，并且连我也不复存在。此时，本真的存在将其自身展开，就像我们在睡梦中醒来一样，给我们留下了一种具有最为深刻的、无以言表意义的意识。对于体验过此的人来讲，只有这种合一才是真正的醒悟，由这一醒悟而到主客体分裂之中的意识，无异于睡梦”。[57]雅斯贝尔斯所描述的做哲学的基本活动，解脱了将我们束缚在那些曾被误认为是存在本身的客体上的枷锁。当我们想要以超越一切客体、观念、视野和现象的方式去领悟存在自身时，禅定是表达我们意思很好的方式。

雅斯贝尔斯认为，对于我们来讲，大哲学家们生命的真实性才是最关键的东西，而并非他们的著作或学说。佛陀所关心的并不仅仅是知识本身，更是在思想之中内在行为的转化。“……一个人究竟可不可以触及他人灵魂的最深处？”[58]佛陀也无法用理论方式来研讨这一问题，只能用实践来予以回答。只有在生命的真实性中，人类在世间才能得到转化。佛陀是以禅定以及从属于禅定的生活方式来实现转化的：佛陀正是透过死亡的真实性来认识其人生境遇的。[59]“谁要是想理解这一真实性，那他就必须在再生之中，在存在意识产生的那一瞬间，在悟道与得到教诲的那一刻，亲自来体验这一转化。”[60]并且，苦难与死亡是现实存在最根本的真实性，而这正是佛陀想要通过自己的生命、卓识以及思想而予以超越的。佛陀以难为常人所理解的语言表达了自己深邃的体验：唯有涅槃是永恒的。[61]而这正是雅斯贝尔斯“轴心时代”（Achsenzeit）“突破”（Durchbruch）的内容：反思和超越性不再为实体性和生命的局限性所囿，从而实现了人类意识的最高潜能。这一最高潜能所涉及的是人类在哲学上自我反省的能力以及对自身的认识。轴心时期产生了我们至今仍在思考的各种基本思想，创立了人类不断赖以生存的世界性宗教。[62]佛陀所实现的突破自然是其中重要的一个组成部分。

九、“统摄”与涅槃

在佛教教义中，最接近“统摄”的应当是涅槃的概念。雅斯贝尔斯写道：“提到涅槃，佛陀必然是在幻觉意识领域中谈论之。因为一谈到涅槃，则它即成为‘有’或‘空’之言筌了。”[63]到了龙树，则将这一不可言说的方式发展到了极致：他“所要思考的是那不可思考的东西，所要表达的是那不可言说的东西。他明白地了解这一切，并且要取消言语表达的一切”。[64]雅斯贝尔斯的这一描述，很容易让我们想起他对“统摄”的描述，他的名言是“存在就是‘统摄’”（Das Sein ist das Umgreifende.），[65]说明了我们不能将“统摄”从肯定的方面想象成一种有限的存在物，同时也不能像认识客体一样去认识它。“存在本身不可以作为客体被揭示。”[66]为此，雅斯贝尔斯提出了用“澄明”的方式对“统摄”进行领会：我在必须要说的时候就废止了要说出的话，在其中否定了其对象性，我有意识地仅仅说出其最终第二者，而非最终者。[67]跟“统摄”一样，涅槃也是不可以以肯定的方式来定义的，因为它一旦有了规定性，就不再是涅槃本身了。

雅斯贝尔斯认为：“涅槃被认为是超然二元对立之上，既非‘有’、亦非‘空’（如同《奥义书》的思想），在此世间以世俗的方法是认识不到它的，因此它不能作为探究的对象，而是一种终极的、令人确信无疑的存在。”[68]这与他对“统摄”的描述并无二致：“只有在阐述真理的各种方式终结的时候，全部有关‘统摄’的思想才会显示出意义来。”[69]涅槃与“统摄”都不可以被揭示为对象物。因为作为思想内容的客体，它绝不可能是一切事物，不可能是存在的整体，或存在自身。任何被思想的事物，必然会作为客体而脱离统摄。因此，不论是“统摄”还是涅槃，都不可能作为被思考的客体而达到。

雅斯贝尔斯同样对龙树的空观学说所具有之根源性意义做了阐述，认为这一思维方式可以导向“统摄”：“这一颇具特色的思维方式，并没有一个对象——一个能使其悟性透过理由与事实而被强制理解的对象。它的前提不是一则命题，而是通过思维形象和譬喻显露出来的‘统摄’。所有的思想都潜入一种氛围之中，如果没有这一氛围，这些思想都将逐渐消亡。”[70]显然，“统摄”是不可能作为对象来予以理解和认识的，因为它存在于主客体分裂之前。而龙树这一“否定之路”（via negativa）的思维特色，恰恰能作为揭示作为一切对象之根源的方法。因此雅斯贝尔斯说：“因此，当我们清晰地对‘统摄’进行思考之时，我们所做的恰恰是在思考它时所应该予以克服的。”[71]而这正是龙树否定的方法所要达到的，它不以任何对象性为目的，也不提供任何解答问题的方式。

十、对学院哲学体系的解构与佛教之缘起

早在20世纪20年代，雅斯贝尔斯就与海德格尔建立了友谊，他们对学院哲学提出抗议，反对一个庞大的、普遍有效的价值体系。因为学院哲学所讨论的是表面化的、远离生活的东西，这些并非真正意义上的哲学，对于人的存在等基本问题并没有任何实质意义：[72]“对我来讲，学院哲学并非真正的哲学，尽管它声称是一门科学，但它所讨论的一些东西完全跟我们现实存在的根本问题无关。”[73]美国哲学家考夫曼（Walter Kaufmann, 1921–1980）也同样认为：“他（指雅斯贝尔斯——引者注）的实存哲学的最初动机不是要建立一种学说，而是表示对各种学说的不满，他告诉我们真正的哲学思索必须源自一个人的个别存在，从而帮助他人去了解到其真正的存在。”[74]雅斯贝尔斯从未将自己的哲学看作一个什么体系，而是一个开放着的系统：“一种真正的哲学并不存在于体系持久的认识

论形态之中，这一认识对所有人都是一样，并且必然会被理解。人们可以将之作为一个对象物，无须理智的努力就可以像是数学或物理的认识一样予以掌握。谁要是认为，哲学的真理就在眼前，只需要学习就够了，那他永远达不到哲学的高度。”[75] 因为做哲学永远在过程之中，不可能有完成的那一天，否则，哲学便不再具有活力。

雅斯贝尔斯认为，世间的万物都不是孤立的，而是有一定的关联性，并且我们自身也存在着各种各样的关系（Bezüge），是相互联系相互贯穿的。他将自己的学说称之为“统摄论”（Periechontologie），是“统摄的学说”（Lehre vom Umgreifenden），说明世界万物存在着无限的关联。雅斯贝尔斯的这一学说，显然跟佛教的“缘起”有着共通之处。佛教所讲的“缘”就是事物间普遍的联系和条件。佛教认为，宇宙间一切事物和现象的生起变化，都有着相对的互存关系或条件。世间万物都处在因果联系之中，依仗一定的条件和相互作用而产生、发展乃至消亡。佛教常用“此有则彼有，此生则彼生，此无则彼无，此灭则彼灭”[76] 来说明缘起的理论。“世间并不存在不依缘而生之法。……龙树将这一见解称作‘依缘而产生’（缘生）的教义，……”[77] 雅斯贝尔斯对缘生作如是的解释。

雅斯贝尔斯之所以重视尼采，[78] 在于他认为用尼采的方法所获得的结果是无法估计的：“使我们离开可能采取过的每一立场，即脱离每一个固定有限的立场而使我们的思想相继涌起。”[79] 而在这个方面，龙树比尼采的立场显然更加彻底。龙树的中观学说源自般若系的思想。般若立说认为，有为无为一切诸法当体性空，破除由于假名认识所执着的实在。龙树的立说更发扬性空而无碍于缘起的中道道理。依他缘起的诸法，当体空无自性不可得，他所谓的“空”

是泯义、破义，是超越有无的“中道”。雅斯贝尔斯在论述龙树的“八不”时写道：“完全智慧是不可能作为表象被观想的，亦不作为存在而出现。因为对现象的不执着意味着其自身亦非现象：对感觉、概念、形成物、意识的不执着，说明其自身亦非意识。从一切中解脱，并且从解脱之中解脱；不执着于任何事物，这便是这一学说彻底的根本思想。”[80]雅斯贝尔斯在谈到他的《普通精神病理学》（*Allgemeine Psychopathologie*, 1913）时曾不无道理地指出：“从教条的伪知识中解放出来，透过清晰的方法意识及其限制而加强研究的开放视野。”[81]显然，雅斯贝尔斯想要通过否定性的方式消除关于存在的各种教条，从而批判地阐明做哲学的多种可能性。“有一种不带有结论性性质的有意义的思考。”[82]在雅斯贝尔斯看来，龙树的思想是一种完全没有独断性教条的思想，他的辩证思想的目的在于将各种不同的形而上学予以合理地消解。龙树习惯以否定的方法否定一切的边见。他无非是要找出一般哲学无法认识的真实根源，因为人们常常受到边见的影响。一旦这些边见被否定掉了，即可证得一种不被烦恼所障碍的般若智慧，这是除去所有边见后的境界，而不是什么名之曰“般若”的智慧可得。其实在基督教神学中也有否定神学（negative theology）的传统，由于神的绝对的不可接近的超越性，完全超出了人的认识能力和理解范围，因此，人对神的认识只能通过判断神不是什么来展开，而无法确定神究竟是什么。雅斯贝尔斯认为：“‘统摄’思想的整个意义只有在讨论真理的诸种方式终结之时才会显露出来。”[83]龙树“破而不立”的思想方式恰恰赋予了各种不同思想以新的意义，并且去除了思想中的盲点。否定性的思维方式并不是反对世俗的知识，而是要对它们进行批判性的反省，去除夸大理性和逻辑作用的不恰当的思考方式。

十一、科技、存在及佛陀的典范意义

现代社会财富的急剧增长给人们造成了一种错觉，以为“占有”（Haben）的东西愈多，人便愈感到满足，心理愈达到平衡。这绝不仅体现在物质方面，也体现在知识方面。如今正处在知识爆炸的时代，我们的大脑不得不去装那些科学、政治、经济、文化等方面的知识，仿佛对这些知识的占有愈多我们才愈感到充实、满足，进而也把自己的身体与心灵同样作为物质来占有。这样，人便将自己的身体、心灵作为客体，作为没有生命的东西来拥有并进行研究。正是由于这种主客体的分离，作为主体的人在拼命地寻求意义和目标的同时，必然是孤立的。物质财富的增加给人类带来的结果是更多的焦虑、异化、孤独、厌烦、恐惧以及无意义。佛洛姆（Erich Fromm, 1900–1980）在《占有抑或存在》中写道：马克思教导我们说，奢侈和贫穷同样是不道德的行为，我们的目标应当是更多地存在（Sein），而非占有。[84] 雅斯贝尔斯也指出，哲学的本质在于对真理的追求，而不是对真理的拥有。[85]

雅斯贝尔斯是以传记的方式，对佛陀的生平和学说进行了实存哲学式的解说。对有限生命感到忧虑不仅是佛陀时代的中心议题，同时也是实存哲学的关注点。作为现代人所经历的现代社会的一切，尽管离佛陀的时代相去甚远，但我们目前所面临的生存状况跟佛陀时代差别并不大。在佛陀所处的时代，人体验到了世界的恐怖以及人对其外部世界之无能为力。正因为看到了自己能力的限度，人类才意识到自己作为整体存在的意义，才去追寻更高的目标。人开始敢于依靠自己站立起来，在自己身上寻找根源，以自己的内心世界抗拒外部世界，借此又超越自身与世界之上。这一时期便是雅斯贝尔斯所称作的“轴心时代”。自欧洲中世纪末以来，科学技术已经在酝酿之中，在17、18世纪，科技得到了普遍发展，20世纪以来得到了更迅猛的发展。但科技的进步究竟能给现代人带来什么？“现在我们可以以比较的方式明确地说：当下并非第二轴心时代。与轴心时代形成最鲜明对比的反而是一个导致了精神、人性、爱和创造力贫困的灾难性事件，在这一点上只有一个东西在跟以往一切所做的对比中具有独一无二的重要意义，那就是科学和技术的产物。”[86]

由于近几个世纪以来科学技术所取得的巨大成就，人们在观念中形成了这样一种迷信式的信念：科技能给人类带来一切。雅斯贝尔斯警告当代的人们，要避免对科学的迷信，同时也要防止对科学的轻视：“在我们的时代中，科学享有非凡的威望。人们期待从科学那里得到一切：透彻地认识所有的存在，并且在任何危难之中都能得到救助。这一错误的期待是对科学的迷信，接下来的失望又导致了对科学的蔑视。那种对人可以知道一切的神秘的信任，是迷信！对此拒绝的经验又导致了对知识的蔑视。”[87]科技在总体上是无法决定人的未来的，其发展反而让我们产生了疑问，人到底想通过科技做什么？实际上，今天的科技并没有也不可能对人生的意义和目的做出任何有价值的说明，作为个体的人仍然感到烦躁、不安、空虚，对于我们自身的存在，“这一错误的期待是对科学的迷信”，[88]从科技中根本找不出任何真正内在的意义和目的，并且在科技中往往隐藏着危险，这危险并非来自技术，而是来自人自身。雅斯贝尔斯提醒我们充分认识到科技只是手段，人才是技术的主人：“技术的界限是，它不能独立地为其自身而存在，而是作为一种手段。基于这一认识，技术的意义是含混不清的。因为技术没有设置任何目标，它处于善恶之彼岸或先于善恶而存在。技术既能帮助人们获得幸福，亦能造成灾祸。技术对二者来讲是中立的。正因为如此，技术才需要指导。”[89]借用《六祖坛经》中的话：心迷法华转，心悟转法华。[90]

正如考夫曼所指出的那样：“而雅斯培（即雅斯贝尔斯——引者注）希望我们去发现的，却是一切科学的限度。”[91]雅斯贝尔斯非常清楚地意识到科学有着其自身的限度，以及不可跨越的原则性界限。他指出，科学类似的经验说明了，我们可以从中获得完全确定的具体知识，却不可能在科学中找到人们期待于当时哲学的东西。凡是在科学中寻求自己生活的基础，寻求行动指南，寻求存在本身的人，都会大失所望。[92]现代社会中的每个人都从早忙到晚，根本没有闲暇，而生活并不完满。除了追求一些有实际效应的具体目标之外，人们好像不再想别的：“我们的时代是各种各样的简化大行于世的时代。标语口号、一切都可解释的普遍性理论、粗俗的反命题都取得了成功。”[93]存在的意义、人生的价值仿佛成了多余的问题。生命由冷酷的物质主义以及世俗的价值所左右。哲学所关涉的是人类的存在，而科学只关注存在物。

雅斯贝尔斯通过对佛陀生平的解说，希望当代人更加清楚地认识自己的处境以及人生的意义。“从这一根源中我们可以感受到任何科学都无法传授给我们的东西。……哲学要求另外一种思维，这一思维在知识之中同时在提醒我、唤醒我，令我回归自身，改变自我。”[94]佛陀舍弃了对物质和欲望的占有，出家修行以寻求生存的意义及人生的价值，并创立了自己的教义，让六道中的众生同样得到解脱。他希望通过自己的宗教性行持和体验，告诉世人人生的意义究竟何在。佛陀所面对的生命之真实性内涵是对人类基本境况的体验以及对人类使命的澄明，[95]这在当时印度婆罗门教的传统中无异于撕破了一道裂口。[96]因此，佛陀的一生可以作为寻求人类存在意义、实践生命真实过程的典范。雅斯贝尔斯指出：“虽然佛教离我们今日甚远，但我们切不可忘记，我们都是人。所要解决的都是人类生存这一问题。佛陀在此已经发现了这一问题的伟大的解决办法，并已付诸实践。因此我们应当做的是，依据自己的力量尽可能多地去认识、理解它。”[97]

雅斯贝尔斯所关心的并不是一堆关于佛陀及佛教的历史知识，而是佛陀做哲学的方法，也就是说，从佛陀的身上我们可以发现蕴含着的深刻的现代价值，这些现代价值能引导我们重返自身，并转化成自我生活的力量。通过雅斯贝尔斯对佛陀教义的检讨，我们可以看出，佛陀的教义应当被看作是揭示人的存在活动，其任务是要描述人实存的意义与价值。而这些也正是雅斯贝尔斯的实存哲学的核心价值所在。

十二、佛教与自由、超越

自由、超越都是雅斯贝尔斯极为重视的哲学概念，他认为自由不可能出现在客体化的世界之中：“在自我存在（Selbstsein）之外，没有自由。在对象世界中，没有自由可以栖身的地方或缝隙。”[98]雅斯贝尔斯强调指出，认识乃是通往自由的必然之路，因为认识能揭示行动的各种可能性。而知识也是自由的先决条件，没有知识便没有自由，但仅在知识中个体也是不自由的。认识在行动的各种可能性之中发现了任意（Willkür），没有任意便没有自由，而人的活动又是受人所自由选择的行为准则引导的。对雅斯贝尔斯而言，自由并非一味地轻松和从容，而是充满艰辛和风险的。雅斯贝尔斯同时将自由跟研究对象对立起来："或者认识研究对象，或者人是自由。"[99]由此我们可以得出这样的结论，在雅斯贝尔斯那里，存在与自由是同一的，存在就是自由，而自由的实现却需要通过认识等一系列的过程。

雅斯贝尔斯非常担心由于宗教的原因而使人的自由成为问题，他之所以反对基督教的天启（Offenbarung）概念，是因为作为一种被认知之物，必然会导致人的顺从与屈服："在宗教之中，天启的客观性从一种在历史上唯一的事实被固定为终极的可以被认识到之物，它不再具有作为表达历史性超越的象征性特点，而是僵化成了上帝的直接性话语。"[100]他认为，作为哲学信仰的佛教，正好克服了所谓最终的、放之四海而皆准的上帝的启示。

佛陀是如何通过自己独特的认识活动而获得自由的呢？《佛传》传说中曾提到，圣者阿私陀（Asita）在看到初生的乔达摩（Gautama）时，曾预言这位新生儿将来会成为转轮王，如果不是成为一位有力的统治者的话，便会成为一位觉者。但对于佛陀来讲，征服并治理这个世界的意志，并非人类充分、至高的意志。后者是表现在一个人征服自己，摆脱自己与俗世事物的束缚。"征服自我慢，真乃无上喜悦。"[101]正由于这样的自我征服，才使得一切努力的外在形迹都消失了。佛陀完全摆脱了束缚自身的精神生活，使他显示出了崇高、宁静以及无限温和的态度。佛陀的基本经验，不是历史性的自我经验，而是在灭除自我中对真理的体验。因此如何通过语言来认识他，确实是不容易的。

雅斯贝尔斯既强调自由不是个人的任意，是超验的必然性，同时也指出，这种必然性是独特的，它不是普遍的，而是带有独特的个人特征，以至对每个个体来讲，它都是他的而且仅仅是他本人的必然性。佛陀透过禅定等一系列的宗教体验从而获得这一超验的必然性，又以独特的教法教授给他的弟子，使每一个不同的个体，得到仅仅是他本人的必然性这一自由。在《佛陀》一文的最后，雅斯贝尔斯指出："佛陀的生命之路是可能的，并且得到了实现。……它解释了人类存在的不确定性：一个人并不是他现在偶然而成的，它是开放的。对他来说，并不存在唯一正确的结果。"[102] 这同时也道出了雅斯贝尔斯多年来一直从事哲学研究的初衷：他的实存哲学并非要建立一个标新立异的体系，而是要告诉人们，真正的做哲学必然源自一个人的个别存在，从而帮助他人去了解到其自身的真实存在。

十三、和平主义与大乘佛教

雅斯贝尔斯一直重视和平，他所谓的和平是以开放性和不妥协的正直性为基础的自由之中的和平。不论是涉及纳粹统治下的过去，还是民主政治的脆弱，抑或是核威胁下超级大国的争霸，和平对他来讲都是至为关键的。不仅是外在的和平，他同样非常看重内心的解放。而佛教在这两个方面的贡献都是很突出的。

雅斯贝尔斯认为，跟其他各种世界性宗教相比，佛教有其特点："佛教是唯一没有暴力、没有异端迫害、没有宗教裁判、没有魔女裁判、没有十字军圣战的世界性宗教。"[103] 这表面上是在赞扬佛教，实际上是在抨击中世纪的基督教。在《龙树》一文中，他更加强调了佛教的和平性一面："佛教赢得了亚洲，虽然也曾受到过镇压，但其自身却从未使用过暴力，从未将教义强施于他人。在佛教的历史上没有过宗教战争、宗教裁判，也没有被组织的教会掌管的世俗政治。"[104]跟其他世界性宗教相比，佛教的和平主义倾向是非常明显的。在精神层面，佛陀的成道是通过降伏内在的魔障，达到内心的和平，从而获得解脱和自由。并且，从世界是因缘和合而生的整体，也可以推衍出个人的命运与整体的命运是紧密相连的这层关系。因此，人类要想获得解脱，除了和平之外，不可能有其他的方式。

从佛教的发展史来看，雅斯贝尔斯对大乘较为推崇，他认为小乘佛教仅仅"将传统的材料延续至今而已，并没有任何新的贡献"。[105]由于传统佛教的修行仅限于僧侣阶层，并且仅靠禅定和出世修行才能达到涅槃的境界，"以至于所有必须透过人世才能得以体验的心灵的智慧内涵都无法顾及。……故而无法透过在俗世之中对可经验内容的塑造，在实践理想得以实现、迅猛发展之时，同样使人性的本质得到发展"。[106]因此雅斯贝尔斯认为，传统佛教限制了现实存在的经验范围，而以居士信众为中心的大乘佛教却有所不同："它不再只是满足于大众对宗教的需求，同时也使纯粹的思辨哲学达到了新的顶峰时期。……大乘不断地吸收外面的、新的一切因素，保持着开放，除了关切自我解脱之外，还普度众生，竭力让众生也得到解脱。"[107]雅斯贝尔斯对大乘将佛陀神话，并把他抬上众神之上成为至尊表示遗憾，同时对大乘佛教的僵化趋势也表示了不满，因为这是有悖于佛教精神的："本来对佛陀洞见的信仰，不再是哲学的信仰，而是对佛陀的信仰。现在不再只是靠自己的思考就可做出抉择来，而是要靠超验的佛陀的帮助，才能起作用。"[108]然而，雅斯贝尔斯依然认为，正是大乘佛教继承了佛陀的思想。因此，他后来开始的对龙树（Nagarjuna）的研究跟他对大乘佛教的认识是一脉相承的。

十四、对雅斯贝尔斯所使用文献的几点评价

从雅斯贝尔斯在《大哲学家》一书后所列举的参考书目中可以看到，他对上座部（Theravada）巴利语佛教方面的资料以及大乘佛教梵文和中国佛教的资料都很熟悉。作为20世纪人类最伟大的思想家之一的雅斯贝尔斯对佛教的兴趣显然不在文献资料方面，他对佛教的阐释在很大程度上是他的实存哲学思考的延续。

雅斯贝尔斯首先是哲学家，他显然是将探求文本的意义放在了首位。因此他在文献使用上，并不特别规范，很多所征引的著作都没有一一注出。此外，当时德国哲学界在学术规范方面，跟今天也有所不同。在雅斯贝尔斯所使用的文献中，还是以较古老的经典化文献为主。"佛陀"一章所使用的德文译本以及论著很多，但大都是巴利文经典系统的，基本上代表了原始佛教的传统。佛典的出处基本上是以诺依曼（Karl Eugen Neumann, 1865–1915）的巴利文经典译本为中心的。[109] 论著也大都出自当时一流的佛教研究专家，如奥登堡（Hermann Oldenberg, 1854–1920）的《佛陀，其生平、教义和僧团》（1881）一书，[110] 这部书依据巴利文经典，还原出了一个历史的佛陀。奥登堡此书德文版出版后不久就被译成法文、俄文、英文，几十年间一直被认为是这一领域的经典之作。作为东方学家的贝克（Hermann Beckh, 1875–1937）对梵文和藏文都颇有研究，他的

著作《佛教：佛陀及其教义》[111] 所依据的是梵文和藏文的资料。而皮舍尔（Richard Pischel, 1849–1908）是梵文方言（Prakrit）的专家，他的名著《佛陀生平及教义》[112] 更多地依据民间的资料。因此，雅斯贝尔斯对研究著作的选取，是有他自己的标准的。

在“龙树”一章中，雅斯贝尔斯基本上是以瓦雷泽（Max Walleser, 1874–1954）翻译的《中论颂》（由中文和藏文译出，并加入了《八千颂般若》和《金刚经》两部般若系经典）为中心而展开的。[113] 尽管龙树还有其他重要的著作，但雅斯贝尔斯还是依据有限的德译本，成功地勾勒出了龙树的思想。在研究著作方面，雅斯贝尔斯使用了包括哈克曼、莎伊尔（Stanislaw Schayer, 1899–1941）、舍尔巴茨基（Th. Stcherbatsky, 1866–1943）在内的著名学者的著作。哈克曼是德国同善会的传教士，曾研究过中国佛教多年，后任阿姆斯特丹大学宗教史学教授。在他的著作中，除了对中国佛教的论述之外，还有大量出自他本人的译文，这也是雅斯贝尔斯特别愿意征引哈克曼著作的原因。莎伊尔是波兰著名印度学、佛教学者，他是第一位用形式逻辑的方法对龙树思想进行分析的西方学者。在他的著作中，他也曾引用康德的批判哲学来诠释中观学说。舍尔巴茨基是苏联著名印度学、佛教、梵文学者，他早年曾留学维也纳，师从 19 世纪最著名的印度学家布勒（Johann Georg Bühler, 1837–1898）专攻印度文学和梵文，回国后任圣彼得堡大学教授，讲授印度哲学和梵文。舍氏在佛教逻辑研究方面很有贡献，他的著作在西方佛教界、思想界产生过很大影响。这些著作无疑帮助了雅斯贝尔斯全面而深入地理解龙树的学说。但在中文译本的甄选上，雅斯贝尔斯却选择了《四十二章经》的德文译本，就是哈克曼《中国哲学》中所选译的第 18、19、20、42 章。[114] 在中国佛教史上，对《四十二章经》的成书时代颇有争议。全经的内容涉及出家、在家应精进离欲，由修布施、持戒、禅定而生智慧，即得证四沙门果。而这些佛教修道的纲领，所反映的更多是小乘佛教思想。因此，从整体上来讲，此经的选择与龙树的大乘中观思想是不太符合的。

十五、结论

综上所述，雅斯贝尔斯的佛教研究是基于对当代哲学问题意识的探讨而展开的，最具特点的是他将“统摄”作为前提来理解佛教。由于“统摄”与佛教的见解有颇多相通之处，他对佛教的阐释，无疑为佛教在当代哲学理解方面增加了一个新的维度。

雅斯贝尔斯将佛陀归为“范式的创建者”，而将龙树归为“原创性形而上学家”。佛陀跟苏格拉底、孔子和耶稣一道，使用尚未有人使用过的方法历史性地规范了人类的实存。雅斯贝尔斯认为，人类历史上的其他任何人所产生的历史影响——无论就其深度还是就其广度而言——都是无法跟这四位相提并论的。[115] 尽管佛陀不是严格意义上的哲学家，却树立了哲学的范式，同时也给哲学带来了无尽的影响，从而成为做哲学之根源。对雅斯贝尔斯来讲，龙树以其否定的方式对哲学的根源进行了探究，从而成为探索根源的形而上学家。

日本佛教学者玉城康四郎（1915—1999）认为：“贯穿雅斯贝尔斯对空的解释的主线是，从思维到非思维、从能思维到不能思维，换言之，以思维为契机试图获得向思维超越之转换。”[116] 玉城非常准确地总结了雅斯贝尔斯对大乘佛教的认识。

作为实存哲学家的雅斯贝尔斯，其《大哲学家》中的“佛陀”和“龙树”，实际上也只是他对自己的实存哲学的注脚而已。有关“理解”，狄尔泰（Wilhelm Dilthey, 1833–1911）曾有句名言：“理解就是在你中重新发现我。”[117] 因此，理解是在他者之中重新发现自我的过程。伽达默尔也将对文本的理解看作是与研究主体对自身存在、自我理解的认识相结合的活动。伽达默尔在论述黑格尔对“教化”（Bildung）的认识时指出：“在异己的东西里认识自身、在异己的东西里感到是在自己的家，这就是精神的基本运动，这种精神的存在只是从他物出发向自己本身的返回。”[118] 德国哲学传统特别重视“教化”的作用，认为人类崇高的品德以及对于人道主义来讲至为根本的本源性和普遍性，只有经过教化才能实现。他者的存在让自我更加清楚地理解自己的使命，认识自己存在的价值，从而达到黑格尔所谓“向普遍性的提升”。雅斯贝尔斯也在他的一篇论文中提到：他的《尼采》一书可作为实存哲学产生的思想背景的初步探讨。[119] 反过来，雅斯贝尔斯对佛教思想的探索必然也丰富且加深了他对“统摄”“实存”等实存哲学基本概念的理解。

注释：

1 Karl Jaspers, *Philosophische Autobiographie*. München: R. Piper & Co. Verlag, 1977. S. 75–76.

2 Karl Jaspers/Heinrich Zimmer: *Briefe 1929–1939*, aus den Nachlässen zusammengestellt von Hans Saner und Maya Rauch, in: *Jahrbuch der Österreichischen Karl-Jaspers-Gesellschaft*, hrsg. v. Elisabeth Hybašek und Kurt Salamun, Jahrgan 6 [1993], VWGÖ-Wien, S. 7–24.

3 考夫曼著，陈鼓应等译《存在主义》，北京：商务印书馆，1987 年，第 23 页。

4 Karl Jaspers, *Was ist Philosophie? Ein Lesebuch*. München, Zürich: Piper Verlag. 1997. 2. Aufl. S. 395.

5 Werner Schüßler, *Jaspers zur Einführung*, Hamburg: Junius, 1995. S. 8.

6 Karl Jaspers, *Was ist Philosophie? Ein Lesebuch*. München, Zürich: Piper Verlag. 1997. 2. Aufl. S. 43.

7 1961 年的夏季学期，雅斯贝尔斯在巴塞尔大学以“超越的密码”（Die Chiffern der Transzendenz）为题做了八次演讲，1970 年得以出版：*Chiffern der Transzendenz*. Herausgegeben von Hans Saner. München: Piper (= Serie Piper 7), 1970.

8 Karl Jaspers, *Philosophie, Bd. I: Philosophische Weltorientierung*. Berlin 1932 (5. Aufl. München 1991). S. 294.

9 Werner Schüßler, *Jaspers zur Einführung*. Hamburg: Junius Verlag, 1995. S. 42.

10 Karl Jaspers, *Philosophie, I. Philosophische Weltorientierung*. Vierte, unveränderte Auflage. Berlin, Heidelberg, New York 1973, S. 297.

11 参考雷立柏（Leo Leeb）编《基督宗教知识词典》，北京：宗教文化出版社，2003 年，第 169 页。

12 Karl Jaspers, *Existenzphilosophie. Drei Vorlesungen gehalten am Freien Deutschen Hochstift in Frankfurt a. M. September 1937*. Dritte Auflage. Berlin: Walter De Gruyter & Co., 1964, S. 79–80.

13 Ibid., S. 73.

14 龙树《中论》卷第四“观涅槃品第二十五”，见《大正藏》30–35c。

15 《联灯会要》卷第三，见“新纂卍字续藏”79–27c。

16 Karl Jaspers, *Was ist Philosophie? Ein Lesebuch*. München, Zürich: Piper Verlag. 1997. 2. Aufl. S. 50.

17 Ibid., S. 117.

18 Ibid., S. 391.

19 Ibid., S. 391–392.

20 前揭雅斯贝尔斯著，李雪涛等译《大哲学家》，第 97 页。

21 Karl Jaspers, *Was ist Philosophie? Ein Lesebuch*. S. 104.

22 Ibid., S. 104–105.

23 Karl Jaspers, *Weltgeschichte der Philosophie. Einleitung*. Hrsg. von H. Saner. München 1982. S.

60.

24 前揭雅斯贝尔斯著，李雪涛等译《大哲学家》，第 95 页。

25 Karl Jaspers, *Von der Wahrheit. Philosophische Logik.* Erster Band, München 1947 (4. Aufl. 1991), S. 853.

26 巴利文的《中部》记载了下面的故事，佛陀在回答鬘童子所提出的许多形而上学问题时作譬喻道："鬘童子，这好比一个人被一支涂满药的箭所射伤，他的友伴、亲戚，替他找来一位医生，而病人却说：'现在，我不要把箭取出来，要等我查清楚，那射伤我的人是属于武士阶级，还是婆罗门阶级，是农民阶级还是贱民阶级……'或者他说：'我要先查清楚，伤我的人是高，是矮，是黑皮肤或黄皮肤……我要先查清楚，伤我的弓是弹弓还是弩弓……箭杆是芦杆还是苇秆……箭翎是鹫翎作的，还是鹰羽，孔雀羽……箭镞是倒钩的，铁的，小牛牙的还是夹竹桃木的……'鬘童子！那人还没有把这些事情搞清楚以前，他就会死掉了。和这情形完全一样的，任何人如果说：'我不要在世尊座下修行，除非他对我解释，世界是永恒的，非永恒的；……圣者死后存在，不存在……'那么，在世尊还没有把这些问题给他解释明白以前，他早就死掉了……修行梵行，并不靠世界有无边际的教条，不靠永恒不永恒的教条……不论流行的世界为永恒或非永恒的教条，世间不免有生老病死，忧患苦恼，而我所要教导人的，就是要在现生中消灭这忧患苦恼……鬘童子！我为什么没有解释这些问题呢？因为这是无益的，它们和宗教的原则无关，也不能导致厌离、无欲、止息、寂静、神通、无上智慧，以及解脱涅槃，因为这个缘故，所以我没有解释。"（巴利文《中部》第 63 页。此处引文据张澄基《佛学今诠》[上册]，台北：慧炬出版社，1973 年，第 140 页。）

27 前揭雅斯贝尔斯著，李雪涛等译《大哲学家》，第 193 页。

28 出处同上。

29 出处同上书，第 101 页。

30 出处同上书，第 854 页。

31 出处同上。

32 出处同上书，第 857 页。

33 Karl Jaspers, *Die Existenzphilosophie.* S. 25.

34 Karl Jaspers, *Die Atombombe und die Zukunft des Menschen.* Politisches Bewusstsein in unserer Zeit. München 1958 (7. Aufl. 1983). S. 262.

35 前揭考夫曼著，陈鼓应等译《存在主义》，第 22—23 页。

36 Karl Jaspers, *Was ist Philosophie? Ein Lesebuch.* München, Zürich: Piper Verlag. 1997. 2. Aufl. S. 46.

37 Hans Saner, *Jaspers*, Reinbek bei Hamburg: Rowohlt. 10. Aufl. 1996. S.85.

38 Karl Jaspers, *Philosophie I. Philosophische Weltorientierung.* Vierte, unveränderte Auflage. Berlin, Heidelberg, New York: Springer-Verlag, 1973, S. 15.

39 Karl Jaspers, *Vernunft und Existenz. Fünf Vorlesungen.* Gröningen: J.B. Welters, 1935. S.

52–53.

40 Hans Saner, *Jaspers*, Reinbek bei Hamburg: Rowohlt. 10. Aufl. 1996. S.87.

41 前揭雅斯贝尔斯著，李雪涛等译《大哲学家》，第 110 页。

42 Hans Saner, Jaspers, S.74.

43 Ibid., S.77.

44 Ibid., S.78.

45 前揭雅斯贝尔斯著，李雪涛等译《大哲学家》，第 88 页。

46 出处同上书，第 185 页。

47 出处同上书，第 186—187 页。

48 Hans Saner, *Jaspers*, Reinbek bei Hamburg: Rowohlt. 10. Aufl. 1996. S.80.

49 Ibid., S.80.

50 前揭雅斯贝尔斯著，李雪涛等译《大哲学家》，第 194 页。

51 Karl Jaspers, *Existenzphilosophie*, S. 15–16.

52 Karl Jaspers, *Was ist Philosophie? Ein Lesebuch*. München, Zürich: Piper Verlag. 1997. 2. Aufl. S. 48.

53 前揭雅斯贝尔斯著，李雪涛等译《大哲学家》，第 93 页。

54 出处同上书，第 95 页。

55 出处同上。

56 Karl Jaspers, *Von der Wahrheit. Philosophische Logik*. Erster Band. München 1947 (4. Aufl. 1991). S. 39.

57 Karl Jaspers, *Was ist Philosophie? Ein Lesebuch*. München, Zürich: Piper Verlag. 1997. 2. Aufl. S. 49.

58 前揭雅斯贝尔斯著，李雪涛等译《大哲学家》，第 192 页。

59 出处同上书，第 189 页。

60 出处同上。

61 出处同上书，第 190 页。

62 Karl Jaspers, *Was ist Philosophie? Ein Lesebuch*. München, Zürich: Piper Verlag. 1997. 2. Aufl. S. 90–91.

63 前揭雅斯贝尔斯著，李雪涛等译《大哲学家》，第 99 页。

64 出处同上书，第 856 页。

65 Hans Saner, *Jaspers*, Reinbek bei Hamburg: Rowohlt. 10. Aufl. 1996. S.86.

66 Karl Jaspers, *Von der Wahrheit. Philosophische Logik*. Erster Band, München 1947 (4. Aufl. 1991), S. 37.

67 Hans Saner, *Jaspers*, Reinbek bei Hamburg: Rowohlt. 10. Aufl. 1996. S.87.

68 前揭雅斯贝尔斯著，李雪涛等译《大哲学家》，第 100 页。

69 Karl Jaspers, *Von der Wahrheit. Philosophische Logik*. Erster Band. München 1947 (4. Aufl.). S. 122.

70 前揭雅斯贝尔斯著，李雪涛等译《大哲学家》，第 861 页

71 Karl Jaspers, *Existenzphilosophie*, S. 14.

72 李雪涛：《两颗伟大心灵的相互碰撞——纳粹专制之前雅斯贝尔斯与海德格尔之间的交往》，载《现代哲学》2007 年第 2 期，第 46—54 页，此处请参考第 50 页。

73 Karl Jaspers, *Philosophische Autobiographie*. München: R. Piper & Co. Verlag, 1977. S. 40.

74 前揭考夫曼编著，陈鼓应等译《存在主义》，第 15 页。

75 Karl Jaspers, *Weltgeschichte der Philosophie. Einleitung*. Hrsg. von H. Saner. München 1982. S. 60.

76 见《藏外佛教文献》第 5 册，No. 0046《即兴自说》(1 卷，邓殿臣译)，第一品"菩提品"之一、二。

77 前揭雅斯贝尔斯著，李雪涛等译《大哲学家》，第 851—852 页。

78 雅斯贝尔斯一生之中写过两本有关尼采的著作：1. *Vernunft und Existenz. Die geshichtliche Bedeutung Kierkegaards und Nietzsches*, 1935. 2. *Nietzsche. Einführung in das Verständnis seines Philosophierens*, Berlin 1936 (5. Aufl. 1981)。

79 转引自考夫曼著，陈鼓应等译《存在主义》，第 24 页。

80 前揭雅斯贝尔斯著，李雪涛等译《大哲学家》，第 848 页。

81 Karl Jaspers, *Was ist Philosophie? Ein Lesebuch*. München, Zürich: Piper Verlag. 1997. 2. Aufl. S. 412.

82 Werner Schüßler, *Jaspers zur Einführung*. Hamburg: Junius Verlag, 1995. S. 18.

83 Karl Jaspers, *Von der Wahrheit. Philosophische Logik*. Erster Band, München 1947 (4. Aufl.), S. 122.

84 Erich Fromm, *Haben oder Sein. Die seelischen Grundlagen einer neuen Gesellschaft*. München: Deutscher Taschenbuch Verlag, 2001, S. 27.

85 Karl Jaspers, *Was ist Philosophie? Ein Lesebuch*. S. 36.

86 前揭雅斯贝尔斯著，李雪涛译《论历史的起源与目标》，第 112 页。

87 出处同上书，第 109—110 页。

88 出处同上书，第 109 页。

89 Karl Jaspers, *Was ist Philosophie? Ein Lesebuch*. S. 154–155.

90 《大正藏》48–355b。

91 前揭考夫曼编著，陈鼓应等译《存在主义》，第 22 页。

92 Karl Jaspers, *Existenzphilosophie. Drei Vorlesungen gehalten am Freien Deutschen Hochstift in Frankfurt a. M. September 1937*. 3. Auflage. Berlin, Walter de Gruyter, 1964. S. 7.

93 Karl Jaspers, *Vom Ursprung und Ziel der Geschichte*, München 1949 (9. Aufl. 1988). S. 171.

94 Karl Jaspers, *Existenzphilosophie. Drei Vorlesungen*. Berlin 1938 (4. Aufl. 1974), S. 10.

95 前揭雅斯贝尔斯著，李雪涛等译《大哲学家》，第 194 页。

96 出处同上书，第 188 页。

97 出处同上书，第 110 页。

98 Karl Jaspers, *Philosophie II. Existenzerhellung*. Vierte, unveränderte Auflage, Berlin: Springer-Verlag, 1973, S. 191.

99 Karl Jaspers, *Der philosophische Glaube*. München: R. Piper & Co. Verlag, 1955, S. 50.

100 Karl Jaspers, *Philosophie I. Philosophische Weltorientierung*. Vierte, unveränderte Auflage, Berlin: Springer-Verlag, 1973, S. 297.

101 前揭雅斯贝尔斯著，李雪涛等译《大哲学家》，第 102 页。

102 出处同上书，第 110 页。

103 出处同上书，第 109 页。

104 出处同上书，第 865 页。

105 出处同上书，第 106 页。

106 出处同上书，第 191 页。

107 出处同上书，第 106 页。

108 出处同上书，第 107 页。

109 Übersetzungen von K. E. Neumann: *Die Reden Gotamo Buddhos aus der Längeren Sammlung Dīghanikāyo*, 4 Bde., München 1927–28. – *Die Reden Gotamo Buddhos aus der Mittleren Sammlung Majjhimanikāyo*, 3 Bde., München 1922. – *Sammlung der Bruchstücke*. – *Die Lieder der Mönche und Nonnen Gotamo Buddhos*, 2. Aufl. München 1925. – *Der Wahrheitspfad (Dhammapadam)*, 2. Aufl. München 1921.

110 Hermann Oldenberg, *Buddha, sein Leben, Lehre, Gemeinde*, 7. Aufl., Stuttgart 1920.

111 Hermann Beckh, *Buddhismus. Buddha und seine Lehre*. 2 Bände, Berlin/Leipzig 1916.

112 Richard Pischel, *Leben und Lehre des Buddha*. Leipzig 1906.

113 N ā g ā rjuna, *Die mittlere Lehre des Nāgārjuna*, nach der tibetischen Version übertr. v. M. Walleser, Heidelberg 1911; nach der chinesischen Version übertr. v. M. Walleser, Heidelberg 1912.

114 Heinrich Hackmann, *Chinesische Philosophie*, München: Verlag Ernst Reinhardt, 1927. S. 245–249.

115 前揭雅斯贝尔斯著，李雪涛等译《大哲学家》，第 187 页。

116 玉城康四郎「ヤスブースと仏教」，见：ヤスブース著，峰島旭雄訳『佛陀と龍樹』(東京：理想社，1960 年第一刷発行)，第 159—205 頁。此处引文见第 205 页。

117 Wilhelm Dilthey, *Der Aufbau der geschichtlichen Welt in den Geisteswissenschaften*. Frankfurt/M. 1968 [1910], S. 235.

118 前揭伽达默尔著，洪汉鼎译《真理与方法》，第 17 页。

119 Cf., Walter Kaufmann, *Existentialism. From Dostoevsky to Sartre*. Edited, with an introduction, prefaces, and new translations. London: Penguim Books Ltd., 1975, p. 31–32.

第八章　雅斯贝尔斯在中国的接受史及出版其中文著作集的构想

作为20世纪最有影响的哲学家重要一员，雅斯贝尔斯并没有像另外一位哲学家海德格尔一样，在欧美和中国受到广泛的关注。主要原因在于他没有像海德格尔那样，拥有在世界各国大学执教的弟子们，同时他平淡的一生也不可能像海德格尔一样，会不时在哲学界之外掀起巨大的波澜。作为哲学家，雅斯贝尔斯在心理学、实存哲学、哲学史、时代史、政治学等多个方面都产生过巨大的影响。但遗憾的是，中文学界对雅斯贝尔斯著作的译介工作一直处于“零星”状态。出版一套能够比较全面、系统体现雅斯贝尔斯哲学丰富性的《雅斯贝尔斯著作集》，我认为对中文学界来讲是当务之急。

一、民国时期对雅斯贝尔斯哲学的译介

中国留德学人中听过雅斯贝尔斯讲座课的可能为数极少，诗人

冯至是其中之一。冯至后来在回忆 20 世纪 30 年代这一段的时光时写道：

> 1933 年春至 1935 年夏，我又在海德贝格住了两年多。……著名的哲学家雅斯丕斯和艺术史家戈利塞巴赫[1]都有犹太族的妻子，他们还继续讲课，但是心里知道，早晚会有那么一天，不得不离开他们工作的处所（果然，我 1935 年回国后，他们都先后被解聘了）。在他们的课室里仍然挤满听讲的学生，课室笼罩着一种不知明天将要怎样的不安气氛。[2]

由于冯至先生本人是文学家，因此他对于雅斯贝尔斯的著作并没有予以太多的关注，更没有进行过译介。

民国时期，德国哲学在中国得到了一些接受，但最主要的是康德、黑格尔等德国古典哲学大师，他们的重要著作被翻译成了中文，同时也出现了一系列的研究著作。但由于雅斯贝尔斯、海德格尔属于当代的哲学家，因此当时对他们的介绍并不多。

有关雅斯贝尔斯在中国的接受情况，早在 20 世纪的 40 年代已经有一些文章对他的哲学进行了介绍。成立于 1933 年的中德学会（das Deutschland-Institut）曾经在《第六卷年度报告（1939—1940 年）》（*6. Jahresbericht 1939–1940*）中将雅斯贝尔斯的《时代的精神状况》一书列入了出版计划：1940 年 7 月进入筹备阶段。[3]但由于雅斯贝尔斯 1937 年在海德堡大学被免职，并从 1938 年起被禁止发表任何作品，因此《时代的精神状况》一书的中文译本没有如期出版。由中德学会编辑出版的刊物《中德学志》（*Aus deutschem Geistesleben*）[4]分别于 1940、1941 年发表了柏尔克（John Bourke）的《现代德国哲学之特征》[5]和王锦第的《略述雅斯波的哲学》[6]，对雅斯贝尔斯的哲学做了全面的介绍。王锦第认为，中国当时对德国当代哲学的译介是极为不够的，就此他写道：

> 但是很可惜，国人研究西洋哲学者对于德国哲学很少有力的介绍与深刻的研究，尤其是当代的德国哲学对于我们好像都很生疏，例如现在我们所要介绍的雅斯波（Karl Jaspers）就是中国哲学界的一位生朋友，然而他是当代德国的第一流哲学家。[7]

王锦第的文章对当时中国学界依然极为陌生的雅斯贝尔斯的生平和哲学思想都做了比较详尽的介绍。尽管王锦第有一些德语知识，但由于他留学日本的背景，他的文章的主要内容依然是从日文编译而来的。

（一）《现代德国哲学之特征》对雅斯贝尔斯哲学之译介

《现代德国哲学之特征》[8]的作者柏尔克认为当时的哲学发展是受历史的影响，并与之密不可分的。他指出："没有思想家能够整个的不受前人的影响，无论他是怎样的富有创造性。某一时期的思想，其性质，其趋向，就某一种意义而言，都是由其前期之思想发展而来，并且它挨着班去领导及定夺其下一代之思潮。"（第213页）因此作者希望将当代哲学放在一个历史的学术脉络中予以探讨。文章共分为三个部分：其一是对德国哲学现状的介绍；其二是对几个德国哲学思想的主流思潮予以较详细的讨论；其三是对以上哲学流派的几点评价。

作者认为，在承继了黑格尔“唯心的思辨”（idealistic speculation）及康德、费希特哲学后，当代德国哲学的主流主要有三个方面的内容：（1）新康德主义（Neo-Kantianism）；（2）现象学说（Phenomenology）；（3）存生哲学（Existenz-Philosophie）。值得注意的是，在这里译者在“新康德主义”和“现象学说”后的括号中都使用了英文的专名，而“存生哲学”后则使用了德文的名称，因为在当时并没有 Existenz-Philosophie 对等的英文翻译。译者在注释中也写道：“Existenz 这个名词，据著者说，在英文里找不到相当的译词。在中文亦然。但为便利不懂英文及德文的读者，仍勉强将它译出。如有更佳之词，当再更正。”（第 216 页）按照雅斯贝尔斯的理解，“实存”是在人的内部无条件的和绝对的个体之核心，它是理性所不能把握的，因此它本身也是不能被传达的，它只能作为一种可能性陪伴着单纯的生活。因此，人们不可能将“实存”作为客体来予以界定。

在解释实存哲学（“存生哲学”）的时候，作者是从尼采和基尔凯郭尔（“冀柯戛特”）展开的，之后引出了当代的两位哲学家：雅斯贝尔斯（贾波士）和海德格尔（海德戈）。而从作者对两位当代哲学家的介绍中可以看出，对雅斯贝尔斯的介绍（两页半）要比海德格尔（一页多）详细得多，因此我们可以想见，当时在欧洲哲学界雅斯贝尔斯要比海德格尔更为重要。

有关雅斯贝尔斯的哲学，作者首先介绍了其学术背景：“贾波士由心理学及精神病学（Psychiatry）进到哲学。”（第 223 页）接下来，作者着重介绍了雅斯贝尔斯 1932 年出版的《哲学》一书：“……他的哲学意旨之第一个完全而有系统的贡献，是在他的《哲学》（*Philosophie*, 1932）中所讲的那些。大概，该书的主要兴趣及重要点都基于他的哲学方法的新概念上。该书共三卷，名为：《哲学世界指南》（*Philosophische Weltorientierung*），《存生说疏解》（*Existenzerhellung*）和《形而上学》（*Metaphysik*）。这三个书名表示出哲学的三种根本方法，并且此三者合为一起，则所有的以往及将来之哲学都包括了。”（第223页）

作者在介绍第一卷的时候认为：“在实际上，乃是对科学方法之误用的批评，及对科学成就的荒谬的夸张之批评。其目的，大部本着康德的精神，向那些专门科学家们指示出人类在遗传上就有一定的限度，所以他们的研究也必定不能完全。”（第223页）因此作者认为：“《哲学世界指南》，它就防守着，不许试着去各处引用科学方法，以作为获得关于整个世界的，属于实有之本身（of Beijing itself）的，正确及完整之知识的工具。”（第223—224页）

在关于《存生说疏解》方面，作者指出，这是雅斯贝尔斯思想中最杰出、最富有创造性的地方：“由冀柯戛特的Existenz之想念为出发点，他问：在什么必需的条件下，Existenz才能实现？他找到三个，名曰：‘我自己’（Ich selbst），‘交传’（Kommunikation）和‘历史的特性’（Geschichtlichkeit）。”（第224页）雅斯贝尔斯自己承认他所使用的“实存”（Existenz）与“超越”（Transzendenz）实际上是替代神学中的“灵魂”（Seele）与“上帝”（Gott）的。[9]在他看来，这二者都是不可能为我们的理智所认知的，因此我们只能通过哲学的澄明方式来进行。“澄明”的方式不同于对对象性事物的认识，因为“实存”是不可能成为被认识的对象的。在雅斯贝尔斯看来，“实存”的实现过程，其实就是个人自我不断寻求超越的过程。实存之澄明是通过自我本身、交往以及历史性来唤醒个体。

在有关《形而上学》方面，作者认为：“于内在经验之本身中（in immanent experience itself），特别是在我们的最高的Grenzsituationen中，当我们觉得有一刹那间，面对空无，充满悟彻，我们才能意识到超绝（Transcendent）。"（第224—225页）这种并非靠我们的能力所能改变的境况被雅斯贝尔斯称作"临界境况"。雅斯贝尔斯认为，对临界境况的体验与实存是同一的（Grenzsituationen erfahren und Existieren ist dasselbe.），[10]因为，一方面"临界境况"是内在于我们意识中最常见的现象，另一方面它将经验朝向超验而开放。

作者在有关雅斯贝尔斯论述的最后指出："假如我们对贾波士之了解是正确的，则他所主张的是：个人与超绝之接触，以及个人表现超绝的性质之能力，都依赖那个人的'保持自己像似自由'之意识，和他对Existenz之踊跃的实现。"（第225页）实现超越的前提是自由。雅斯贝尔斯认为，实存所指的是一种可能性，作为个体的真实存在（Dasein）是经验性的，而实存就只是自由了。[11]实际上，在雅斯贝尔斯看来，实存与自由是完全可以相互替换的概念。[12]

文章最后，作者指出了德国哲学界对笛卡尔抽象悟性论的两种批判思想，一种思想的代表人物是雅斯贝尔斯，另一种是纳粹的理论家柏姆（Franz Böhm, 1895–1977）。"贾波士所不满的是：笛氏的悟性论引向'是有本身的丧失'（der Verlust des Seins selbst）及所有具体的与经历发生关联者的丧失（loss of all concretehistorical connectedness）。"（第228页）笛卡尔所认为的，主体（心灵）与客体（物质世界）是二元的，两者本质不同，互不相关，是各自存在之实体。雅斯贝尔斯坚决反对笛卡尔以及自他以来近代哲学将心物、思有、主客体对立起来或分离开来的二元论倾向，在自然观和物理学上提出的机械唯物主义的观点，以及实证主义哲学拒斥形而上学的立场。他对笛卡尔所认为的，经过严密的逻辑推演，就可以获得确实可靠的知识表示了极大的怀疑。

（二）王锦第对雅斯贝尔斯的介绍

第二篇是王锦第（1911—1983）撰写的题为《略述雅斯波的哲学》的文章，德文标题为：*Grundzüge der Philosophie Karl Jaspers'*。

在对雅斯贝尔斯的生平做了介绍之后，王锦第试图对雅斯贝尔斯的学术谱系做一个梳理，他指出："在哲学上他特别注意的是康德、黑格儿、海德戈（Heidegger）及希腊的哲学传统，从巴门尼底斯（Parmendides）到亚里士多德。此外影响雅斯波最大的要算冀柯戛特，再次是未柏（Weber）。"（第442页）作为"做哲学"之一员的雅斯贝尔斯，必然要超越时空的限制，使曾经的大哲学家们成为自己思想上的同伴，从而跟他们进行直接且深入的交流。实际上，对雅斯贝尔斯来讲，除了王锦第提到的这几位外，其中最为重要的哲学家要数康德、克尔凯郭尔以及尼采了。但无论如何，此处王锦第的介绍还是相当准确的。

王锦第认为，雅斯贝尔斯的哲学有两个特点："第一是他有一种深刻的要求，对于他的行动甚至他的思想要负绝对责任的感觉；并且要求清楚。第二因为他要求清楚的意志使得他不能满足于个别精密的研究，仅能做概括的与根本的探讨，从一个简单的事实到整个一门科学，到普遍的原则，最后到哲学自身。"（第442—443页）这当中的第一点的确是雅斯贝尔斯和其他哲学家的不同之处，他特别强调行为对思想的影响，以及思想对行为的反作用。哲学是有其政治后果的，也就是说哲学并非仅仅是一些闲来无聊的人所做的思维练习而已。雅斯贝尔斯在他的《哲学自传》（*Philosophische Autobiog-*

raphie, 1953）的第八章《政治思想》中写道：

哲学并不是没有政治后果的，虽然这一认识自数千年以来是理所当然的，只在短时间内被忘掉了，但在这十年中它在我的思想中却占据着主导地位。令我吃惊的是，在整个的哲学史之中，看出这种关联性是如此显而易见。没有一个伟大的哲学是不具有政治思想的，即便是伟大的形而上学家也是如此，斯宾诺莎是这样，他甚至在精神上也积极参与到其中。从柏拉图到康德，再到黑格尔、克尔凯郭尔、尼采，都贯穿着哲学家的大政治。哲学是什么，它会在其政治态度中表现出来。这一态度并非附带现象，而是具有重要意义的。……

至此以后，我向每位哲学家叩问他们的政治思想和行动，并且通过哲学的精神史，认识到了辉煌、光荣，乃至能产生影响的这一思想的连贯性。[13]

所谓哲学的政治思想，是哲学家在政治方面的行动指南，雅斯贝尔斯根本不认为哲学思想与其政治思想是可以截然分开的，他不断地在强调政治与哲学思想的连贯性。在这一方面，他与同时代的海德格尔的认识截然不同。有关第二点，王锦第的认识也是非常尖锐的。雅斯贝尔斯同样不认为科学能够对现实世界作全面、统一的把握，因为对个体的全部对象性的知识总和并不等于现存的他。人永远无法属于某一单一和一致的体系。如果我们从雅斯贝尔斯的哲学概念出发，如“实存”（Existenz）、“临界状况”（Grenzsituationen）、“统摄”（das Umgreifende）、“超越”（Transzendenz）、“密码”（Chiffre）等，就可以知道雅斯贝尔斯根本不认为人是可以被认识的，因此能够做到的仅仅是“概括的与根本的探讨”。

接下来，王锦第还介绍了雅斯贝尔斯哲学的核心概念“临界状态”（Grenzsituationen）：“个人在其世界中有其不能逃避的命运，例如死亡，斗争机会与过失是人生不能避免的，他对于这种情况称谓‘无可逃避的情境’（Grenzsituation）。”（第 443 页）“临界境况”包括死亡（Tod）、痛苦（Leiden）、争斗（Kampf）以及罪恶感（Schuld）等人类无法逃避的共同处境。[14]在“临界状况”下，我们的理性彻底崩溃。平心而论，“无可逃避的情境”是非常贴切的翻译。

在文章的主体部分，王锦第介绍了雅斯贝尔斯 1932 年出版的三卷本《哲学》（*Philosophie*）一书。尽管王锦第也是从当时新出版的三卷本的《哲学》出发来对雅斯贝尔斯的哲学进行概括，但他却并没有像柏尔克的文章一样，从三部书的三个主题进行阐述，而是将雅斯贝尔斯的哲学思想归纳为三个哲学概念：“这也就是他的哲学方法，即‘客体存在’（Objektsein），‘自我存在’（Ichsein），与‘自体存在’（Ansichsein）。”（第 443 页）

在有关“客体存在”的论述中，王锦第认为：“与科学的坐标法不同的雅斯波提出了‘哲学世界坐标’（philosophische Weltorientierung）。他指出科学的成绩需要意识到它的不完整，哲学家由他的世界坐标法所认识的世界同样不完整。……真正的哲学对于知识提出问题才是哲学家的本色，最出色的当然要算康德的《纯粹理性批判》。哲学上第一种方法的任务就是指出合理知识的限度。”（第 443—444 页）从认识论的方面来看，雅斯贝尔斯继承了康德哲学中“自在之物”（Ding an sich）不可知的观点，因为“自在之物”存在于现象的彼岸，并不具有经验材料，不能形成知识。

正是受到康德"灵魂"、"世界"和"上帝"三大形而上学理念的影响，雅斯贝尔斯形成了他实存哲学的三大领域：哲学的世界方向、实存之澄明以及形而上学。雅斯贝尔斯在《哲学》第一卷中所要解决的中心问题就是，科学需要不断去扩大知识的领域，而哲学却要指出知识的限度："在哲学的世界方向中，我们所追求的是觉察到这些限度。"[15]

在有关"自我存在"的论述中，王锦第认为："由于对日常生存的不满意，而想如何满足人性最深刻的要求，换句话说，如何实现'存生'（Existenz）的本意。雅斯波称这种态度为'存生说疏解（Existenzerhellung）'。"（第 444 页）他认为，雅斯贝尔斯的目的在于："引导个人注意这种可能的自由，并且唤醒他的绝对责任的感觉……"（第 445 页）在这里值得注意的是，王锦第已经有意识地将哲学上使用的"Existenz"一词翻译成"存生"而非"生存"，以一种在当时中文语境陌生化的方式，创造了一个真正的哲学名词。他尽管没有解释"存生"的意义，但是却列举了雅斯贝尔斯"存生意识"的形式："爱、自我存在、与他人共同存在（Mit-dem-Andern-Sein）（交涉）、不安、孤独、历史性的内知（Geschichtlichkeit-Innewerden）、神话自己游戏、羞耻等。"（第 445 页）实际上在三卷本的《哲学》中，雅斯贝尔斯从来没有为"实存"下过定义，因为这样的定义是不可能有的，实存不可能作为对象来予以谈论。但是，实存对于在历史中相遇的其他实存来说是存在的。实存是人的本然的自我存在，唯有通过自由的、无条件的决定才可能得以实现。

在论述雅斯贝尔斯对两种哲学方法的看法时，王锦第指出："在哲学思考上，雅斯波的第一种方法是对于固定知识唤起问题，只在消极意思上，告诉我世界留的事物是不能在那种知识范围中可以了解的。但是在第二种哲学思考方法上，我们的哲学家就积极起来，主张自由论，正如柏拉图、禁欲派、斯宾挪莎、康德、菲希特，及冀柯戛特等人所讲过的自由论一样。"（第 445 页）康德的三大形而上学理念，即灵魂、世界和上帝，并非清晰而明白的概念，也不是可验证或理性上可证明的。人的认识有局限性，不可能认识到上述的无条件的知识；相反，总是运用有条件的知识性范畴去说明无条件的对象，因而不是产生矛盾，就是陷于谬误的推理。因此雅斯贝尔斯提出了"澄明"（erhellen, Erhellung）的方法：这是一种不需要解释的明晰，一种不用规定性也能达到被思之物的思忖，一种不需要去认识的确定。[16] 实际上，雅斯贝尔斯实存哲学的目的与其说是要建立一种学说，毋宁说是表示对各种学说的不满，他告诉人们真正的做哲学必然源自一个人的个别的实存，从而帮助他人去认识到其真正的实存。

在有关"自体存在"的论述中，王锦第认为雅斯贝尔斯所追求的实际上是所谓的"唯一存在"（das eine Sein）。这是雅斯贝尔斯在《哲学》第三卷中所论述的，实存是如何才能飞跃到作为一切存在根源的超越的唯一者的。王锦第列举了雅斯贝尔斯形而上学的三种不同方法：第一种是形式的超越；第二种是由于去实现生存而引起"唯一存在"的积极要求；第三种方法是"读唯一存在的无字碑"。（第 445—446 页）王锦第认为："'唯一存在'隐藏在无字碑中，表现出来成为伟大的艺术或解释成为思辨哲学。这便是，用雅斯波的话讲，'满足自己的存在欲'（Sichselbstgenugsein-Wollen）。雅斯波说过：'我不愿意摔倒，但在不得不摔倒的时候，便开始在永恒化的符号里又得到'柳暗花明'的境界'。"（第 446 页）雅斯贝尔斯提出的三种形而上学的态度：超越世界的内容（所谓"形式上的超越”［das formale Transzendieren］）、对超越的实存性关联（existentielle Bezüge zur Transzendenz）以及解读超越的密码（Lesen der Chiffreschrift）。雅斯贝尔斯所谓解读超越的密码，其实就是理解绝对者的神秘语言（die Rätselsprache des Absoluten）。王锦第将之比作“无字碑”是很有道理的，因为“神秘语言”可以理解为世间任意的内容，原因在于所有的事物都能成为透明的，并且都能指向这个隐蔽的超越的东西。[17]

在有关雅斯贝尔斯哲学的总体把握上，王锦第认为：“雅斯波以为哲学是在知识界，人生的行为与‘唯一的存在’中永无满足的真理研究。现代的哲学与希腊哲学一样，永久是起源于感觉短促生命限制的个人而勇敢地踏入‘求全’的智慧斗争。在这种追求真理的态度中，他们找到我们自己，对于生存也有了一个清楚明白的意识。在过去，现在至于将来，哲学的历史与任务便是克服非理性变为理性的存在。”（第 447 页）王锦第在这里首次引进了雅斯贝尔斯最重要的哲学概念 das Umgreifende 一词，翻译成“求全”（亦即“统摄”）。在雅斯贝尔斯看来，哲学并非僵化抽象的学院哲学，因为它抹杀了个人的自由。哲学不再是为人们提供标准的人生规范，而在于纠正对于人生的错误态度和观念。对真理的追求，包含着一种深入的自我反省。人是一种随时在改变的存在者。“统摄”发生自人对认识局限性的体验。人所经验并认识的对象并非存在本身，这便涉及雅斯贝尔斯所论及的“主客体分裂”。正是在分裂的客体之中，特别是来自“临界境况”的体验，我们才可能觉察到（innewerden）统摄的存在。王锦第在此处已经涉及这些问题，尽管没有全面地予以展开论述。

王锦第在文章的最后，做了如下的总结：“雅斯波的哲学思想起源于他所说的‘存生说疏解’，而‘存生阐明’的动机是伦理学的；所以雅斯波的‘存生哲学’（Existenzphilosophie）与中国的传统哲学思想是相近的，因为看重了‘生存’，所以他的思想有血有肉，在现代哲学上建立了权威的地位。”（第 447 页）在康德看来，人的认识界限即自在之物，它根本不具有经验的材料，形成不了知识，因此只能通过伦理学思想而达到对它的假设。雅斯贝尔斯哲学中的“统摄”“实存”等观念，同样不可能作为现象界的对象而被认识。也正是在这个意义上，王锦第认为，雅斯贝尔斯“存生阐明的动机是伦理学的”。雅斯贝尔斯认为，理性追求无所不在的统摄，最终达到超越实存，这不仅仅是他的哲学历程，同时也是他的伦理学历程。正是在临界境况中人发现自己是孤独无助的，并形成了实存严肃性及超越意识。由此人才能认识自己，成为真正的人本身。有意思的是，王锦第认为实存哲学与中国传统哲学一样看重“生存”，因此他认为中国学者更容易理解雅斯贝尔斯的思想。同时他也认为，雅斯贝尔斯的哲学有别于当时在英美流行的逻辑实证主义，实存哲学是一种“有血有肉”的哲学，这也是非常形象的一种说法。

在文章的附录部分，王锦第列举了雅斯贝尔斯 1913 年至 1938 年间出版的 12 种著作以及 3 种有关雅斯贝尔斯的专著。（第 447—448 页）在雅斯贝尔斯的这 12 种著作中，包含了他这期间最重要的专著，其中文译名也是经过深思熟虑的。1936 年出版的《尼采》一书的书名，王锦第翻译为：《尼采，理解其哲学的导言》（*Nietzsche. Einführung in das Verständnis seines Philosophierens*）。由于当时还没有 philosophieren 的专门译法，他的翻译可以说已经最大限度地体现了原书名的意思。此外，王锦第还列出了 3 种关于实存哲学，特别是雅斯贝尔斯的专著：（1）1936 年出版的《存生哲学中人类状况的概念》[18]；（2）1934 年出版的《存生哲学，海得戈与雅斯波哲学的导言》[19]；（3）1932年出版的《雅斯波的哲学》[20]。在附言中，王锦第提到他当时正在翻译雅斯贝尔斯的《现代的精神状况》（*Die geistige Situation der Zeit*, 1931）一书，[21] 除此之外他还计划翻译雅斯贝尔斯的《实存哲学》（*Existenzphilosophie*, 1938）。在结尾处王锦第写道："我们最希望雅斯波的巨著《哲学》能够介绍到中国来，因为这部书已经成为现代哲学的经典。"（第 449 页）遗憾的是，由于历史的原因，雅斯贝尔斯的这些著作在当时没有一本被翻译成中文：《现代的精神状况》一书，当时已经作为中德学会的出版物而被列入了出版计划，但后来由于雅斯贝尔斯的书在德国遭禁，致使该书的出版计划搁浅了。一直到 1985 年此书才以《当代的精神处境》为名由台湾学者黄藿翻译成中文并在台湾出版，[22]《实存哲学》则迟至1994年才由大陆学者王玖兴翻译出版，[23] 而三卷本的巨帙《哲学》至今没有中文版的译本。

整体来看，王锦第的介绍还是比较准确的。不论是对雅斯贝尔斯的生平，还是哲学的描述，都是可靠的。王锦第是著名作家王蒙（1934—）的父亲，字少峰，1933 年他从北京大学文学院哲学系毕业后，曾经过短暂的日语补习，于 1934 年入日本东京帝国大学文学部大学院哲学科，并于 1937 年毕业后回国。自 1940 年 7 月后他任职于中德学会。[24] 他本人的德文知识有限，他所了解的雅斯贝尔斯的哲学和生平，大抵是从日文或英文转译过来的。王锦第的文中有一些错误，从译名上来讲，文中主要用"雅斯波"，但也有个别地方用"亚斯波"，即便在同一文中，也没有做到统一。

很遗憾的是，这一对雅斯贝尔斯哲学的接受，在 1949 年以后并没有得到继承，雅斯贝尔斯在很长一段时间内被作为资产阶级的哲学家受到批判。尽管在贺麟主编的《存在主义哲学》[25]一书中对雅斯贝尔斯著作的部分章节进行了翻译，但由于此书的发行量很小，流传范围很窄，并没有产生大的影响。

二、1988 年以后中文学界对雅斯贝尔斯的译介

中国大陆于 1988 年 3 月出版了雅斯贝尔斯的《智慧之路——哲学导论》（*Way to Wisdom. An Introduction to Philosophy*）中译本，[26]这是一本在英语世界非常流行的通俗性著作。这本书是由雅斯贝尔斯在瑞士巴塞尔广播电台所做的 12 次讲座整理而成的。中译本系从英译本译出，[27]是作为"现代社会与文化丛书"之一出版的。由于这本书的篇幅比较短，又是在广播电台所做的讲座，内容深入浅出、通俗易懂，因此阅读面比较广。

1989 年 6 月雅斯贝尔斯的历史哲学专著《论历史的起源与目标》（*Vom Ursprung und Ziel der Geschichte*, 1949）由魏楚雄、俞新天翻译出版，这个译本也是从英文本转译过来的，作为"二十世纪文库"的"历史学"分科之一种由华夏出版社出版。[28]尽管两位译者对雅斯贝尔斯的哲学所知不多，又是从英文转译，其中也出现了一些常识性的错误，[29]但这个译本无疑让中国学术界（特别是历史学和思想史学界），第一次比较完整和准确地理解了"轴心时代"这一概念。两位译者在前言中，对雅斯贝尔斯的人类历史分期、对历史主义的批判做了一些介绍。此外，译者也注意到了中国资源对雅斯贝尔斯的影响："值得一提的是，雅斯贝斯的历史观明显受到了中国古

代老庄哲学思想的影响，这在全书中可时不时地看到。”[30] 由于当时意识形态方面刚刚开始有所松动，译者非常小心翼翼地指出：“雅斯贝斯是一位自由资产阶级知识分子。毋庸置疑，他有不少历史思想和政治观点与历史唯物主义和无产阶级的社会理想是格格不入的，……”[31]

从 20 世纪 70 年代以来，中文学界翻译出版了一些雅斯贝尔斯的著作。下面我列出其中一些重要的译作（同一书的不同译本，按出版年代列在同一条目下）：

1.《悲剧的超越》：1) 叶颂姿译《悲剧之超越》，台北：巨流出版社，1970 年。译自英文版 *Tragedy is not enough*, 1969。 2) 亦春译，光子校《悲剧的超越》，“生命哲学译丛”，北京：工人出版社，1988 年。[选自雅斯贝尔斯《真理论》（*Von der Wahrheit*, 1947）中的第三部分“真理”的第三篇“真理存在的终结”的第三节“在根源直观中的真理终结”，其中包括四个部分：a) 悲剧的知识；b) 文艺作品中的悲剧对象；c) 悲剧的主体性；d) 对悲剧的根本性解释。英译本有所改动，见 Karl Jaspers, *Tragedy Is Not Enough*. Translated by Harald A. T. Reiche, Harry T. Moore, and Karl W. Deutsch. Boston: The Beacon Press, 1952.]

2. 考夫曼编著，陈鼓应等译《存在主义：从陀思妥耶夫斯基到沙特》，北京：商务印书馆，1987 年。此书首版于台北：商务印书馆，1972 年。书中第七章“雅斯培”收录了雅斯贝尔斯的三个译本：“关于我的哲学”（Über meine Philosophie）一文写于 1941 年夏季，当时是为雅斯贝尔斯著作的意大利语版写的导论；其后有关“齐克果和尼采”（Kierkegaard and Nietzsche）以及“环绕”（The Encompassing）两部分分别译自英译本的《理性与存在》（*Reason and*

Existenz, 1935）一书。[这里所谓的“环绕”，其实是雅斯贝尔斯重要的哲学概念“统摄”。]

3. 余灵灵、徐信华译《存在与超越——雅斯贝尔斯文集》，“猫头鹰文库第二辑”，上海：上海三联书店，1988 年。[这本仅有 230 页的小册子，是由雅斯贝尔斯的三本书构成的：《时代的理性与反理性》、《悲剧与超越》以及《现代的人》，其中《时代的理性与反理性》（*Vernunft und Widervernunft in unserer Zeit*, 1950）是雅斯贝尔斯所做的三场报告的结集，1950 年出版；《现代的人》（*Man in the Modern Age*）是雅斯贝尔斯的《时代的精神状况》（*Die geistige Situation der Zeit*, 1931）的英译书名。三本书都选了其中的一部分]

4. 王立权译《哲学自传》，上海：上海译文出版社，1989 年。译自英文版 *Philosophical Autobiography*, 1957 年。不包括第 10 章“海德格尔”，这一章按照雅斯贝尔斯的要求，在海德格尔去世后才予以发表。

5.《四大圣哲》：1) 赖显邦译《四大圣哲》，台北：自华书店，1986 年。2) 李瑜青、胡学东译《苏格拉底、佛陀、孔子和耶稣》，合肥：安徽文艺出版社，1991 年。3) 傅佩荣译《四大圣哲：苏格拉底、佛陀、孔子、耶稣》，新北：立绪文化事业有限公司，2015 年。[这是选自雅斯贝尔斯 1957 年出版的著作《大哲学家》（*Die großen Philosophen*）中的“范式的创造者”（*Die maßgebenden Menschen*）中的四位，德文版、英文版都有单行本。这三个版本显然都译自英译本，尽管傅佩荣的译本封面上所附的原名为德文书名。]

6.《什么是教育》：1) 杜意风译《雅斯培论教育》，“当代德国思潮译丛⑨”，台北：联经出版事业公司，1983 年。 2) 邹进译《什么是教育》，“德国文化丛书”，北京：生活 · 读书 · 新知三联书店，

1991 年。[此书系 1977 年由赫曼 · 霍恩（Hermann Horn）编写的一个雅斯贝尔斯有关教育的读本 *Was ist Erziehung? Ein Lesebuch*。1991 年的大陆版是从 1983 年的台湾版修订而来的。]

7.《时代的精神状况》：1) 周晓亮等译《现时代的人》，北京：社会科学文献出版社，1992 年。译自英文本 *Man in the Modern Age*, 1978 年。2) 黄藿译《当代的精神处境》，"德国文化丛书"，北京：生活 · 读书 · 新知三联书店，1992 年。本书 1985 年由台湾联经初版。3) 王德峰译《时代的精神状况》，"二十世纪西方哲学译丛"，上海：上海译文出版社，1997 年。[这是雅斯贝尔斯的《时代的精神状况》（*Die geistige Situation der Zeit*, 1931）的中译本，译自英文，但书名却是从德文翻译过来的。书前有"英译本重译前言"。]

8. 王玖兴译《生存哲学》，上海：上海译文出版社，1994 年。[这是雅斯贝尔斯 1938 年出版的三个演讲结集 *Existenzphilosophie. Drei Vorlesungen*, Berlin 1938. 雅斯贝尔斯曾于 1956 年予以再版，不过其中大部分内容已经收入在他 1947 年出版的《真理论》之中了。]

9. 熊伟主编《存在主义哲学资料选辑》（上卷），北京：商务印书馆，1997 年。其中"V. 雅斯贝尔斯"（第 507—741 页，共 235 页）有 9 部分组成：（1）"目前哲学状况的由来"，译自《理性与生存》（*Vernunft und Existenz*, 1935）；（2）"生存哲学"译自《生存哲学》（*Existenzphilosophie*, 1938）；（3）"生存"译自《哲学》（*Philosophie*, 3. Bde, 1932）第二卷；（4）"大全"译自《哲学》第二卷；（5）"临界境况"译自《哲学》第二卷；（6）"个别临界状态"译自《哲学》第二卷；（7）"密码的本质"译自《哲学》第二卷；（8）"人是什么"译自英文版《总汇》（*Universitas. A German Review of the Arts and Sciences*, 1965）第一期；（9）"哲学与科学"译自《估计与展望》（*Rechenschaft*

und Ausblick, 1951）。

10. 鲁路译《尼采：其人其说》，北京：社会科学文献出版社，1999 年。译自 *Nietzsche. Einführung in das Verständnis seines Philosophierens*, 1936.［其实这本书的副标题为"对其做哲学理解入门"，因为"做哲学"（philosophieren）是康德哲学重要的概念，可惜译者并没有翻译出来。］

11. 朱更生译《卡尔·雅斯贝斯文集》，西宁：青海人民出版社，2003 年。（本书包括了雅斯贝尔斯的《哲学导论》、《论历史的起源与目标》以及《论悲剧》三部著作的全译，从译文括号中所引的原文，可以推断译自德文原文。）

12. 李雪涛等译《大哲学家》，北京：社会科学文献出版社，2005 年。译自 *Die großen Philosophen*, 1957.

13. 邱立波译《大学之理念》，上海：上海人民出版社，2007 年。译自英译本 *The Idea of the University*, 1959.

14.《哲学学校》：1) 张康译《哲学浅论》，台北：东大出版社，1978 年。译自德文 *Kleine Schule des philosophischen Denkens*, 1964. 2) 孟海译《哲学思维学堂》，上海：同济大学出版社，2012 年。译自英译本 *Philosophy Is For Everyman: A Short Course In Philosophical Thinking*, London: Hutchinson, 1969.

15. 李雪涛译《海德格尔与雅斯贝尔斯往复书简》，上海：上海人民出版社，2012 年。译自德文原文。

此外还有一些零星发表在一些刊物上的译文。同样在中文世界的台湾，虽然比较早就有了雅斯贝尔斯著作的译本，但依然构不成系统，也形成不了规模。中文学界对雅斯贝尔斯著作的关注，常常集中在几个特定领域。同样的一本书往往有很多种译本，例如 *Einführung in die Philosophie*, 1950（英译本 *Way to Wisdom. An Introduction to Philosophy*, 1954）在中文世界已经有了四个译本：

1. 周行之译《智慧之路：存在主义大师》，台北：志文出版社，1970 年。译自英文。

2. 柯锦华、范进译《智慧之路——哲学导论》，“现代社会与文化丛书”，北京：中国国际广播出版社，1988 年。

3. 前揭朱更生《卡尔·雅斯贝斯文集》译本之第一种，2003 年。译自德文。

4. 鲁路译《哲学导论——十二篇电台讲演集》，收入鲁路译《哲学与信仰：雅斯贝尔斯哲学研究》，北京：人民出版社，2010 年，第 261—366 页。译自德文。

因此，中文学界对雅斯贝尔斯哲学的译介主要集中在他的哲学（一般性论述、实存哲学、个别重要的哲学概念）、历史哲学、教育思想以及文艺学思想，既不系统，也不全面。仅从书名和目录上可以看到，“Existenz”被翻译成“存在”“生存”，“das Umgreifende”被翻译成“大全”“环绕”等。雅斯贝尔斯哲学中重要的概念，我们也希望予以统一。

三、雅斯贝尔斯的著作及其哲学在日本

雅斯贝尔斯的哲学大致可以分为以下几个方面：精神病理学与心理学、实存哲学、逻辑学、哲学史、世界哲学以及宗教哲学，精神病理学（《普通精神病理学》[*Allgemeine Psychopathologie*, 1913]）和

心理学（《世界观的心理学》[*Psychologie der Weltanschauungen*, 1919]）实际上构成了雅斯贝尔斯哲学的基础。之后他从心理学转到了实存哲学，他1932年出版的三卷本的《哲学》（*Philosophie*, 1932）是德语世界中唯一一部有关实存哲学的内容丰富的著作。之后雅斯贝尔斯出版了他的五篇有关实存哲学的演讲《理性与实存》（*Vernunft und Existenz*, 1935），以及由后来的几次演讲结集的《实存哲学》（*Existenzphilosophie*, 1938）。其后雅斯贝尔斯在《论真理》（*Von der Wahrheit*, 1947）中以更为宽广的思维形式，对实存哲学的根本问题进行了更为系统和全面的论述。1948年到了巴塞尔之后，雅斯贝尔斯开始关注哲学的世界史建构，完成了具有重要意义的《论历史的起源与目标》（*Vom Ursprung und Ziel der Geschichte*, 1949），并且在《哲学信仰》（*Der philosophische Glaube*, 1948）的基础之上，形成了他更加完整的宗教哲学体系。晚年的雅斯贝尔斯并不相信启示宗教的力量，因为基督教过于具体地表达了那个不可认识的超越者。只有哲学和哲学信仰才有能力奠定一个人类的共同性框架，让历史上不同的信仰在这一框架下进行交往。[32]1957年他完成了《大哲学家》（*Die großen Philosophen*, 1957），并且在1962年他又完成了《面对启示的哲学信仰》（*Der philosophische Glaube angesichts der Offenbarung*, 1962）。

上述的著作仅有个别的被翻译成了中文。遗憾的是，一直到今天我们的学术出版依然没有真正做到从顶层进行整体设计，每一个领域或学科哪些著作是最重要的，哪些是比较重要的，哪些是仅供参考的？我们现在依然处于碰到什么，就翻译什么的状态。这很像早期佛经翻译时代——从东汉一直到东晋鸠摩罗什（Kumārajīva, 344–413）来长安之前——当时并没有周详的译经计划，基本上是“值残出残，遇全出全”。[33]

反观日本我们就会发现，早在雅斯贝尔斯在世的时候，他们就已经将这位哲学家大部分重要的著作都翻译成了日文，很多还不仅仅是一个译本。日本学者桥本文夫（1909—1983）[34]后来回忆起，他1934年在东京帝国大学跟随他的老师伊藤吉之助（1885—1961）[35]研读雅斯贝尔斯的《时代的精神状况》的情形，并提到了1950年在东京成立的“雅斯贝尔斯学会”。[36]1939年日本学者德永郁介（1911—1992）[37]和富冈益五郎（1902—）[38]将此书的第五版（1932年版）译成了日文。[39]在“译者序”中，译者也特别提到了昭和八年（1933年）伊藤教授在东京大学哲学系带领众弟子研读此书的逸事。[40]早在雅斯贝尔斯在世的时候，他的大部分著作就已经被编辑成了《雅斯贝尔斯选集》（ヤスパース選集）由理想社出版。至2004年（『真理について5』2004年才由小倉志祥、松田幸子译出），理想社已经出版了37种雅斯贝尔斯的译著，尽管有些分册拆散了原著的体系，但其规模依然是非常可观的。

早在1951年，日本就成立了“日本雅斯贝尔斯学会”（日本ヤスパス協会/Jaspers Society of Japan），现有120名会员。从1951年起，学会出版机关刊物『実存』，共出版了10期。1984年，学会创刊『コムニカチオン』（*Kommunikation*《交往》），此后每年出版一期，并举办一次年会。多年来，雅斯贝尔斯的哲学研究在日本一直没有中断。除了学会的机关刊物之外，各大学的学报，也常常刊登相关的论文。

德语世界之外，除了“日本雅斯贝尔斯学会”之外，为了促进对雅斯贝尔斯的思想和相关哲学问题的研究，1980年在美国波士顿也成立了“北美卡尔·雅斯贝尔斯学会”（Karl Jaspers Society of North America）。该学会在对雅斯贝尔斯的著作译介以及哲学研究方面，也做出了极大的努力。

四、德文版《雅斯贝尔斯全集》与中文版《雅斯贝尔斯著作集》的构想

2014年6月我在位于奥登堡的卡尔·雅斯贝尔斯学会（Karl Jaspers-Gesellschaft e. V.）小住了几日，并做了一场有关轴心时代与中国的报告，更重要的是我借此机会将雅斯贝尔斯所藏的1.2万册图书都浏览了一遍，从而大致了解了作为20世纪最伟大的哲学家之一的雅斯贝尔斯的部分知识构成。雅斯贝尔斯在他的很多藏书中都做了标注和修订。在这些藏书中，可以看到所有被译成日文的他的著作，因为他本人不懂得日文，所以在日译本的每一个封套上都工工整整地写上了原来的德文书名。中文译本在他的藏书中却只有两种，并且都是在雅斯贝尔斯去世多年后，由他的私人秘书萨纳尔[41]购入的，其中包括我主持翻译的《大哲学家》的译本。回国之后，我让我在日本的友人将雅斯贝尔斯大部分的日译本都购置了回来。

2012年，设在瑞士巴塞尔的雅斯贝尔斯基金会（Karl Jaspers Stiftung）宣布将在海德堡科学院（Heidelberger Akademie der Wissenschaften）的主持下，出版50卷本的《雅斯贝尔斯全集》（Karl Jaspers Gesamtausgabe, KJG）。该项目专门在海德堡科学院成立了编集委员会，主要由海德堡大学的哲学系和心理社会医学研究中心具体负责实施。这项斥资5440万欧元的项目，会集了德国、瑞士、

奥地利的雅斯贝尔斯研究专家，除了马尔巴赫德意志文献档案馆（Deutscher Literaturarchiv Marbach）中所保存的文献资料外，项目组成员也会利用奥登堡雅斯贝尔斯协会的1万多册雅斯贝尔斯的私人藏书，来共同编著这一50卷本的注释版全集。海德堡的学者主要负责雅斯贝尔斯医学和哲学方面的著作，而奥登堡的学者则负责哲学家政治方面的文稿。全集共分为三部分：著作、遗稿和通信。第1—27卷是雅斯贝尔斯已经出版的著作，包括有关精神病理学和医学（第1—5卷）、成体系哲学（第6—14卷）、哲学史（第15—20卷）以及政治、时代史方面的著作和自传（第21—27卷）；遗稿方面，具体包括成体系哲学（第28—32卷）、哲学史（第33—36卷）以及政治和时代史方面的著作（第37—38卷）；通信集（第39—49卷），而第50卷为补遗卷。海德堡科学院宣布这一项目预计在2030年完成，也就是说需要用18年的时间来整理、作注。

我们编选这套37卷本的《雅斯贝尔斯著作集》，主要想将这位20世纪重要的哲学家的主要哲学思想比较系统全面地迻译到中文世界。在选择篇目的时候，首先考虑的当然是这些著作在相关学科的影响力，同时我们也找到了相应的英译本和日译本作为参照。作为译者，我自己在翻译的过程中，有时面对德文原本时会显得特别无助，在这种情况下，英译本和日译本能够给我提供很大的帮助。中文译本的体例确定为：译文、解说、索引、译后记。鉴于《雅斯贝尔斯全集》正在编纂之中，我们所使用的德文的版本依然是现今通用的版本。伺以后时机成熟，我们再对现在的译本进行修订。

翻译的意义自不待多说。早在17世纪，徐光启（1562—1633）在《历书总目表》中就曾提出了“欲求超胜，必须会通，会通之前，先须翻译”的主张。[42] 翻译当然不仅仅是手段，同时也是目的。

在全球化的今天，我们不可能离开人类文明的其他成果而独自发展所谓纯正的自身文化。学术的发展是接续以往的传统，包括自己的以及人类其他民族的文化传统，在这些的基础之上的“接着说”。唯有站在巨人的肩膀上，我们才能看得更高、更远。

拉丁文中有一句话“Ad astra per aspera”，中文的意思是成就事业是要历尽艰难困苦的。司马迁（前 145 或 135—？）在《淮阴侯列传》中也曾写道：“骐骥之局躅，不如驽马之安步。”[43]《雅斯贝尔斯著作集》的翻译出版，绝非一蹴而就的易事。我们将广泛联络中文学界雅斯贝尔斯翻译和研究的学人，尽可能系统、全面地将雅斯贝尔斯的哲学逐译至中文的语境中来。

附：37 卷本《雅斯贝尔斯著作集》目录

第 1 卷《精神病理学总论》

第 2 卷《精神病理学研究》

第 3 卷《斯特林堡与梵 · 高：与斯威登堡、荷尔德林作比较的病理学案例试析》

第 4 卷《世界观的心理学》

第 5 卷《哲学》（3 册）

第 6 卷《理性与实存》

第 7 卷《实存哲学》

第 8 卷《悲剧论》

第 9 卷《真理论》（5 册）

第 10 卷《论历史的起源与目标》

第 11 卷《哲学入门》

第 12 卷《哲学学校》

第 13 卷《哲学信仰》

第 14 卷《鉴于启示的哲学信仰》

第 15 卷《哲学与世界》

第 16 卷《大哲学家》

第 17 卷《尼古拉 • 库萨》

第 18 卷《谢林》

第 19 卷《尼采》

第 20 卷《尼采与基督教》

第 21 卷《马克斯 · 韦伯》

第 22 卷《大学的理念》

第 23 卷《什么是教育》

第 24 卷《时代的精神状况》

第 25 卷《现代的理性与反理性》

第 26 卷《德国的战争罪责问题》

第 27 卷《原子弹与人类的未来》

第 28 卷《哲学自传》

第 29 卷《海德格尔札记》

第 30 卷《哲学的世界史》

第 31 卷《圣经的去神话化批判》

第 32 卷《命运与意志——自传作品》

第 33 卷《对根源的追问——哲学对话集》

第 34 卷《神的暗号》

第 35 卷《阿伦特与雅斯贝尔斯往复书简》

第 36 卷《海德格尔与雅斯贝尔斯往复书简》

第 37 卷《雅斯贝尔斯与妻书》

注释：

1 冯至所谓“戈利塞巴赫”（一般译作“戈利斯巴赫”，August Grisebach, 1881—1950）：德国著名的艺术史家。1930年戈利斯巴赫被任命为海德堡大学艺术史系的教授。1933年纳粹上台后，由于他的犹太裔夫人汉娜（Hanna）而遭到迫害，最初当局希望借助于《重建公务员队伍法》而解除他的教授职务，但没有获得成功。1937年他被迫“退休”。戈利斯巴赫在学术上的成就在于他对德国城市艺术史的研究，其中很多城市在第二次世界大战期间已经被毁了。自2007年始，海德堡大学艺术史系向优秀的艺术史博士论文颁发奥古斯特·戈利斯巴赫奖（August-Griesbach-Preis）。当时雅斯贝尔斯与戈利斯巴赫同为海德堡大学的教授，又同样有犹太裔的夫人，因此他们之间有过一些交往，并有诸多书信留下，《雅斯贝尔斯致戈利塞巴赫书信。海德堡（1933—1949）》：（*Brief von Karl Jaspers an August Grisebach. Heidelberg, 1933—1949*）.

2 冯至《留德散记——内卡河畔与海德贝格记事》，收入季羡林等著，欧美同学会德奥分会等主编《旅德追忆——二十世纪几代中国留德学者回忆录》，北京：商务印书馆，2000年版，第33—61页，此处引文见第56页。

3 Thomas Jansen, „Einige Hinweise und Fragen zur Arbeit des Deutschland-Instituts in Peking 1933—1945", in: Helmut Martin u. Christiane Hammer (Hrsg.), *Chinawissenschaften – Deutschsprachige Entwicklungen. Geschichte, Personen, Perspektiven.* Hamburg 1999. S. 185—201, hier S. 195, Anm. 39.

4 1939年中德学会由汉学家傅吾康(Wolfgang Franke, 1912—2007)创刊了《研究与进步》（*Forschungen und Fortschritte*），刊登德国人文科学和自然科学各个领域所取得的最新成就。1940年改名为《中德学志》，专注人文科学的编译和论著，并增加了关于研究中国的学术文章。请参考傅吾康著《为中国着迷：一位汉学家的自传》，北京：社会科学文献出版社，2013年，第87页及以下。

5 柏尔克著，胡隽吟译《现代德国哲学之特征》（*Characteristics of contemporary German philosophy*），收入《中德学志》第二卷第二期（民国二十九年七月），第211—229页。以下正文中的出处，仅注明页码。

6 王锦第著《略述雅斯波的哲学》（*Grundzüge der Philosophie Karl Jaspers*），收入《中德学志》第三卷第三期(民国三十年九月出版)，第442—449页。以下正文中的出处，仅注明页码。

7《中德学志》第三卷第三期（民国三十年九月出版），第442页。

8 胡隽吟（1910—1988）翻译的《现代德国哲学之特征》（*Characteristics of contemporary German philosophy*）是由柏尔克（John Bourke）撰写的，收入了由伦敦大学教授威洛比（Leonard Ashley Willoughby, 1885—1977）主编的著名英文刊物《德国生活与文学》（*German Life and Letters*, 简写为：GLL）的第Ⅱ卷。这本刊物创刊于1939年，除了刊登有关德国语言、文学、艺术方面的文章之外，也发表一些社会史和政治方面的评论。后来由于战争的原因停刊，1947 年重新创刊，之后主要刊登文学理论以及非文学的文章。

9 Cf. Karl Jaspers, *Philosophie II.* Existenzerhellung. Vierte, unveränderte Auflage, Berlin: Springer-Verlag, 1973, S. 1.

10 Ibid., S. 204.

11 Ibid., S. 2.

12 Kurt Hoffman, „Die Grundbegriffe der Philosophie Karl Jaspers' ", in: *Karl Jaspers. Philosophen des 20. Jahrhunderts.* Stuttgart: W. Kohlhammer Verlag, 1957, S. 81—100, hier S. 87.

13 Karl Jaspers, *Philosophische Autobiographie.* München: R. Piper & Co. Verlag, 1977, S. 84—85.

14 Cf. Karl Jaspers, *Philosophie II.* Existenzerhellung. Vierte, unveränderte Auflage, Berlin: Springer-Verlag, 1973, S. 201ff.

15 Karl Jaspers, *Philosophie I.* Philosophische Weltorientierung. Vierte, unveränderte Auflage, Berlin: Springer-Verlag, 1973, S. 88.

16 Cf. Hans Saner, *Karl Jaspers.* Reinbek bei Hamburg: Rowohlt Taschenbuch Verlag, 1970, S. 86.

17 Cf. Wolfgang Stegmüller, *Hauptströmungen der Gegenwartsphilosophie. Eine kritische Einführung.* Band I, Sechste Auflage, Stuttgart: Alfred Kröner Verlag, 1978. S. 211.

18 Ludger Jaspers, *Der Begriff der menschlichen Situation in der Existenzphilosophie von Karl Jaspers.* Würzburg: Verlag C. J. Becker Universitäts-Druckerei, 1936. 王锦第认为此书的作者名为 Ludwig，此外书名中文译文应当为《卡尔 · 雅斯贝尔斯实存哲学中人之状况的概念》。

19 Johannes Pfeiffer, *Existenzphilosophie. Eine Einführung in Heidegger und Jaspers.* Hamburg: Richard Meiner Verlag, 1934.

20 Arnold Gehlen, *Jaspers' Philosophie.* 1932.

21 即上文所提到的《时代的精神状况》一书。

22 黄藿译《当代的精神处境》，台北：联经出版事业股份有限公司，1985 年。

23 王玖兴译《生存哲学》，上海：上海译文出版社，1994 年。

24 请参考丁玉柱著《王蒙旧体诗传》，北京：中国海洋大学出版社，2006 年，第 122—123 页。

25 贺麟主编《存在主义哲学》，北京：商务印书馆，1963 年。

26 雅斯贝尔斯著，柯锦华、范进译《智慧之路——哲学导论》。

27 Karl Jaspers, *Way to Wisdom. An Introduction to philosophy.* Translated by Ralph Manheim. New Haven and London: Yale University Press, 1954. 至 1960 年已经出版了第 2 版。德文原版系 *Einführung in die Philosophie*, Zürich: Artemis, 1950.

28 雅斯贝斯著，魏楚雄、俞新天译《历史的起源与目标》，北京：华夏出版社，1989 年。所据的版本系 1953 年的英译本 *The Origin and Goal of History.* Translated by

Michael Bullock. New Haven, CT: Yale University Press. 笔者手头上有 1965 年的第 3 版。1953 年同时在英国的伦敦由劳特利奇出版社 (Routledge and Kegan Paul) 发行了英译本。此外，笔者还见到过美国格林伍德出版社 (Greenwood Press)1977 年的重印本。可见此书在英语世界的影响还是很大的。

29 例如在“译者序”中，两位译者提到“在纳粹统治时期，雅斯贝斯遭到迫害，被迫侨居瑞典，直至第二次世界大战结束后才回国”（“译者序”第 1 页），显然对雅氏的生平完全不了解。再如第 158 页译者对“de Groot”的注解：“德 · 格鲁 (de Groot, 1583—1645)，荷兰学者，人文主义者，政治家。——译注”，显然完全是错误的。

30 前揭雅斯贝斯著，魏楚雄、俞新天译《历史的起源与目标》，“译者序”第 11 页。

31 出处同上书，第 11—12 页。

32 Karl Jaspers, *Der philosophische Glaube angesichts der Offenbarung*. München 1962. S. 148.

33 《大正藏》55—40a。

34 日本德语学家、中央大学名誉教授，译有雅斯贝尔斯的《悲剧论》（*Über das Tragische*, 日文版ヤスパース選集 3『悲劇論』理想社、一九五〇年）、《德国的战争罪责问题》（*Die Schuldfrage*, 日文版ヤスパース選集 10『責罪論』理想社、一九六五年）和《现代的理性与反理性》（*Vernunft und Widervernunft in unserer Zeit*, 日文版ヤスパース選集 30『現代における理性と反理性』理想社、一九七四年）。

35 伊藤吉之助：日本哲学家，译有保罗 · 纳托普 (Paul Natorp, 1854—1924) 的《康德与马堡学派》（*Kant und die Marburger Schule*, 日文版『カントとマールブルク学派』岩波書店、一九二八年）和特奥巴尔德 · 齐格勒（Theobald Ziegler, 1846—1918）的《19 至 20 世纪的精神与社会潮流》（*Die geistigen und sozialen Strömungen im 19. und 20. Jahrhundert*, 日文版『現代独逸の精神的社会的潮流』第一書房、一九三三年）。

36 Fumio Hashimoto, „Die Philosophie von Karl Jaspers in Japan“, in: *Karl Jaspers. Werk und Wirkung*. München: R. Piper & Co. Verlag, 1963. S. 165—171, hier 165 und 171.

37 日本文学家、国立音乐大学名誉教授熊谷孝翻译时的笔名，译有威廉 • 狄尔泰（Wilchelm Dilthey, 1833—1911）的《诗人的想象力》（*Die Einbildungskraft des Dichters*, 日文版『想象力の分析』野田書房、一九三七年）和《近代美学的三个时期与今日的课题》（*Die drei Epochen der modernen Aesthetik und ihre heutige Aufgabe*, 日文版『近世美学史 - 近世美学の三劃期と今日の課題』創元社、一九五三年）。

38 日本哲学家、神戸女子大学教授、京都国立博物馆馆长，译有威廉 · 狄尔泰的《论德国的诗歌与音乐，根据德国精神史所做的研究》（*Von Deutscher Dichtung und Musik, aus den Studien zur Geschichte des Deutschen Geistes*, 日文版『独逸精神史研究』政経書院、一九三三年）。

39 德永郁介 · 富岡益五郎訳、現代思想全書 6『現代の哲學的考察』三笠書房、一九三九年。

40 出处同上书，“译者序”第 I 页。

41 瑞士哲学家。1962—1969年作为雅斯贝尔斯的私人助理，协助雅斯贝尔斯处理学术和私人事务。1969年雅斯贝尔斯去世后，编辑出版了雅斯贝尔斯的大部分著作。

42 徐光启《历书总目表》(1631)，收入徐光启撰、王重民辑校《徐光启集》，北京：中华书局，1963年，第374页。

43 司马迁著《史记》卷九十二,《淮阴侯列传第三十二》，北京：中华书局，1959年，第2625页。

结 论

一、哲学的世界史遗产

雅斯贝尔斯生前出版了将近50部著作，1969年去世后，他生前的私人秘书萨纳尔整理了他的大量手稿，包括已经成型的著作、书信等等，予以编辑出版。[1]

雅斯贝尔斯所谓的“巨额数量的文稿”（Masse an Papieren）所指的是：2.5万封信件，约3.5万页的手稿，所有这些都被存放在13个橱柜之中。其中有很多的文献是他为两个大项目——“哲学的世界史”和“逻辑”准备的材料，看到这些草稿，我们对哲学家的成就肃然起敬。

雅斯贝尔斯有关哲学史的遗稿大概有2.2万页，大部分都是为讲座课和研讨班课程所做的准备工作。这是他哲学史研究的一部分，是他的庞大计划的重要组成部分，这个计划便是编写一部哲学的世界史。

雅斯贝尔斯有关哲学的世界史计划形成于1937年。当时他就很清楚，如此庞大的计划，并非个人的力量能够完成的，但他依然将之看作自己的必然使命。他在之后的 25 年一直为实现这一理想而不懈努力。

《大哲学家》(第一卷)是这一伟大计划中完成并发表的著作，此外还有一部名为《库萨的尼古拉》(*Cusanus*)的著作出版。从《大哲学家》的导论我们知道，按照哲学家的重要性，雅斯贝尔斯计划写成三大卷的巨著。但现在我们仅能根据这已经出版的一卷去理解他对哲学史的认识。雅斯贝尔斯向我们展现了他的哲学史研究方法：拒绝一种编年史和文化区域的分类方式。所有这些思想家都根据他们的重要性和思想方式予以分类，同时将他们作为理性开放空间的同人来看待。在这一空间，所有的读者也都纷纷登场，与这些大哲学家进行对话，就好像这一切都发生在当下一般。从本质上来讲，雅斯贝尔斯处理历史的方式不再是历史观察，而是一种与每一个单独的思想家进行交往斗争的实存习得(existentielle Aneignung)。正是在这一斗争中实现了我们时代的实存。对此当然也有反对的意见，有人提出如果分类原则丧失了时间维度，那么历史也将不复存在。雅斯贝尔斯所从事的并非真正的哲学史研究，而是在历史性人物的媒介中做哲学。从根本上来讲，他并非历史学家。

从雅斯贝尔斯的遗稿中我们可以清楚地认识到，他有着一整套哲学史的复杂想法。其实三卷本的《大哲学家》仅仅是他哲学的世界史整体构想六部著作中的一种而已。他的设想是：这六部著作的每一部都依据不同的原则来探讨哲学的整体历史。

第一部著作是哲学的编年史，他所挑选的这些大哲学家，好像我们回到童年一样用从前的眼光来看待他们。第二部是哲学的内容史，所涉及的是分类原则等的内容。第三部是思想家的人格、影响力及其思想方式。雅斯贝尔斯为第四部取的题目是“在语言，在神话和宗教，在诗歌和艺术中的哲学基础及回响”。第五部著作可以称作“哲学的实现”，要回答的问题是：哲学在历史中是如何得以实现的？或者经过何种途径哲学才能发挥其作用？第六部著作题为“权利的斗争”，这是哲学的论争史，是哲学家进行交往的历史。

在这些遗稿中显示了雅斯贝尔斯希望通过六种方式来贯穿整个哲学的世界史尝试。他认为只有当这六种方式同时运用并且发挥作用之后，哲学史才可能得以实现。这一部分我在本书第一章的第六节有详细的叙述，在此就不再予以重复了。[2]

跟以往的哲学史家相比较，雅斯贝尔斯的哲学的世界史自有其新颖之处。雅斯贝尔斯开辟了对哲学史进行描述的新方法。在他之前，有关哲学史仅有编年史、问题史、主要哲学观念史（例如在黑格尔那里）。雅斯贝尔斯令人耳目一新的地方在于，他将哲学史看作是同时代人的历史；看作是其他精神领域的反射之历史；看作是哲学实现的历史；看作是权力斗争的历史。这是一种前人尚未尝试过的观察哲学史的方法，因此在其中不乏各种新的洞见。哲学史第一次被作为一个整体来理解、来撰写，并且各个部分在整体之中有条不紊地予以展开。在雅斯贝尔斯看来，哲学史有其全球的广度。这是他为什么将他的哲学史称作“哲学的世界史”的缘故。其思想的广度，是很难有其他哲学家可以企及的。

“哲学的世界史”是雅斯贝尔斯的专用名词，1950 年辞书专家施特里希（Hans Joachim Störig, 1915–2012）出版了《袖珍版哲学的世界史》（*Kleine Weltgeschichte der Philosophie*, 1950），这当然是沿用了雅斯贝尔斯的概念。在此书 1969 年版本的扉页，作者专门抄录了雅斯贝尔斯在《当下哲学的使命》（*Die Aufgabe der Philosophie in der Gegen-*

wart, 1953）一文中的一段话：

> 哲学思想在世界上的影响只有在达到大多数人的情况下才有可能，因为目前的状况是，尽管人口中大部分人可以读写，但却没有获得西方教育的全部意义。他们不过是与别人一起认知，一起思考，一起行动的人而已。他们越是能充分获得各种崇高的观点和重要的区别，就越能充分利用这个新机会。因此，有必要在所有人沉思的时刻，使本质的东西尽可能言简意赅，而又不丧失其深度，以使其便于传授。[3]

这部秉承了雅斯贝尔斯"哲学的世界史"理念的小书，在德语世界流传极广，并且很快被译成意大利语、西班牙语、荷兰语和日语，使得"哲学的世界史"得以在不同的传统中传播。

二、作为"合题"的雅斯贝尔斯的世界哲学

黑格尔认为世界历史的发展是从东方走向西方，亚洲是历史发展的起点，欧洲是终点。精神的本质是自由，而世界历史的发展就是自由意识的进步。自由意识进步的不同程度决定了世界历史划分为四个时期：东方王国、希腊王国、罗马王国、日耳曼王国。东方各国从古到今人们还不知道自己是自由的，只有专制君主"一个人"是自由的，这是专制政体。希腊和罗马世界只知道"少数人"是自由的，其余的人都是奴隶，所实行的是民主政体和贵族政体。而日耳曼世界知道"人类之为人类是自由的"，因此一切人都

绝对地是自由的。精神终于在日耳曼世界回复到了它自身，精神的自由本质得到了真正的实现。在黑格尔看来，不同哲学体系的出现具有必然性。晚出的哲学体系乃是从以前的体系发展而来，因此最新近的哲学体系最丰富、最深刻。普鲁士国家则是人类历史发展的顶峰。[4] 与黑格尔的阶段发展式哲学史不同，雅斯贝尔斯则是以一种“哲学的世界史”来看待欧洲以外的哲学的。他在“轴心时代”的理念基础之上，否定了黑格尔所认为的人类精神发展从印度、中国，经希腊、罗马，向日耳曼的这一发展顺序。相比较而言，黑格尔的哲学史观是欧洲中心的，是绝对精神式的封闭发展史，是从希腊、中世纪发展到近代哲学的线性过程。而雅斯贝尔斯的“哲学的世界史”，打破了民族国家的界限，这是去欧洲中心的，不论通过苏格拉底，还是通过佛陀或孔子，都可以达到统摄。相比较而言，黑格尔哲学史尽管是从低级向高级发展的，但却是一种被研究对象的静态哲学；而雅斯贝尔斯的哲学的世界史则是动态的、从康德那里接续而来的做哲学（philosophieren），是一种无始无终的永恒哲学（philosophia perennis），是真正意义上的世界哲学（Weltphilosophie）。因此，相对于黑格尔所认定的“起点”和“孩童时代”的东方哲学，雅斯贝尔斯从中看到的则是其无限接近“统摄”的根源性思想。

三、与中国一起做哲学

雅斯贝尔斯希望建立一种跨文化的哲学世界史。他对中国哲学的关注，其实是对当时欧洲主流哲学界对非欧洲哲学漠不关心的一种反动。实际上，在自第一次世界大战之后的现当代的处境中，欧洲由于对外部世界的漠视，导致其哲学处于封闭状态，这也使他们对欧洲内部的问题无法进行深入的反思。尽管很多西方学者开始向东方寻找西方危机的解决之道，但整体来讲，主流的哲学界对欧洲以外哲学的体认，依然相当薄弱。因此，雅斯贝尔斯和海德格尔的努力显得格外突出。中国和印度哲学之所以值得这两位哲学家关注，是因为其自身具有现代性的一面。对于中国和印度哲学的摄取，并非是让西方典籍无法阅读，反而通过这些对于欧洲人来讲陌生化的概念的使用，更能促进欧洲的自我反省能力，我想这也应当是雅斯贝尔斯的世界哲学的理路所在吧。雅斯贝尔斯对中国和印度哲学的关注，说明他已经开始意识到，借助于对哲学的认识，逐渐完善欧洲思想所缺乏的一种跨文化的潜能。雅斯贝尔斯的著作因深刻探索了印度和中国的哲学，而借此建造了欧洲哲学与异己哲学之间的桥梁。并且唯有在此基础之上才能实现他的“哲学的世界史”的构想。

这种迂回之方法，也同样为中国提供了理解中国文化的另一种诠释的路径。这是一种极具远见的面向未来的对欧洲以外的哲学与文化的认识。

如果我们从民族哲学发展到比较哲学来看的话，间文化（intercultural）的对比之中，亦即以自身与异己的比较为中心。而跨文化（transcultural）则真正形成了文化间的动态交错关系，并且是以当下的共同问题意识作为出发点的。

雅斯贝尔斯的世界哲学的建构，特别是他对孔子、老子和佛教的研究，都结合了自己的哲学思想，是运用欧洲的思想资源对中国哲学的解读，有着独特的问题意识和研究方法。这些研究奠定了当时学界理解欧洲之外的哲学的学术兴趣。作为实存哲学家，雅斯贝尔斯有着自己研究的具体方法和工具，有着源自德国哲学传统的问题意识，以及对东方思想的独特理解。深处西方的学术和文化语境中，雅斯贝尔斯通过对异质哲学的介绍和分析，为西方理解自己的文化，为自己哲学的定位提供了他者的坐标。雅斯贝尔斯的伟大之处在于他已经明确地意识到，对中国哲学的研究是在欧洲哲学与东亚哲学间建立的一座桥梁。因此，在这些研究中，绝不仅仅是有关孔子和老子的一些知识，更包含了以他的哲学来对非西方哲学的处理方式。即便是对中国学者来讲，雅斯贝尔斯研究时的思考路径和研究方法，也是不应当忽视的，这些研究可以促使中国学者积极反思自身的学术传统以及研究视角的局限。

四、从“隔历”走向“圆融”

如果说哲学的发展是从民族哲学，经比较哲学，到达跨文化哲学的话，那么跨文化哲学一定是在承认多元主体性的前提下，是多种哲学之间相互交错与激荡，发现彼此哲学中所蕴含的极为丰富的跨文化的潜能，最终实现相互间的转化。也就是说，比较哲学尽管涉及不同哲学间的比较，但只有在跨文化哲学中，才有可能实现转化。

华严宗常常提到的“六相圆融”之中的“圆融”，它的意思是融会贯通、不偏执、无所障碍，更确切地说是事物皆能保持其原有立场，圆满无缺，而又为完整一体，且能交互融摄，毫无矛盾、冲突。这当然不是一种简单的移入，而是双方都因此发生了本质的改变。佛教将相互隔离、各自成一单元者称作“隔历”。从根本上来讲，隔历是永远也不会促成真正意义上的改变的，在隔历看来，一种思想或方法即便被他者接受，也只能是彼此相隔，不会融会在一起，至多只是“镶嵌”的状态：亦即把一物体嵌入另一物体内，但永远不会相互融入。

如果将阐释者作为“我”的话，那么“你”就是“我”进行阐释的对象。伽达默尔以你我关系为例，分析了三种可能的诠释学经验。伽达默尔所指出的第一种可能的关系：试图从同伴的行为中看出典型的东西，并且能够根据经验做出关于另一个人的预见。他将这一关系称作“人性知识”（Menschenkenntnis），并认为这是将“你”作为一种手段的方式，他引用康德的话批判了这一观点：“我们不应把其他人只作为工具来使用，而应当承认他们本身就是目的。”[5]这实际上是将“你”作为工具来看待的客体的做法。现代比较宗教学的创始人麦克斯·穆勒（Max Müller, 1823–1900）认为，东西方的相互理解并不是一件容易的事情，他指出：“即便将《般若经》翻译成英文，对我们来讲，也是不能够理解的；同样要将康德的著作翻译成梵文的话，对于佛教徒来讲也是毫无意义的。”[6]这其实是民族哲学的做法，即便遇到了其他民族的哲学，也只会从其自身的文化出发，将对方哲学对象化、工具化，而无法真正理解。这是伽达默尔极力反对的，他认为正是这一方法“使诠释学经验的本质失去了固有的光泽”。[7]

在第二种关系中，尽管我承认你是另一个主体，但却是一种“自我相关”（Ichbezogenheit）的形式，双方都固守着自己的观点，肯定自我，排斥对方，它们之间的关系依然是“隔历”的。这实际上正是比较哲学所从事的工作，尽管发现了不同哲学中的互补性，但却以“镶嵌”的方式在相互的传统中打补丁。

只有第三种关系，亦即我以完全开放的态度承认你是另外一个主体，真正把你作为你来经验，认真倾听你所说的东西。“如果没有这样一种彼此的开放性，就不能有真正的人类联系。”[8] 正是在这一关系中，“彼此相互隶属”（Zueinandergehören），同时意指“彼此能够相互听取”（Auf-einander-Hören-können）。[9] 我认为，也只有在第三种的开放的主体间性之中，才能够实现真正意义上的跨文化哲学。

五、展望

哈贝马斯（Jürgen Habermas, 1929–）早在20世纪90年代就已经清楚地认识到了西方哲学和文化的局限性，他指出：

> 西方的理性主义应该返回自身，反思并克服自己的盲目性，以便向别的文化类型开放，与它们展开对话，看看自己从其他文化的传统中能学到什么。通过一种建筑在平等对话基础之上的文化间的相遇和交往，我们也能发现我们自身传统中的缺陷和弊端。欧洲应该向世界展现它好的一面即自我批判的潜能，利用自我转换的潜力，以便比迄今为止更加积极地用另类的、陌生的、开始时尚不理解的文化类型来衡量和审视自己。[10]

西方能否面对印度、中国等其他哲学传统的挑战，将决定西方哲学是否会面临掉落为地区性的哲学的危险。雅斯贝尔斯认为，在

“世界哲学”中任何民族的哲学都是狭隘的，世界哲学所指的是人类在一个巨大的共同体中，在一个共同的空间中思考。在世界哲学面前，所有民族哲学都成了某些类似于乡土艺术的东西。[11]欧洲学者必须彻底摆脱一种成见，亦即认为所谓哲学是西方哲学的无限延伸而已。从雅斯贝尔斯那里，我们可以清楚地认识到，在构建世界哲学的过程中，西方的知识资源已明显不足。欧洲哲学的出路，只有扩展其理论视野，开辟跨文化的潜力，才有可能走出地区性哲学的羁绊。

徐光启（1562—1633）在编纂《崇祯历书》的治历疏（1631）中写道:“欲求超胜，必须会通，会通之前，先须翻译。”[12]翻译→会通→超胜，这是徐光启当时为中国学习西方科技划定的循序渐进的三个阶段，充分体现了他会通归一的思想。近代以来西方知识在中国的传播，对中国社会的影响是根本性的。西方哲学的系统进入，为中国哲学增加了前所未有的新内容，引进了不同的思维方式，激发出了更大的想象空间。来自异质文明的哲学在与中国传统文化的不断融会交流中逐渐被理解、消化、吸收，最终成为“汉语哲学”。“翻译”的目的是中西文化之间的融会贯通，而非生搬硬套，“会通”的目的是创新出一种属于超越个体文明（超胜）的新文明形态，实现相互之间动态转化的“圆融”。

注释：

1 1972 年他在《学界》(*Universitas*)发表了《卡尔·雅斯贝尔斯的哲学——有关其遗著和思想的初步概览》：Hans Saner, „Philosophie von Karl Jaspers – Erste Übersicht über nachgelassene Werke und Gedanken“, in: *Universitas*, Heft 27 (Apri 1972), S. 405–414. 本“结论”的第一部分主要参考了萨纳尔的这篇文章。

2 请参考本书第 42 页。

3 Hans Joachim Störig, *Kleine Weltgeschichte der Philosophie*. Frankfurt a. M. u. Hamburg: Fischer Bücherei 1969, S. 11. 此书第 1 版：Stuttgart: W. Kohlhammer Verlag GmbH, 1950.

4 请参考黑格尔著，贺麟、王太庆译《哲学史讲演录》(四卷)，北京：商务印书馆，1981 年；黑格尔著，王造时译《历史哲学》，北京：三联书店，1956 年。

5 前揭伽达默尔著，洪汉鼎译《真理与方法——哲学诠释学的基本特征》，第 461 页。

6 *Ancient Palm-Leaves*, etc. edit. By F. M. Müller and B. Nanjio, etc, Oxford, 1884, p. 56.

7 前揭伽达默尔著，洪汉鼎译《真理与方法——哲学诠释学的基本特征》，第 461 页。

8 出处同上书，第 464 页。

9 出处同上书，第 464 页。

10 哈贝马斯著，章国锋译《作为未来的过去》，杭州：浙江人民出版社，2001 年，第 96—97 页。原文见：Jürgen Habermas, *Vergangenheit als Zukunft*, München: Piper, 1993, S. 127–128.

11 Cf. Hans Saner, *Karl Jaspers*, Reinbek bei Hamburg: Rowohlt, 1970, S. 104.

12 徐光启《奏呈历书总目表》(崇祯四年正月)，收入《增订徐文定公集》第 4 卷，上海：徐顺兴印刷所，1933 年，第 37—39 页，此处见第 39 页。

参考文献

凡例：

1. 本“参考文献”共分为两个部分。原典：雅斯贝尔斯著作（德文版、中文译本、日文译本、英文译本）、其他参考文献（西文部分、中文部分和日文部分）。所涉及的参考文献，为本书中所征引之文献。文献中，除了著作之外，也有相关的论文。

2. 凡是在同一作者名下的图书、论文，均按出版年代先后排列，如果有不同的版本，均以第 1 版出版的时间为准。

第一部分　原典：雅斯贝尔斯著作

（一）德文版

1. 著作

Jaspers, Karl. *Allgemeine Psychopathologie*. Berlin: Springer-Verlag, 1913.

——. *Geistige Situation der Zeit*, Berlin 1931. Sammlung Göschen, Band 1000. 6. Unveränderte Aufl., Berlin 1948.

——. *Philosophie I. Philosophische Weltorientierung*. 1932. Vierte, unveränderte Auflage. Berlin, Heidelberg, New York: Springer-Verlag, 1973.

——. *Philosophie II. Existenzerhellung*. Vierte, unveränderte Auflage. Berlin, Heidelberg, New York: Springer-Verlag, 1973.

——. *Vernunft und Existenz*. Fünf Vorlesungen. Gröningen: J. B. Welters, 1935.

——. *Von der Wahrheit. Philosophische Logik*. Erster Band, München: R. Piper & Co. Verlag 1947.

——. „Öffentliche Erklärung". In: *Rhein-Neckar-Zeitung* am 23. März 1948.

——. *Existenzphilosophie. Drei Vorlesungen gehalten am Freien deutschen Hochstift in Frankfurt a. M. September 1937*. Dritte Auflage. Berlin: Walter De Gruyter & Co., 1964.

——. V*om Ursprung und Ziel der Geschichte*. München: R. Piper & Co. Verlag, 1949.

——. *Einführung in die Philosophie*. Zürich: Artemis, 1950.

——. *Rechenschaft und Ausblick*. München: R. Piper & Co. Verlag, 1951.

——. *Die großen Philosophen*. München: R. Piper & Co. Verlag, 1957.

——. *Die Atombombe und die Zukunft des Menschen. Politisches Bewusstsein in unserer Zeit*. München 1958 (7. Aufl. 1983).

——. *Der philosophische Glaube angesichts der christlichen Offenbarung*. In: *Philosophie und christliche Existenz*. Hrsg. von G. Huber, Basel-Stuttgart 1960.

——. *Der philosophische Glaube angesichts der Offenbarung*. München: R. Piper & Co. Verlag, 1962.

——. *Basler Universitätsreden*. Basel, 1969.

——. *Chiffern der Transzendenz*. Hrsg. von Hans Saner. München: Piper (Serie Piper 7), 1970.

——. *Was ist Philosophie? Ein Lesebuch*. Hrsg. von Hans Saner. München: R. Piper & Co. Verlag, 1976.

——. *Philosophische Autobiographie*, Erweiterte Neuausgabe, München: R. Piper & Co. Verlag, 1977.

——. *Weltgeschichte der Philosophie, Einleitung*. München: R. Piper & Co. Verlag, 1982.

2. 书信

Brief von Karl Jaspers an August Grisebach. Heidelberg, 1933–1949. Universitätsbibliothek Heidelberg Nachlass August Grisebach. Signatur: Heid. Hs. 3717 D 65/ DE-611-HS-2836425.

Köhler, Lotte und Hans Saner (Hrsg.), *Hannah Arendt, Karl Jaspers – Briefwechsel 1926–1969*. München: R. Piper & Co. Verlag, 2001.

Saner, Hans und Maya Rauch (Hrsg.), Karl Jaspers/Heinrich Zimmer: Briefe 1929–1939, aus den Nachlässen zusammengestellt von Hans Saner und Maya Rauch, in: *Jahrbuch der Österreichischen Karl-Jaspers-Gesellschaft*, hrsg. v. Elisabeth Hybašek und Kurt Salamun, Jahrgan 6 [1993], VWGÖ-Wien, S. 7–24.

（二）中文译本

比默尔 / 萨纳尔编，李雪涛译《海德格尔与雅斯贝尔斯往复书简》，上海：上海人民出版社，2012 年。

Jaspers, Karl 著，叶颂姿译《悲剧之超越》，台北：巨流出版社，1970 年。

雅士培著，傅佩荣译《四大圣哲：苏格拉底、佛陀、孔子、耶稣》，新北：立绪文化事业有限公司，2015 年。

雅斯栢斯著，王玖兴译《哲学与科学》《生存哲学》《论自由的危险与机会》《新人道主义的条件与可能》《原子弹威胁下的良心》，收入中国科学院哲学研究所西方哲学史组编《存在主义哲学》，北京：商务印书馆，1963 年，第 135—265 页。

雅斯贝尔斯著，柯锦华、范进译《智慧之路——哲学导论》（“现代社会与文化丛书”），北京：中国广播出版社，1988 年。

——著，亦春译，光子校《悲剧的超越》（“生命哲学译丛”），北京：工人出版社，1988年。

——著，余灵灵、徐信华译《存在与超越——雅斯贝尔斯文集》（“猫头鹰文库第二辑”），上海：上海三联书店，1988年。

——著，李瑜青、胡学东译《苏格拉底、佛陀、孔子和耶稣》，合肥：安徽文艺出版社，1991年。

——著，邹进译《什么是教育》（“德国文化丛书”），北京：生活·读书·新知三联书店，1991年。

——著，周晓亮等译《现时代的人》，北京：社会科学文献出版社，1992年。

——著，黄藿译《当代的精神处境》，“德国文化丛书”，北京：生活·读书·新知三联书店，1992年（本书1985年由台湾联经初版，署作：Jaspers, Karl著，黄藿译）。

——著，王玖兴等译《目前哲学状况的由来》《生存哲学》《生存》《大全》《临界境况》《个别临界境况》《密码的本质》《人是什么》《哲学与科学》，收入熊伟主编《存在主义哲学资料选辑》（上卷），北京：商务印书馆，1997年，第507—741页。

——著，鲁路译《尼采：其人其说》，北京：社会科学文献出版社，1999年。

——著，李雪涛等译《大哲学家》，北京：社会科学文献出版社，2005年第1版/2010年修订版。

——著，邱立波译《大学之理念》，上海：上海人民出版社，2007年。

——著，鲁路译《哲学导论——十二篇电台讲演集》，收入鲁路译《哲学与信仰：雅斯贝尔斯哲学研究》，北京：人民出版社，2010年，第261—366页。

——著，孟海译《哲学思维学堂》，上海：同济大学出版社，2012年。

——著，李雪涛译《论历史的起源与目标》，上海：华东师范大学出版社，2018年。

雅斯培著，周行之译《智慧之路》（“新潮文库 17”），台北：志文出版社，1969 年第 1 版 /1980 年再版。

——著，陈鼓应等译《关于我的哲学》、《齐克果与尼采》、*The Encompassing*，收入考夫曼编著，陈鼓应等译《存在主义：从陀斯妥耶夫斯基到沙特》，北京：商务印书馆，1987 年（本书 1972 年由台北商务印书馆初版），第 132—213 页。

——著，张康译《哲学浅论》，台北：东大出版社，1978 年。

——著，杜意风译《雅斯培论教育》（“当代德国思潮译丛⑨”），台北：联经出版事业公司，1983 年。

——著，赖显邦译《四大圣哲》，台北：自华书店，1986 年。

雅斯贝斯著，王立权译《哲学自传》，上海：上海译文出版社，1989 年。

——著，魏楚雄、俞新天译《历史的起源与目标》，北京：华夏出版社，1989 年。

——著，王玖兴译《生存哲学》，上海：上海译文出版社，1994 年。

——著，王德峰译《时代的精神状况》（“二十世纪西方哲学译丛”），上海：上海译文出版社，1997 年。

——著，朱更生译《卡尔 · 雅斯贝斯文集》，西宁：青海人民出版社，2003 年。

——著，孙秀昌译《斯特林堡与梵 · 高：与斯威登堡、荷尔德林作比较的病理学案例试析》，北京：中国社会科学出版社，2020 年。

（三）日文译本

カール · ヤスパース著、德永郁介 · 富岡益五郎訳、現代思想全書 6『現代の哲學的考察』，三笠書房，1939 年。

——著、橋本文夫訳、ヤスパース選集 3『悲劇論』，東京：理想社，1950 年。

——著、重田英世訳、『歴史の起源と目標』，東京：理想社，1964 年。

——著、橋本文夫訳、ヤスパース選集 10『責罪論』，東京：理想社，1965 年。

——著、橋本文夫訳、ヤスパース選集 30『現代における理性と反理性』，東京：理想社，1974 年。

（四）英文译本

Jaspers, Karl. *The Origin and Goal of History*. Translated from the German by Michael Bullock. London: Routlege & Kegan Paul Ltd. 1953.

——. *Way to Wisdom. An Introduction to philosophy*. Translated by Ralph Manheim. New Haven and London: Yale University Press, 1954.

第二部分　其他参考文献

（一）西文部分

Abeken, Bernhard Rudolf. „Johann Jakob Griesbach, Doktor der Theologie und erster Professor derselben in Jena". In: Friedrich Christian August Hasse. *Zeitgenossen. Ein biographisches Magazin für die Geschichte unserer Zeit*. Leipzig: F. A. Brockhaus, 1829.

Amiot, Jean-Joseph-Marie. *Mémoires concernant l'histoire, les sciences, les arts, les mœurs et les usages des Chinois* (par les missionnaires de Pékin). 15 vol. Paris, 1776–1789.

——. *Dictionnaire Tartare-Mantchou-Francais*. Paris, 1789–1790.

Bauer, Wolfgang. *China und die Hoffnung auf Glück*. München: Carl Hanser Verlag, 1971/1974.

——. *China and the Search for Happiness*. NY: The Seabury Press, 1976.

Beckh, Hermann. *Buddhismus. Buddha und seine Lehre*. 2 Bde. Berlin/Leipzig, 1916.

Bella, Robert N. & Hans Joas (ed.). *The Axial Age and Its Consequences*. Cambridge, Massachusetts and London, England: The Belknap Press of Harvard University Press, 2012.

Burnouf, Laure. *Choix de lettres d'Eugene Burnouf. Suivi d'une bibliographie*. Paris: H. Champion, 1891.

Die Bibel. Nach der Übersetzung Martin Luthers. Neues Testament. Stuttgart: Deutsche Bibelgesellschaft, 1985.

Couplet, Philippe & Prospero Intorcetta. *Confucius Sinarum philosophus, sive Scientia sinensis latine exposita*. Parisiis: Apud Danielem Horthemels ..., 1687.

Dilthey, Wilhelm. *Der Aufbau der geschichtlichen Welt in den Geisteswissenschaften*. 1910. Frankfurt a. M. 1968.

Dvorak, Helge. *Biographisches Lexikon der Deutschen Burschenschaft*. Band I: Politiker. Teilband 6: T–Z. Heidelberg: Winter, 2005.

"Early Modernities", in *Daedalus*, Vol. 127, No. 3 (Summer 1998). pp. 1–220.

Forke, Alfred. *Geschichte der alten chinesischen Philosophie*. Hamburg: L. Friederichsen and Co., 1927.

——. *Geschichte der mittelalterlichen chinesischen Philosophie*. Hamburg: L. Friederichsen and Co., 1934.

——. *Geschichte der neueren chinesischen Philosophie*, Hamburg: L. Friederichsen and Co., 1938.

Franke, Herbert. „Zur Geschichte der westlichen Sinologie", in: *Forschung u. Information – China*. Berlin: Colloquium Verlag, 1980.

Fromm, Erich. *Haben oder Sein. Die seelischen Grundlagen einer neuen Gesellschaft*. München: Deutscher Taschenbuch Verlag, 2001.

Führer, Bernhard. *Vergessen und verloren. Die Geschichte der österreichischen Chinastudien*. Bochum: projekt verlag, 2001.

Gehlen, Arnold. „Jaspers' Philosophie", in: *Blätter für deutsche Philosophie*,

VI/1932, S. 366–372.

Goethe, Johann Wolfgang. *West-Östlicher Divan.* Stuttgart: Cottaische Buchhandlung, 1819.

——. *West-Östlicher Divan.* Frankfurt a. M.: Reclam, 1999.

Grill, Julius (Übers.). *Tao te king,* aus dem Chinesischen übers., mit Einleitung versehen und erläutert v. Julius Grill. Tübingen 1910.

Grimm, Tilemann. „China und das Chinabild von Leibniz", in: Bargenda, Wilhelm und Jürgen Blühdorn (Hrsg.). *Systemprinzip und Vielheit der Wissenschaften, Studia Lebnitana, Sonderheft 1.* Wiesbaden 1969, S. 38–61.

Grube, Wilhelm. *Geschichte der chinesischen Literatur.* Leipzig: C. F. Amelangs Verlag, zweite Ausgabe, 1909.

Habermas, Jürgen. *Vergangenheit als Zukunft.* München: R. Piper & Co. Verlag, 1993.

Hackmann, Heinrich. *Chinesische Philosophie.* München: Verlag Ernst Reinhardt, 1927.

Hashimoto, Fumio. „Die Philosophie von Karl Jaspers in Japan", in: Piper, Klaus (Hrsg.). *Karl Jaspers. Werk und Wirkung.* München: R. Piper & Co. Verlag, 1963. S. 165–168.

Heidegger, Martin. *Sein und Zeit.* 1927. 11. unveränderte Auflage. Tübingen: Max Niemeyer Verlag 1967.

Hegel, Georg Wilhelm Friedrich. *Vorlesungen über die Philosophie der Geschichte,* in: Ders., *Werke in 20 Bänden.* Band 12. Frankfurt a. M.: Suhrkamp Verlag, 1969–1971.

——. *Vorlesungen über die Geschichte der Philosophie I,* in: Ders., *Werke in 20 Bänden.* Bd. 18. Frankfurt a. M.: Suhrkamp Verlag, 1969–1971.

Hesse, Hermann. *Die Morgenlandfahrt. Eine Erzählung.* Berlin: Fischer, 1932.

Hoffman, Kurt. „Die Grundbegriffe der Philosophie Karl Jaspers'", in: Schilpp, Paul Arthur (Hrsg.). *Karl Jaspers. Philosophen des 20. Jahrhunderts.* Stuttgart: W.

Kohlhammer Verlag, 1957, S. 81–100.

Jansen, Thomas. „Einige Hinweise und Fragen zur Arbeit des Deutschland-Instituts in Peking 1933–1945“, in: Martin, Helmut und Christiane Hammer (Hrsg.). *Chinawissenschaften – Deutschsprachige Entwicklungen. Geschichte, Personen, Perspektiven.* Hamburg 1999. S. 185–201.

Jaspers, Ludger. *Der Begriff der menschlichen Situation in der Existenzphilosophie von Karl Jaspers.* Würzburg: Verlag C. J. Becker Universitäts-Druckerei, 1936.

Kaufmann, Walter. *Existentialism. From Dostoevsky to Sartre.* Edited, with an introduction, prefaces, and new translations. London: Penguin Books Ltd., 1975.

Klimkeit, Hans-Joachim. „Friedrich Max Müller (1823–1900)“, in: Michaels, Axel (Hrsg.). *Klassiker der Religionswissenschaft*, München: Verlag C. H. Beck, 1997/3. Aufl. 2010.

Krüger, Peter. „Etzels Halle und Stalingrad. Die Rede Görings vom 30. 1. 1943“, in: Heinzle, Joachim und Anneliese Waldschmidt (Hrsg.). *Die Nibelungen. Ein deutscher Wahn, ein deutscher Alptraum.* Frankfurt a. M.: Suhrkamp, 1991.

Kubin, Wolfgang (Hrsg.). *Mein Bild in deinem Auge: Exotismus und Moderne: Deutschland-China im 20. Jahrhundert.* Darmstadt: Wissenschaftliche Buchgesellschaft 1995.

Lacan, Jacques. *Das Spiegelstadium als Bildner der Ichfunktion*, in: Ders. *Schriften I* . Quadriga, Weinheim, Berlin 1986, S. 61–70.

Leibniz, Gottfried Wilhelm. *Discours sur* la théologie *naturelle des Chinois.* (Letere De M. G. G. De Leibniz Sur La Philosophie Chinoise À M. De Rémond), Paris: De L ‘herne, 1987.

Lin, Yutang. *Mein Land und mein Volk.* Aus dem Engl. von Wilhelm Süskind. Hrsg. und bearb. von Thomas Heberer, unter Mitarb. von Nora Frisch. Esslingen: Drachenhaus-Verlag, 2015.

Mall, Ram Adhar und Heinz Hülsmann. *Die drei Geburtsorte der Philosophie: Chi-*

na, Indien, Europa. Bonn: Bouvier Verlag, 1989.

Mann, Golo. „Jaspers als geschichtlicher Denker", in: Piper, Klaus (Hrsg.), *Karl Jaspers. Werk und Wirkung.* München: R. Piper & Co. Verlag. 1963.

Mann, Thomas. *Briefe 1937–1947.* Frankfurt a. M.: S. Fischer, 1963.

Messer, August. *Oswald Spengler als Philosoph.* Stuttgart: Strecker und Schröder, 1922.

Moore, George Foot. *History of Religions II, Part 2: Christianity.* New York: Charles Scribner's Sons, 1920.

"Multiple Modernities", in *Daedalus.* Vol. 129, No. 1 (Winter 2000). pp. 1–260.

Nāgārjuna. Die mittlere Lehre des Nāgārjuna, nach der tibetischen Version übertr. v. M. Walleser, Heidelberg 1911; nach der chinesischen Version übertr. v. M. Walleser, Heidelberg 1912.

Neumann, Karl Eugen (Übers.). *Die Reden Gotamo Buddhos aus der Längeren Sammlung Dīghanikāyo,* 4 Bde., München 1927–28.

——. *Der Wahrheitspfad (Dhammapadam).* 2. Aufl. München 1921.

——. *Die Reden Gotamo Buddhos aus der Mittleren Sammlung Majjhimanikāyo.* 3 Bde. München 1922.

——. *Sammlung der Bruchstücke. – Die Lieder der Mönche und Nonnen Gotamo Buddhos.* 2. Aufl. München 1925.

Oldenberg, Hermann. *Buddha, sein Leben, Lehre, Gemeinde.* 1897. 7. Aufl., Stuttgart 1920.

Pfeiffer, Johannes. *Existenzphilosophie. Eine Einführung in Heidegger und Jaspers.* Hamburg: Richard Meiner Verlag, 1934.

Piper, Klaus (Hrsg.). *Karl Jaspers – Werk und Wirkung,* München: R. Piper & Co. Verlag, 1963.

Pischel, Richard. *Leben und Lehre des Buddha.* Leipzig: B. G. Teubner, 1906.

Ranke, Leopold von. *Weltgeschichte.* Leipzig: Duncker & Humblot, 1888.

Roetz, Heiner. *Die chinesische Ethik der Achsenzeit.* Frankfurt a. M.: Suhrkamp Verlag, 1992.

Saner, Hans. *Karl Jaspers.* Reinbek bei Hamburg: Rowohlt, 1970; 1996.

——. Brief von Dr. Dr. h. c. Hans Saner an Ltd. Bibl. Dir. H. Havekost vom 15. 6. 1991.

Schischkoff, Georgi (Hrsg.). *Philosophisches Wörterbuch.* 14. Auflage. Stuttgart: Alfred-Kröner, 1982.

Sachsenmaier, Dominic, Jens Riedel und Shmuel N. Eisenstadt. *Reflections on Multiple Modernities: European, Chinese and Other Interpretations.* Eisenstadt. Leiden: Koninklijke Brill NV, 2002.

Schickel, Joachim (Hrsg.). *Konfuzius, Materialien zu einer Jahrhundert-Debatte.* Frankfurt a. M.: Insel Verlag, 1976.

Schulin, Ernst. *Traditionskritik und Rekonstruktionsversuch: Studien zur Entwicklung von geschichtswissenschaftlichem und historischem Denken.* Göttingen: Vandenhoeck und Ruprecht, 1979.

Schüßler, Werner. *Jaspers zur Einführung.* Hamburg: Junius, 1995.

Schwartz, Benjamin S. "The Age of Transcendence" , in: *Daedalus.* Vol. 104, No. 2, Wisdom, Revelation, and Doubt: Perspectives on the First Millennium B.C. (Spring, 1975), pp. 1–7.

——. "Transcendence in Ancient China" , in: *Daedalus.* Vol. 104, No. 2, Wisdom, Revelation, and Doubt: Perspectives on the First Millennium B.C. (Spring, 1975), pp. 57–68.

Smith, Adam. *An Inquiry into the Nature and Causes of the Wealth of Nations.* London: W. Strahan and T. Cadell, 1776.

Spengler, Oswald. *Der Untergang des Abendlandes – Umrisse einer Morphologie der Weltgeschichte.* Wien: Braumüller, 1918; Unveränd. Aufl., München: Beck, 1919.

Stegmüller, Wolfgang. *Hauptströmungen der Gegenwartsphilosophie. Eine kritische*

Einführung. Band I, 6. Auflage. Stuttgart: Alfred Kröner Verlag, 1978.

Toynbee, Arnold J. *Kultur am Scheidewege*. Wien u.a.: Europa-Verl., 1949.

——. *Studie zur Weltgeschichte : Wachstum und Zerfall der Zivilisationen*. Hamburg: Claassen & Goverts, 1949.

——. *Das Christentum und die Religionen der Welt*. Gütersloh: Mohn, 1959.

Weil, Eric. "What is a Breakthrough in History?" in: *Daedalus*. Vol. 104, No. 2, Wisdom, Revelation, and Doubt: Perspectives on the First Millennium B.C. (Spring, 1975), pp. 21–36.

Widmaier, Rita. „Die Rolle der chinesischen Schrift in Leibniz Zeichentheorie", in: *Studia Leibnitiana, Supplementa XXIV*. S. 24. Wiesbaden 1983, S. 278–298.

—— (Hrsg.). *Leibniz korrespondiert mit China. Der Briefwechsel mit den Jesuitenmissionaren*, Frankfurt a. M.: Vittorio Klostermann, 1990.

Wilhelm, Salome. „Vorwort" zur 11. Auflage, in: Richard Wilhelm, *Laotse. Tao Te King. Das Buch des Alten vom SINN und LEBEN*. Überarbeitet Auflage. Jena: E. Diederichs, 1957.

Wilhelm, Richard. *Chinesische Philosophie*. Breslau: Ferdinand Hirt, 1929.

Winternitz, Moriz. *Geschichte der indischen Litteratur*. Leipzig: C. F. Amelang, 1909.

Zenker, Ernst Victor. *Der Anarchismus. Kritische Geschichte der anarchistischen Theorie*. Jena: Fischer-Verlag, 1895.

——. *Geschichte der chinesischen Philosophie zum ersten Mal aus den Quellen dargestellt*. Erster Band. Das klassische Zeitalter bis zur Han-Dynastie (206 v. Chr.), Reichenberg: Stiepel 1926. Zweiter Band. Von der Han-Dynastie bis zur Gegenwart, Reichenberg: Stiepel 1927.

——. „Taoismus der Frühzeit. Die alt- und gemeinchinesische Weltanschauung", in: *Sitzungsberichte der Kaiserlichen Akademie der Wissenschaften in Wien / Österreichischen Akademie der Wissenschaften, phil.-hist. Klasse 222.2,* Wien: Hölder-Pichler-

Tempsky, 1943.

（二）中文部分

艾尔伯菲特著，朱锦良译《德国哲学对老子的接受——通往“重演”的知识》，载《世界哲学》2010年第6期，第7—28页。

艾森斯达特《迈向二十一世纪的轴心》，载《二十一世纪》（双月刊）2002年2月号（总第57期），第4—19页。

巴斯蒂著，胡志宏译《19、20世纪欧洲中国史研究的几个主题》，载《国际汉学》第8辑（2003年5月），第286—296页。

鲍吾刚著，严蓓雯等译《中国人的幸福观》（“海外中国研究系列”），南京：江苏人民出版社，2004年。

北京大学哲学系外国哲学史教研室编译《十六—十八世纪西欧各国哲学》，北京：商务印书馆，1975年。

柏尔克著，胡隽吟译《现代德国哲学之特征》，载《中德学志》第二卷第二期(1940年7月)，第211—229页。

布罗代尔著，唐家龙等译《菲利普二世时代的地中海和地中海世界》，北京：商务印书馆，1998年。

陈方正《全球未来文明展望：憧憬与疑惑》，载《二十一世纪》（双月刊）2002年4月号（总第58期），第29—38页。

陈鼓应《老子注译及评介》，北京：中华书局，1984年。

陈乐民、周弘《欧洲文明的进程》，北京：三联书店，2003年。

陈少华《论雅斯贝尔斯的中国之思》，载《广东社会科学》，2001年第5期，第155—160页。

《大正新修大藏经》（略称《大正藏》，共100册），高楠顺次郎、渡边海旭监修，小野玄妙编辑校勘，东京：大正一切经刊行会，1922—1934年。

戴密微著，胡书经译《法国汉学研究史概述》，载：阎德纯主编《汉学研究》第1辑（1996年7月），第42页。

杜赫德编，吕一民、沈坚、郑德弟译《耶稣会士中国书简集——中国回忆录》(3卷)，郑州：大象出版社，2005年。

杜维明著，岳华编《儒家传统的现代转化——杜维明新儒学论著辑要》，北京：中国广播电视出版社，1992年。

杜瑞乐《从法术到“理性”：黑格尔与中国宗教》，收入刘东主编《中国学术》，北京：商务印书馆，2001年5月第2辑(总第6辑)，第130—150页。

杜维明《现代精神与儒家传统》，北京：三联书店，1997年。

——《杜维明文集》(共5卷)，武汉：武汉出版社，2002年。

方广錩主编《藏外佛教文献》(季刊)，北京：中国人民大学出版社，1995年。

方志浵《佛尔克教授与其名著〈中国哲学史〉》，载《研究与进步》第一期(1939年4月)，第32—39页。

冯至《留德散记——内卡河畔与海德贝格记事》，收入季羡林等著，欧美同学会德奥分会等主编《旅德追忆——二十世纪几代中国留德学者回忆录》，北京：商务印书馆，2000年版，第33—61页。

傅海波著，胡志宏译《欧洲汉学史简评》，载《国际汉学》第7辑(2002年4月)，郑州：大象出版社，2002年，第80—93页。

傅吾康著《为中国着迷：一位汉学家的自传》，北京：社会科学文献出版社，2013年。

傅吾康著，陈燕、袁媛译《十九世纪的欧洲汉学》，收入《国际汉学》(2002年4月)，郑州：大象出版社，2002年，第68—79页。

顾彬《布莱希特与中国》，收入顾彬著，李雪涛、张欣编《德国与中国：历史中的相遇》(“听顾彬讲汉学”)，桂林：广西师范大学出版社，2015年，第195—235页。

顾彬《“紧随你自己！”——卡尔·雅斯贝尔斯对中国可能具有的意义》，收入卡尔·雅斯贝尔斯著，李雪涛等译《大哲学家》，北京：社会科学文献出版社，2005 年，第 1 页。

顾颉刚编著《古史辨》第二册，北京：朴社，1930 年。

郭少棠《中译本前言》，载：萨赫森迈尔、理德尔、艾森斯达德著，郭少棠、王为理译《多元现代性的反思——欧洲、中国及其他的阐释》，北京：商务印书馆，2017 年。

韩震《西方历史哲学导论》，济南：山东人民出版社，1992 年。

何乏笔《跨文化批判与中国现代性之哲学反思》，载《文化研究》第八期（2009 年春季），第 125—147 页。

赫尔茨著，张慎译《谢林和雅斯贝尔斯哲学中道的概念以及我的几点哲学评论》，载《中国哲学史》（季刊）1995 年第 3、4 期（1995 年 12 月 25 日《95 西安国际老子研讨会专辑》），第 113—123 页。

何兆武等主编《中国形象——世界名人论中国文化》（上、下册），桂林：广西师范大学出版社，2001 年。

黑格尔著，范扬、张企泰译《法哲学原理》，北京：商务印书馆，1961 年。

——著，贺麟、王太庆译《哲学史讲演录》第一卷，北京：商务印书馆，1959 年。

——著，贺麟、王太庆译《哲学史讲演录》第四卷，北京：商务印书馆，1978 年。

——著，王造时译《历史哲学》，北京：三联书店，1956 年。

侯鸿勋著《论黑格尔的历史哲学》，上海：上海人民出版社，1982 年。

黄玉顺《中国哲学前轴心期之神话渊源》，载《合肥联合大学学报》2002 年第 1 期（3 月），第 8—15 页。

伽达默尔著，陈春文译《哲学生涯——我的回顾》，北京：商务印书馆，2003 年。

——著，洪汉鼎译《真理与方法——哲学诠释学的基本特征》，上海：上海译文出版社，1999 年。

金观涛《展望第三个千年》，载《二十一世纪》（双月刊）2002 年 2 月号（总第 57 期），第 20—29 页。

考夫曼著，陈鼓应等译《存在主义》，北京：商务印书馆，1987 年。

库恩，托马斯著，金吾伦、胡新和译《科学革命的结构》（第 4 版），北京：北京大学出版社，2003 年。

腊碧士、李雪涛《从普世史、世界史到全球史》，收入李雪涛编《东亚研究与全球史建构：德语东亚文化史的几个研究路径》，上海：华东师范大学出版社，2018 年，第 1—17 页。

莱布尼茨著，梅谦立、杨保筠译《中国近事——为了照亮我们这个时代的历史》，郑州：大象出版社，2005 年。

雷立柏编《基督宗教知识词典》，北京：宗教文化出版社，2003 年。

李明著，郭强等译《中国近事报道（1687—1692）》（“国家清史编纂委员会·编译丛刊”），郑州：大象出版社，2004 年。

李淑娟、张艳茹《浅析轴心现象在中国出现的原因》，载《齐齐哈尔师范学院学报》，1997 年第 3 期，第 45—47 页。

李文潮、波塞尔编《莱布尼茨与中国——〈中国近事〉发表 300 周年国际学术讨论会论文集》，北京：科学出版社，2002 年。

李翔海《中国文化走向第二个轴心时代的起点》，载《理论与现代化》1999 年第 5 期，第 17—19 页。

李雪涛编《东亚研究与全球史建构：德语东亚文化史的几个研究路径》，上海：华东师范大学出版社，2018 年。

——《两颗伟大心灵的相互碰撞——纳粹专制之前雅斯贝尔斯与海德格尔之间的交往》，载《现代哲学》2007 年第 2 期，第 46—54 页。

——《倾听哲学家萨纳尔的声音》，载《经济观察报》2018 年 6月 9 日。

利玛窦、金尼阁著，何高济等译《利玛窦中国札记》，北京：中华书局，1983 年。

林志明、魏思齐编《辅仁大学第二届汉学国际研讨会“其言曲而中：汉学作为对西方的新诠释——法国的贡献”》，台北：辅仁大学出版社，

2005年。

柳诒徵《中国文化史》（上、下），北京：东方出版社，2008年。

鲁锦寰编《东西方文化研究》（1987年第2辑，总第3辑），郑州：河南人民出版社，1987年。

罗光等主编：《利玛窦全集》一、二卷，台北：光启出版社，1986年。

罗素著，何兆武、李约瑟译《西方哲学史》（上卷，1963年初版），北京：商务印书馆，1982年

——著，马元德译《西方哲学史》（下卷，1976年初版），北京：商务印书馆，1982年。

罗哲海著，刘建芳、胡若飞译，刘梁剑校《轴心时代理论——对历史主义的挑战，抑或是文明分析的解释工具？中国轴心时代规范话语解读》，载：杨国荣主编《思想与文化》第16辑（2015年6月），上海：华东师范大学出版社，2015年。

罗哲海著，陈咏明、瞿德瑜译《轴心时期的儒家伦理》，郑州：大象出版社，2009年。

马克思、恩格斯《马克思恩格斯选集》（第2卷），北京：人民出版社，1972年。

秦家懿编译《德国哲学家论中国》，北京：三联书店，1993年。

卿文光著《论黑格尔的中国文化观》，北京：社会科学文献出版社，2005年。

萨赫森迈尔、理德尔、艾森斯达德著，郭绍棠、王为理译《多元现代性的反思——欧洲、中国及其他的阐释》（香港：中文大学出版社，2009年初版），北京：商务印书馆，2017年。

萨尼尔著，张继武、倪梁康译《雅斯贝尔斯》，北京：三联书店，1988年。

斯宾格勒著，齐世荣等译《西方的没落》，北京：商务印书馆，1963年。

斯密，亚当著，郭大力、王亚南译《国民财富的性质和原因的研究》，北京：商务印书馆，1983年。

司马迁著《史记》，北京：中华书局，1959年。

苏尔、诺尔编，沈保义、顾卫民、朱静译《中国礼仪之争西文文献一百篇（1645—1941）》，上海：上海古籍出版社，2001年。

汤一介《新轴心时代与中国文化的建构》（东方文化丛书），南昌：江西人民出版社，2007年。

田汝康、金重远选编《现代西方史学流派文选》，上海：上海人民出版社，1982年。

《卍新纂续藏经》，前田慧云、中野达慧等编辑，京都藏经书院，1905—1912年。

夏瑞春编，陈爱政等译《德国哲学家论中国》（“海外中国研究丛书”），南京：江苏人民出版社，1997年。

许明龙《欧洲18世纪“中国热”》，太原：山西教育出版社，1999年。

——《十八世纪欧洲“中国热”退潮原因初探》，收入《世界史研究年刊》总第1期（1995年8月），1995年，第115—137页。

徐光启撰、王重民辑校《徐光启集》，北京：中华书局，1963年。

许倬云《论雅斯培枢轴时代的背景》（繁体字版），载《中央研究院历史语言研究所集刊》第55本第1分（1984年3月），1984年，第33—50页。

——《中国文化与世界文化》，贵阳：贵州人民出版社，1991年。

——《中国文化的发展过程》，香港：中文大学出版社，1992年。

——《中国古代文化的特质》，厦门：鹭江出版社，2016年。

阳森《从〈周易〉“神”的观念看轴心期文明的转型》，载《太原师范学院学报》（社会科学版），2005年第4期（12月），第9—12页。

王锦第《略述雅斯波的哲学》，载《中德学志》第3卷第3期(1941年9月)，第442—449页。

于子静《危机中的突围——浅谈轴心时代人性之辨的思维空间》，载《柳州职业技术学院学报》2003年第2期（6月），第66—71页。

吾淳《重新审视“轴心期”——对雅斯贝斯相关理论的批判性研究》，

上海：上海人民出版社，2018年。

萧甘编文，顾炳鑫、贺友直绘画《孔老二罪恶的一生》，上海：上海人民出版社，1974年。

《新知识词典》编辑室编辑《新知识词典》，上海：新知识词典出版社，1958年。

余国良《轴心文明讨论述评》，载《二十一世纪》（双月刊）2002年2月号（总第57期），第33—41页。

于连《由希腊绕道中国，往而复返：基本主张》，收入林志明、Zbigniew Wesołowski 编《其言曲而中：汉学作为对西方的新诠释——法国的贡献》，台北：辅仁大学出版社，2005年，第71—87页。

余英时《轴心突破和礼乐传统》，载《二十一世纪》（双月刊）2002年4月号（总第58期），第19页。

袁伟时《辩证看待天安门广场树立孔子像》，载《南方人物周刊》2011年第4期。

张灏《从世界文化看枢轴时代》，载《二十一世纪》（双月刊）2002年4月号（总第58期），第4—16页。

张汝伦《"轴心时代"的概念与中国哲学的诞生》，载《哲学动态》2017年第5期，第5—14页。

张允熠《哲学的困境和黑格尔的幽灵——关于"中国无哲学"的反思》，载《文史哲》2005年第3期，第18—25页。

赵林《"轴心期"的文化精神变革》，载《江淮论坛》1996年第1期，第46—49页。

中国科学院哲学研究所西方哲学史组编《存在主义哲学》（现代外国资产阶级哲学资料选辑·内部读物），北京：商务印书馆，1963年。

朱本源《中国传统文化的轴心时代：从殷周之际到秦的统一》，载《陕西师范大学学报》（哲学社会科学版）1995年第3期，第43—44页。

朱政惠著《美国中国学发展史——以历史学为中心》，上海：中西数据，2014年。

朱熹撰《四书章句集注》（"新编诸子集成"），北京：中华书局，1983年。

庄春波《中国思想文化"轴心期"与"原结构"》，载《济南教育学报》1999年第4期，第22—25页。

（三）日文部分

玉城康四郎「ヤスプースと仏教」，见：ヤスプース著，峰島旭雄訳『佛陀と龍樹』（東京：理想社，1960年第一刷発行），第159—205頁。

事项索引

E

F

G

H

J

K

L

M

N

O

T

W

人名索引

凡例：

1. 本人名索引收了书中所涉及的，除神话传说、小说、宗教创始人之外的所有中外人名。如《尼伯龙根之歌》(*Nibelungenlied*) 中的哈根·冯·特罗涅（Hagen von Tronje）并没有被收入索引之中。

2. 所有中国、日本人名，按照姓氏汉语拼音的首字音序排列；所有西方人名，按照姓氏的汉语译名首字音序排列，括号中注明西文原名的“名”+“姓”，以及生卒年。

3. 有些外国人名已经约定俗成了“中文姓名”，如“梵·高”，其实他的荷兰语名字为 Vincent Willem van Gogh，翻译成中文应当为“文森特·威廉·梵·高”，但我还是将他的中文译名放在“梵·高”下检索。而另外有些名字如“伦勃朗”其实是画家的名字，但却为人们所熟知，所以我也将这位荷兰画家放在“伦勃朗”下，而相对应的荷兰语名字为 Rembrandt Harmenszoonvan Rijn。

4. 中国大陆以外的中文人名各种拼音的西文名字，也是用“姓 + 名 + 生卒年”的做法，由于这些中国人名经常出现在西文的文献中，因此也附上了西文名如：陈方正（Chen, Fong-ching; 1939– ）。为了便于统一，在姓和名之间统一加上逗号。

A

B

C

D

E

F

G

H

J

K

L

M

N

O

P

Q

R

S

T

W

Y

Z

后　记

一

大概是 1987 年吧，那时我还在北京外国语大学学习德语，当时教我们德国文学的老师克鲁姆（Peter Krumme）博士来自海德堡大学，他向我介绍了雅斯贝尔斯。之后我在北外德语系图书馆借到了一本萨纳尔编的《什么是哲学》（*Was ist Philosophie? Ein Lesebuch*, 1976），这是我最早接触到的雅斯贝尔斯读物。之后雅斯贝尔斯的研究和翻译成为我生命中重要的一项工作。我有时在想，如果没有雅斯贝尔斯的话，这个世界将会是怎样？我又会是怎样？

1994—2004 年，我在德国居住多年。雅斯贝尔斯拉近了我和海德堡、巴塞尔以及其他城市的距离。早在 1994 年 10 月，我在玛堡（Marburg）大学做佛教研究的时候就参观过雅斯贝尔斯在海德堡的两处故居。以后每次去海德堡，不管再忙我都要抽出一点时间去看看他的故居，就好像是探望老朋友一般。我是 2000 年 1 月底才去的巴塞尔，为了瞻仰雅斯贝尔斯的故居和墓地，我还特意在波恩的瑞士领事馆办了签证。在巴塞尔雄利（Hörnli）墓地无数的墓碑中，我找到了简单得不能再简单的雅斯贝尔斯和他夫人合葬的墓地。我简直无法相信眼前那一米见方之地就是这位哲学家的葬身之所。当我小心翼翼地将刮落在墓碑上的树叶捡起的时候，天突然下起了小雨。我手里攥着树叶呆呆地站立在那里，仿佛时间和空间都不复存在，全归了虚幻……当教堂清凉的钟声重又唤回我那骤然失去的意识时，我着实感到哲学家墓地在凄凄的风、昏暗的云以及淅沥沥的雨中煞是凄凉，大自然用自己的方式向这位智者致哀。之后，当我乘车好不容易找到了坐落在奥大街（Austraße）126 号的雅斯贝尔斯故居时，已是傍晚时分了。我在这座跟周围几排房子没有区别的普通的住宅前徘徊良久，这引起了一位留着八字胡、80 岁左右的慈祥的老人的注意。当我说明自己的来意之后，他爽朗地笑了。原来他曾于 20 世纪 60 年代初亲自聆听过雅斯贝尔斯的教诲。在附近的一家小咖啡馆，我们要了两杯意大利咖啡，老人向我娓娓讲述了这位哲学大师当年的音容笑貌……

老人回忆说，当时雅斯贝尔斯的讲座大都安排在傍晚时刻。“那时教授先生正在讲授《超越的密码》（*Chiffren der Transzendz*）。我记得讲座是在主楼的大礼堂进行的。他的讲座总是座无虚席。教授先生到了礼堂之后，总是从中间那条通道从从容容地缓步走向讲台。到了讲台前，他会将自己的手表摘下来放在上面，然后坐下来开始演讲。教授先生演讲时异常镇定自若，他的声音不大，但铿锵有力，让人感觉到他非常自信。因为他是北方人，我们在巴塞尔还是很容易听出他的北方口音的。”老人说到这里不禁冲我诡秘地笑了一笑。从谈话中可以听出，老人对雅斯贝尔斯很尊敬，一直称他为“教授先生”。“教授先生在讲演的过程中偶尔也看看讲台上的手表。尽管讲台上放着讲稿，但他常常会自由发挥，有时也会一连翻好几页他的讲稿。”是的，作为 20 世纪的哲学大师，雅斯贝尔斯的哲学思想完全不可能是按照讲稿读出来的，他每时每刻都在做哲学。老人又品了品已经有点凉了的意大利咖啡，用手擦了擦粘在胡须上的咖啡沫，接着说道："每次演讲之后，教授先生都不会马上离去，他周围围满了问问题的学生，也有一些学生等着让教授先生在他们的听课证上签名。教授先生的动作虽然有些迟缓，但每次都非常细心地予以解释或从容地签名。值得一提的是，由于教授先生身体的缘故，教授夫人基本上每次都陪他到课堂。主楼的大门口停着一辆他们乘坐的汽车，讲座之后会送他们夫妇回到奥大街他们的住处……"

后来我又去过几次巴塞尔，并拜访了雅斯贝尔斯的私人秘书、哲学家萨纳尔，和他进行过深入的交谈。相关的谈话内容我还专门写过一篇文章予以介绍。[1]

我在这里想表达的是，雅斯贝尔斯对我们来讲绝不是一个抽象的存在，不只是一个写作了《大哲学家》的哲学教授。和他同时代的哲学家相比，他的语言既精练、准确，又不乏文学韵味，深受普通读者的喜爱。雅斯贝尔斯著作的出版人、著名出版家皮波尔（Klaus Piper, 1911–2000）[2]曾讲了两件有意思的逸事：一是他有一次在机场跟一位海关人员交谈，得知这位海关人员是雅斯贝尔斯的热心读者，对这位哲学家所知甚多。另一次是一家大保险公司的总裁在跟他的谈话中称，他有时间总是找一些自己认为重要的书来读。"最近我又读了雅斯贝尔斯。种种观点和启发会以某种奇特的方式不自觉地从这些阅读的材料中涌入我的生活，有时甚至会影响自己生意的决策。"[3]

雅斯贝尔斯著作之通俗性，可以通过另外一个例子予以证明：他的几本很有影响的书，实际上是从他的广播讲话稿整理而来的。这也证明了他自己的主张，即做哲学不只是大学教授的行为，而是每一个人的事。[4]

二

2014 年 6 月我受设在雅斯贝尔斯故乡奥登堡的“雅斯贝尔斯之家”（Karl-Jaspers-Haus）的博尔穆特（Matthias Bormuth, 1963–）教授的邀请，在那里做了题为“雅斯贝尔斯与中国”的报告，并且在那里住了几天，查看了设在那里的卡尔 · 雅斯贝尔斯图书馆（Karl Jaspers Bibliothek）。

雅斯贝尔斯生前根据自己的兴趣和研究领域而建立了自己的图书馆，至他去世的时候，他藏有超过 1.2 万册的图书。有关哲学的藏书当然是其中最重要的部分，包括重要的原始文献的版本以及相关的参考文献：从古希腊和罗马，经由中世纪和近代，一直至 20 世纪 60 年代初。此外还有关于神学、历史、精神病学和心理学、世界文学和艺术史以及欧洲以外文化的收藏。在此我查到了与中国相关的 200 多册德文的书籍，这些书籍对于理解哲学家对中国哲学的接受，是非常重要的。

藏书中也包含雅斯贝尔斯自己著作的所有德文版版次的版本、外文译本及相关的参考文献。很多的书籍都是与雅斯贝尔斯同时代的著名学者和朋友赠送给他的，上面大都有各种各样的题赠。他去世后，他的私人助理、传记作者和他著作的出版人萨纳尔又补充了他的著作的新版本、译本以及研究著作。

该图书馆对于研究雅斯贝尔斯的研究具有极大的价值，因为很多书中都有雅斯贝尔斯用铅笔画的重点和做的边注。他对书中的内容经常做详细的注释和评论，并把它们做成纸条插在书中相应的位置或者空白页上。特别是他自己著作的版本，他一直不断在修改。萨纳尔在一封信中曾指出：“总体上来讲，这一图书馆之所以特别珍贵原因在于雅斯贝尔斯基本上是手持铅笔在阅读。这些书中充满了各种下画线以及在书页边所做的注释。通过这些阅读的痕迹可以清楚地确定，哪些地方对他的工作至关重要，他仔细阅读了这些作者的哪些段落，以及在哪里停了下来。”[5]

如果不是亲眼见到这些书籍，看到雅斯贝尔斯在哈克曼的《中国思想史》、福兰阁的《中华帝国史》的相关章节所画的铅笔印和所写的批注，我很难想象，他对这些著作的研究如此深入。从古代到当代，从哲学到艺术史，从概述到译本，他对中国哲学和文化的理解是立体的、多方位的，翻阅雅斯贝尔斯有关中国的这些藏书，给了我直观的感受。雅斯贝尔斯有哲学的世界史的庞大计划，可惜这样的计划并非依靠个人的能力就能够完成的，看样子他的计划只能仰仗后来者的努力来实现了。重要的是，他以世界哲学的方式抹掉了民族和政治的疆界，让我们真正看到了哲学的本来面貌和哲学的未来。

三

本书是我这些年所撰写的有关“雅斯贝尔斯与中国”专题的论文合集，也是我有关雅斯贝尔斯的第一部专著。尽管从一开始我就有一个整体的构想，但因为所写的文章都刊登在了不同的期刊上，并且是独立成篇的，因此其中难免有很多重复的地方。此次结集成书，我对每一篇做了全面的修改，并删去了几篇关联性不是很强的文章。其实我也很享受这一整理、修改的过程，这些我曾经思考过的内容，给我带来了“做哲学”的喜悦。

在本书中，我规范了一些词的译法。Existenz 译作“实存”，相应地，将 Existenzialismus 译作“实存主义”，将 Existenzphilosophie 译作“实存哲学”。将 Sein 译作“存在”。大陆学界一般将 Existenz 译作“存在”，相应地也有“存在主义”和“存在哲学”的概念。问题是，如果“Existenz”被译作“存在”的话，那么 Sein 如何翻译？其结果是，在译文中根本区别不了 Existenz 和 Sein，而这两个概念在实存哲学中是完全不同的。

台湾哲学家项退结（Hang, Tui-Chieh, 1923–2004）在《现代存在思想家》一书“第三版序”中指出：

> 《说文解字》称：“存”，恤问也。《战国策》之“大王无一介之使以存之”（秦册五），《礼记》月令篇之“存诸孤”均指此意；《礼记》祭义篇之“致爱则存”则有思念之意。《说文解字注》指出：“在”也是“存”的意思，并说“今人于在存字皆不得其本义”。“存在”本来既指体恤与思念，因此揭示出人的特质，远较日本人所译的“实存”为优。[6]

是否“存在”的译法较“实存”高明，因为是现代译词，先秦的经典在这里很难有说服力。但因为在台湾，将 Sein 译作“存有”，所以这两个词还是可以区分的。因此“现代存在哲学家”中“存在”一词的所指是清楚的。但在大陆的学术语境中，并没有“存有”一词。

我将 philosophieren 译作了“做哲学”。这个德文词来自康德，所强调的是一个活动——理性追求统一性的永不停息的活动。雅斯贝尔斯认为，哲学史是人追求认识无所不包的统摄的过程，并最终实现超越。由于超越是不可知的，因此这种追求过程也是永无止境的。

雅斯贝尔斯与海德格尔的 Dasein 所指的内容并不一致，雅斯贝尔斯认为它是人类的经验本性和理论反思的对象，亦即普通个人的存在——人存在于一定的环境之中，为实际的需求而经验外部的世界，并为自身创造一个经验世界。因此，我在本书中将雅斯贝尔斯的 Dasein 译作了“现实存在”。而在海德格尔那里，Dasein 所指的是人在行动中的存在，因此可以译作“此在”——是有限的时空中的有限存在，他希望借助于“此在”的现象学分析而考察“存在”（Sein）的问题。

雅斯贝尔斯的哲学涉及精神病理学和心理学、哲学史、逻辑学、实存哲学、世界哲学以及第二次世界大战后的政治发展。多年来，雅斯贝尔斯的哲学对我来讲是 pabulum animi（精神食粮 / 思考的材料），他的文字不仅给我带来思想的乐趣，同时也让我保持清醒的头脑。

感谢北京外国语大学的科研基金项目的慷慨资助。东方出版社的姚恋女士欣然接受了本书的书稿，使得拙著《雅斯贝尔斯与中国》能够得以刊行；责编杨磊做了大量的编辑工作，并且提出具体而细致的建议；我的博士生申晚营同学做了“人名索引”，犬子思汉做了“参考文献”，在此一并谨致谢忱。

李雪涛

2021 年 1 月 6 日于北外历史学院

注释：

1 李雪涛《倾听哲学家萨纳尔的声音》，载《经济观察报》2018 年 6 月 9 日。

2 位于慕尼黑的皮波尔出版社（Piper Verlag）是由克劳斯 · 皮波尔的父亲莱因哈特 · 皮波尔（Reinhard Piper, 1879–1953）于 1904 年创立的，一开始主要出版小说和非小说的作品。1953 年以后，克劳斯接管了出版社，扩大了出版社的出版计划，从最初主要致力于文学、艺术和哲学著作的出版，扩展到当代史、社会学和自然科学等领域。雅斯贝尔斯以往的著作分散在海德堡的施普林格（Springer-Verlag）和柏林的德古伊特（De Gruyter）出版社，正是由于克劳斯的努力，后来都集中在了皮波尔出版社。

3 Klaus Piper (Hrsg.), *Karl Jaspers – Werk und Wirkung*, 1963 München.S.14.

4 Cf. Karl Jaspers, *Was ist Philosophie? Ein Lesebuch*. München: Piper Verlag, 1976. S.111–112.

5 Brief von Dr. Dr. h. c. Hans Saner an Ltd. Bibl. Dir. H. Havekost vom 15. 6. 1991.

6 项退结著《现代存在思想家》，“沧海丛刊”，台北：东大图书公司印行，1986 年（修订初版），“第三版序”第 2 页。